Nuclear Commercial Use and International Law

原子力商業利用の国際管理

原子力発電所を中心に

WI Back Lang
魏　栢良 著

関西学院大学出版会

目　次

はしがき ………………………………………………………………… 1

序論 ……………………………………………………………………… 7

第Ⅰ部　原子力国際管理制度の台頭

第1章　原子力国際管理時代の到来 ……………………………… 19
　1節　国際管理草案の起草過程 ………………………………… 19
　2節　アメリカの提案（The Baruch Plan）…………………… 30
　3節　ソ連の提案（The Gromyko Plan）……………………… 35
　4節　初期における両大国の草案の審議状況 ………………… 37
　5節　原子力商業利用の幕開け「Atoms for Peace Plan」… 40

第2章　国際原子力機関（IAEA）の創立 ……………………… 45
　1節　機関の創設の背景 ………………………………………… 45
　2節　機関憲章 …………………………………………………… 46
　3節　機関の差別化政策 ………………………………………… 51

第Ⅱ部　原子力国際管理の Regimes

第3章　IAEA の保障措置制度（Safeguards）と査察制度（Inspection）… 57
　1節　原子力商業利用の現状 …………………………………… 57
　2節　IAEA の保障措置制度 …………………………………… 64
　3節　保障措置制度の評価 ……………………………………… 71
　4節　まとめ ……………………………………………………… 74

i

第4章　各地域機構およびNPTにおける保障措置制度 …………… 81
　1節　保障措置制度の現状 …………………………………………… 81
　2節　OECDの原子力機関（NEA）………………………………… 82
　3節　原子力共同研究協会（JINR）………………………………… 84
　4節　ラテンアメリカ核兵器禁止機構（OPANAL）……………… 86
　5節　ヨーロッパ原子力共同体（EURATOM）…………………… 88
　6節　核兵器の不拡散に関する条約（NPT）の保障措置 ………… 90
　7節　まとめ …………………………………………………………… 95

第5章　IAEAの保障措置とNPTそしてEURATOMの
　　　　保障措置制度の実施状況 …………………………………… 101
　1節　概要 …………………………………………………………… 101
　2節　IAEAの保障措置とNPTなどとの関連 …………………… 102
　3節　EURATOMとIAEA及びNPTとの関連 ………………… 109
　4節　各保障措置の現状 …………………………………………… 111
　5節　まとめ ………………………………………………………… 113

第Ⅲ部　原子力商業利用の国際管理条約

第6章　核物質防護条約（核防条約）……………………………… 119
　1節　概要 …………………………………………………………… 119
　2節　核防条約成立以前の状況 …………………………………… 120
　3節　核防護条約をめぐって ……………………………………… 124
　4節　核防条約の考察 ……………………………………………… 128
　5節　条約の評価および改正 ……………………………………… 135
　6節　主な規定（改正後）………………………………………… 137
　7節　まとめ ………………………………………………………… 140

第7章　越境原子力事故対策条約 ………………………………… 145
　1節　概要 …………………………………………………………… 145

2節	原子力事故	147
3節	国境を越えた放射能の影響	150
4節	条約	154
5節	2つの条約の考察	157
6節	まとめ	165

第8章 越境汚染損害賠償条約 …………………………………… 171
1節	問題の所在	171
2節	民事損害賠償諸条約	173
3節	核物質海上輸送責任条約	189
4節	原子力船運航者責任条約	190
5節	民事損害賠償条約の諸原則	192
6節	損害賠償条約の課題	199
7節	まとめ	205

第Ⅳ部　原子力商業利用の国際管理の限界

第9章 問われる原子力の国際管理 Regime－核の闇取引－ ………… 215
1節	概要	215
2節	核闇取引の現状	217
3節	危険地域	223
4節	核拡散の誘発	235
5節	原子力の国際管理 Regime	237
6節	核物質の国際輸出管理 Regime	246
7節	オーストラリア・グループ（AG）	248
8節	まとめ	250

第10章 原子力管理の危機（Crisis）
　　　　－リスク（Risk）と危険（Danger）の脅威－ ………… 261
1節	概要	261

2節	危機（Crisis）の性質 …………………………………… 262
3節	ジュネーヴ諸約（Geneva Conventions）………………… 267
4節	第一議定書、第56条　危険な力を内蔵する工作物及び施設の保護 ………………………………… 273
5節	原子力発電所のリスクと危険 …………………………… 274
6節	核テロリズム（Nuclear Terrorism）……………………… 280
7節	防御システムの現状 ……………………………………… 289

終章　原子力の国際管理 Regime の再構築
　　　－Best Plan と Best Practice－ …………………………… 309
　1節　現存の原子力国際管理 Regimes、保障措置の課題 ………… 309
　2節　最適なプランおよび最良の実行（Best Plan and Best Practice）… 314

参照資料：関連条約、日本の新規制基準について ………………………… 324

索引 ………………………………………………………………………… 327

は　し　が　き

　2009年、『原子力の国際管理－原子力商業利用の管理 Regimes －』（法律文化社）の刊行からちょうど5年目になる。この間、皆さんのおかげで旧著を広くご利用いただき感謝の念を表したい。旧著に取り上げている事例、基礎的なデータ、そして論調の上でも古さが目立つようになった。旧著の古さの訂正の機会を窺うなどで4年が過ぎたが、このたび、やっとその機会を得て新著を刊行することができ安堵している。
　2011年3月11日、東京電力の福島原発事故による原子力商業利用における国内・外の体制に変更があり、その内容の修正および追加などが展開され、旧著のデータの修正が不可避の状態である。
　原発史上最大級の原発事故にあたり、国連、IAEA など国際機関をはじめアメリカ、日本など原子力商業利用大国では、その安全管理における諸制度の再構築に余念がない。IAEA を中心に展開している保障措置（Safeguard）制度は従来規則の強化、またその厳格な実施（commitment）などで対応しているが、原発稼働国では国内法の大幅な改正と改革の必要に迫られている。特に今回の原発事故当事国である日本の新たな安全管理体制の構築は全世界の注目を浴びている。
　もっとも、基本的な考え方については、新しい修正規定と制度の強化部分について評価と分析、そして微調整を行い、また重点移動を行った個所などがあるが、力量の限界もあり全面的な改訂に至ることはできなかった。しかし取り上げる事例や数字等の基礎的なデータについては出来るだけの更新を行っており、このような改訂はすべての章に及んでいる。
　最大の改訂点は、第8章の6）原子力損害補完的補償に関する条約（補完補償条約）の追加である。この追加は、福島原発事故以降その条約の発効および加入の促進など関心が高まっており、原子力事故の越境損害制度の理解に役に立つと思われる。また第5章の（4）保障措置の視察（Safeguards Visits）と4）問題点において、査察結果の対応制度の強化策について改めたことである。そして第9章、第5節には2010年5月、ニューヨーク国連

本部において、NPT 運用検討会議が開催され、NPT の核軍縮、核不拡散、原子力の平和的利用という 3 本柱それぞれについて、条約の運用のレビューと将来に向けた具体的な行動計画を含む最終文書が採択され、その分析と評価が加筆された。さらに福島原発事故後の事情については、第 3 章の 1 節と第 6 章のまとめ、第 7 章と、第 10 章の d．福島原発事故後の対策で具体的に論じたこと、などである。特に、本書では終章を追加し、原子力国際管理 Regime についての結論と現行の Regime の効果的な運用をめざした Best Plan と Best Practice の施策を補足して提示している。

各章の「注」については加えるべきものが少なくないが、スペースの関係もあって最低限の追加・入れ替えにとどめることにした。

新著を発行するにあたり、特に三つの主旨と原子力国際管理 Regime の機能についてその課題と若干の改善策に主力を注ぐことにした。

第 1 に本書のテーマといえる「原子力商業利用の国際管理」、つまり"原子力"（Nuclear Energy）という主題である。その主題には「nuclear weapon（核兵器）」「nuclear power（原子力発電所）」「nuclear submarine（核潜水艦）」など「nuclear（核）」に対する科学的、軍事的、政治的、法律的、経済的、社会的に最先端で高等な対応制度、また極端に困難な方法と手段の対応策が潜んでいる。軍事使用には、核兵器、放射能兵器、核ミサイル、潜水艦、航空母艦など最強武装で現代戦略上の勝兵器（the winning weapon）があり、保有の欲望を抱いている国家が大多数を占めている。また商業利用には、原子力発電所をはじめ電池、深海、宇宙空間の開発、つまりロケットや宇宙船開発、そして医療、農業など、あらゆる産業のエネルギー源として利用され、最先端産業としてその探究に OECD 先進諸国をはじめ発展途上国にとっても羨望の的となっている。それゆえこの主題の範囲は無限大でその全体の網羅は不可能であり、本書では商業利用の主軸である原発について論じることする。

第 2 に、国際法的な側面である。原子力平和（筆者は商業と称す）利用という一つの適用対象に「規制」と「奨励」という両立し難い両面が内在している。軍事的使用と商業的利用における国際的な管理制度は、厳格な禁止制度（ban or prohibition）と積極的奨励制度（encourage or promotion）で構成

されている。これは国際法上非常に稀な制度であるといえる。したがって上記の規制と奨励の両面に沿って考察し、その綿密な対応には実務上高度な司法的検討および判断が要求されるが、本書では規定の文言とその規定の採択過程での会議録を中心に考察を行う。また原子力関連国際規範は、上記の二面性を包含することから、一般国際法や条約、協定の適用と解釈とは同等に扱えない場合が多数ある。つまり原子力関連条約および協定は制約と強制措置の規定が多く定められ、統制力が強い特別規範で構成され、その実行力を強化するため、管理体制を構築し、複合体で運営されている。従って特別法規、つまり条約および協定などは制度と称し、一方その実行力強化のため管理、査察行為などは体制と称し、両方を合わせ Regime と称することにした。

Regime 全体の把握および解釈には非常に困難な側面がある。したがって本書の考察の際、関連情報や参考資料など、とくに締約国の関連条約の遵守状況、つまり管理体制の把握に必要とする資料取集に限界を感じながら考察を行わざるを得ない。従って本書では IAEA の Regime を中心に論述する。

第 3 は、原子力国際管理制度の解釈である。原子力の使用および利用における国際管理の確立が「国際社会の一般利益」、つまり「個人の人権と人道的待遇の確保」という原則に合致し得るのかどうかについてである。原子力の活用を推進する商業利用における関連国際規範は「国際社会の一般利益の保護（The Protection of General Interests in the International Community）」という原則との両立は不可能ではないかと思われる。原子力商業活動には常に軍事使用の可能性が秘められた「危険活動」であること、また何よりも現行の国際法制度と国内法制度においてその執行体制はかなり異なり、その実効性は希薄であるからである。原子力の活用では常に毒性物が生成され、人命をはじめ生態系の生命活動を威嚇し、またリスクと危機と不都合を絶えず引き起こす性質を内包している。そのような危機、危険活動を内包している原子力を安全に管理することは不可能であると言える。

軍事的使用において、核保有国が核兵器を使用すれば、国家の存亡を含め人類の撲滅さえも可能な非人道的で国際犯罪の処罰対象に該当する。また商業利用の際にも常に毒性物質が生成され、原子炉の放射性物質からは放射能被曝を引き起こし続ける。そして毒性がきわめて強い放射性で核燃料・核兵

器原料として用いられるプルトニウムも生成される。さらに使用済み核燃料からも同じ毒性の放射能被曝にさらされるだけではなく、兵器 dirty bomb（放射性物質による汚染を引き起こす爆弾）を製造する危険性までも内包している。特に原発の事故が発生した場合は、その毒性は何十年から何万年までも放出し続け、広範囲な地域に悪害を流すのである。さらに越境汚染、越境損害をもたらす可能性が非常に高い。

　国際法上の「領域使用の管理責任」の原則とその損害防止が国家の権利義務である原則にも抵触する可能性が高いといえる。そのような毒性の活用、極端な危険活動が人類社会にまた地球上の生態界に必要であると主張し得る正当性は見当たらない。このような危険活動について管理する国際規範が人命と生態系の安全と未来を保護する国際法原則、「国際社会の一般利益」と両立すると解釈することは至難である。

　上記の内容を鑑み、原子力商業利用の国際管理規範は、国際法の基本原則、国は「自由意思による同意の原則及び信義誠実の原則並びに合意は守られなければならないとの規則が普遍的に認められていることに留意し、(the principles of free consent and of good faith and the pacta sunt servanda rule are universally recognized,)」（条約法に関するウィーン条約の前文）、また第26条、「効力を有するすべての条約は、当事国を拘束し、当事国は、これらの条約を誠実に履行しなければならない。」という遵守義務の徹底化の確立が最大の課題である。また、「国際社会の一般利益」の確立には現行の原子力関連国際管理 Regime の一層の改革が必至であると強調したい。個々の国家の個別的利益のみではなく外交的保護権の行使などによる個人の保護も可能な現代国際法の保護法益の確立が急務である。国際社会の平和と安全の維持構想に集団安全保障制度と人間の安全保障の確立は国際社会の一般利益であり、その原則を侵害する違法行為は「犯罪」であるという原則を適用するとすれば原子力活動はこの原則に該当するのではないかと思われる。

　原子力産業は国策の主導によって運営され、国家は安全管理に重大責任を負っている。原子力関連条約において締約国は、自国自身の利益のみを追求するのではなく、隣国との共通の利益に向け努力する義務がある。この関連条約は危機および危険防止という高い目的の達成の利益を有している。した

がってこの Regime タイプの条約は厳格な履行とその責任が課されている。原子力関連条約は、「強行規範（jus cogens）」（条約法に関するウィーン条約の第 53 条）と定め、「いかなる逸脱も許されない規範として、・・・国により構成されている国際社会全体が受け入れ、かつ、認める規範」という定義を適用すべきであると思われる。また「国際社会全体に対する国の義務」、「その性格自体からして……すべての国の関心事であり、含まれている権利の重要性にかんがみれば、すべての国がそれらの保護に法的利益を有していると見なすことができる義務」、つまり「対世的義務（obligations erga omnes）」がある、またそれが国際社会の一般的利益だという理解を前提とし、そしてその確立が国家の責任として定着した制度として再構築が絶対の要件と強調したい。

　本書は、上記のような立場に立脚し、現行の原子力商業利用国際管理制度の具体的な提示とその効果的活用を中心に考察を行う。現行の条約と協定、そして各保障措置を厳格に適用すれば原子力商業活動からの危険の縮小と効果的な事故対策の構築も不可能ではないと考える。したがって現存の原発から危険とリスクを防御、縮小するため、原子力関連条約および協定、また IAEA をはじめ各国際機関からの保障措置とそのガイドライン、現 Regime を厳格に適用すべきであるという立場に立って論じている。

　しかし現行の原子力 Regime は、条約、協定など規範法則を遵守することが締約国に課せられた義務であり、規範法則に従った者だけが原子力利用権を行使し得ると謳っているのみである。規範法則の履行は締約国の裁量権を土台に国内法による行動規範を採用しているため、現原子力 Regime は規範的責任論が欠如している。それは現代国際法体制に強力な管轄、統制する制度に基づく組織の不存在も一因であると思われる。IAEA など原子力 Regime は強制的な措置への管轄を避け、勧告的な指針の管理方法を優先し、また締約国の執行には普遍的な誠実義務を促し、その執行の確率によって履行度合いを把握する状態にある。したがって現原子力 Regime は原子力安全管理の任務遂行は不可能であるといえる。

　上記の立場の理解を図るため、各章のテーマごとにその実態と背景を記述することにした。それゆえ内容の重複する部分が多数ある。しかし読者の理

解を促進する方法としてご理解を賜りたい。

　現原子力 Regime 規範条項を厳格に適用し、その規範的責任を確実にするため、終章を追加し、その章に Best Plan と Best Practice という施策を提示する。

　現 Regime には、「法の支配」よりは「法による支配」が優先されている。法の支配（rule of law）を法による支配（rule by law）と分別する学説によると、「法による支配」は法を治者の意思を実現する単純な手段に過ぎない道具と転落させることで法治主義の真正な意味「法の支配」とは違うと明示している。したがって厳格な法規と遵守義務の強調という文言だけが採択され、その実行体制には締約国裁量権を採用している現 Regime は「法の支配」という原則が欠如していると解釈し得る。

　真の「法の支配」という新たな Regime を構築し、国家権力者や原子力事業者および原子力村の実力者も法の上に立つことができないという規律が定着した制度、Best Plan と Best Practice が実行されることこそが原子力の事故および災害を防御する唯一の方策であるという確信に疑いの余地はない。

　今回の改訂にあたっては、査読をはじめ、本書の内容における議論でいろいろとお教えいただき、また刺激を与えていただいた学友、大阪市立大学の副学長兼法学部教授の桐山孝信教授にご尽力を賜ることができた。心の底から感謝の意を表したい。また本学法学部澤野義一教授の激励、助言などご尽力を賜ることができた。深く感謝のほかはない。そして刊行にあたり、ご協力を賜りました関西学院大学出版会に対し、心よりお礼申し上げる。併せて、業務多忙にもかかわらず、編集発行の労を取りいただいた田中直哉統括マネージャーに感謝申し上げ、刊行に寄せての挨拶といたしたい。

魏　栢　良

2014 年 11 月　深紅の京にて

序　論

I

　1939年8月2日、世界的に有名な物理学者であり、原子力の発見に貢献したアルバート・アインシュタイン（Albert Einstein）博士がアメリカ大統領フランクリン D. ルーズヴェルト（Franklin D. Roosevelt）に出した一通の手紙以来、原子力は国際政治、国際法、国際経済など、国際社会の諸方面、つまり地球および人類の安全保障の面において70年以上たった今日まで、緊張や脅威また動揺を起こし続けている。

　原子力はその用途により人類の破滅と繁栄を左右するという二つの顔を持って生まれたといわれている。つまり、原子力の破壊力をもって軍事目的に使用すれば、人類のみならず地球上のすべての生態系まで全滅させることが可能である。一方、原子力エネルギーを科学的に管理し、電力など様々な商業目的に利用すれば人類の生活水準の向上の原動力ともなるのである。また今日すでに手がけられているように、人類の長年の夢であった深海底の探査や宇宙開発における主役として、原子力エネルギーは利用され、またさらなる開発の促進材として活用されている。

　これらの二つの側面のうち、特に原子力の商業利用については、国連の専門機関である国際原子力機関（International Atomic Energy Agency；IAEA、以下 IAEA と称す）が中心となって推進してきた。しかし、二面性を持つ原子力の商業利用という一面だけを発展させることは容易なことではない。

なぜなら原子力の生産過程においてこれら二つの側面は、5段階のうち、初期段階である2段階まではまったく同じプロセスをたどって生み出されるのであって、初期から軍事目的と商業目的とに切り離すことが不可能である。商業目的として原子力を利用しながら、ひそかに軍事目的使用のためプルトニウムを貯蔵するということが可能である。その典型的な例としてインド、パキスタン、最近では北朝鮮をあげることができる。したがって核兵器の不拡散に関する条約（Nuclear Non-Proliferation Treaty；NPT、以下NPTと称す）およびIAEA保障措置協定（IAEA Safeguards Agreement、以下保障措置と称す）など原子力の国際管理法規は核拡散を防ぐ使命を持ち、強硬な手段と方法で厳格に適用されている。原子力の国際管理法規は、地球および人類の生存における安全保障というきわめて重要な任務の遂行を主旨とする。したがって一般国際法より適用の要件と制裁条項が多いだけでなく、絶対といわれている国家主権まで一部制限する拘束力の強い法規である。

　原子力の商業利用におけるもうひとつの問題は原子力の生産過程において産出される放射能によるリスク被害である。放射能の被曝は、現在の科学技術では完全に防ぐことができず人類のみならずあらゆる生物の生命までおびやかす厄介な人工化学物質といえる。

　その放射能の被害は1986年4月末、旧ソ連のチェルノブイリ（Chernobyl）原子力発電所の事故によって人類の前に深刻な問題として明示された。各国はその被害を最小限にとどめるため、敏速な政治手腕と優れた科学者を動員して国内・外での対処、また二国間および多国間会議などを開催し、相当な対応策を展開した。そして国際的には条約が、国内的には多くの法律が制定されることになったのである。すなわち、そのチェルノブイリ事故による被害が原子力発電を稼働させていた当事国のみでなく第三国まで、それもかなり広い範囲に及んだという事実は国内・外の原子力産業界はもちろん一般原子力消費者、政府担当者のみならず、多数の政治家にまでその危険性を再認識させ、その危険性を防ぐ対策に一層拍車がかけられることになったのである。そして2011年3月11日の東北地方太平洋沖地震に伴う福島第一原子力発電所の事故は、人類と原子力の共存は不可能なのではないかという疑念を提起した。

このように原子力産業活動は常に損失および惨害発生の可能性を抱きつつ、我々の生活周辺において稼働している危険活動である。このような状況を考慮すると原子力活動は、国際法、特に国際人権法において確立しつつある人類の「平和的生存権」を脅かしているといえる。それゆえ、原子力の国際管理法規およびその国際管理制度（The global non-proliferation regime）は厳格に公正にまた正確に適用また運営され、人類への甚大なリスクを遮断する「砦の役割」を果たすように全人類から要請されているといえる。

　原子力の国際管理に関する諸条約および協定は、「枠組条約方式：Treaty Regimes」を採用し、原子力利用および使用、つまり原子力産業活動の危険性に対応するため、損害や危険の防止、損害が発生した場合の救済措置を定め、また運営上の基準設定・監視・情報交換・予防措置までも規制の対象としている。上記の任務を履行し、その実施の責任を負っている国際機構はIAEAである。IAEAの管理、指針、指導の下、原子力商業利用活動が展開されている。締約国は、締結した諸条約を厳格かつ厳密に履行しなければならない義務を負うと同時にIAEAの「保障措置」体制を受け入れ、原子力を商業利用から軍事使用へと転換することについての禁止措置、および商業利用のみを推進する措置に関する法規を厳格に実施しなければならない。

　本書では、条約法に関するウィーン条約の前文の中、国は「自由意思による同意の原則及び信義誠実の原則並びに「合意は守られなければならない」との規則が普遍的に認められていることに留意し、(the principles of free consent and of good faith and "the pacta sunt servanda rule" are universally recognized,)（" "は筆者追加）」という主旨と第26条、「効力を有するすべての条約は、当事国を拘束し、当事国は、これらの条約を誠実に履行しなければならない。」という遵守義務について重点を置きながら考察を行う。締約国の国際法規の遵守義務の状況とIAEAの保障措置の実施に伴う制度の現状を分析し、その課題を指摘し、若干の改善策を提示し、原子力商業利用関連の国際法の遵守体制の確立とその促進について論じることとする。

II

　本書では上記の諸点を考慮しながら以下の三部に分けて考察を行なう。

　第一部の第1章および第2章では、原子力における国際管理の必然性の台頭およびその背景について記述する。原子力の生産過程における放射性物質、核燃料、放射能、そして原子力施設の運営と技術など原子力産業面におけるリスクとその対応策における国際基準。特に、商業利用から軍事使用への転換の防止策など、アメリカと旧ソ連を中心に展開された国際管理構想と論点について論じる。

　また、原子力の発見から国際原子力委員会および IAEA が誕生するまでの国際社会の政治、経済、社会、法律面に関わる実態を若干披露しながら、原子力を国際管理下に置くまでの歴史的経過に焦点をあてる。そして IAEA 憲章および保障措置の考察を行う。

　第Ⅱ部、第3章から第5章までででは、原子力の商業利用における国際管理 Regimes、多数国間条約と地域間条約による管理制度について論じる。原子力の商業利用に伴う諸活動、つまり核燃料の移動、また資・機材の安全管理、そして施設また住民および環境保護対策など原子力産業活動全般を考察範囲とする。さらにそれら諸条約の国内適用に関する問題点、特に、原子力事故前、および事故後の対策および処理、その損失に対する損害賠償制度について記述する。

　まず第3章では原子力商業利用の現状について論じる。2015年2月14日現在、世界の原子力炉のうち運転中のものは30カ国と台湾で439基であり、建設中は69基、また中国29基、ロシア26基、アメリカ20基など102基の計画中のものを含めると総計610基となっている。

　原子力の主な産業である原子力発電の事故についても把握する。1979年3月28日、アメリカのペンシルバニア（Commonwealth of Pennsylvania）のスリーマイル島（Three Mile Island；TMI）で原発事故が発生し、また1986年4月26日には、旧ソ連のウクライナ共和国のチェルノブイリ原発の第4号基において事故が発生し、大量の放射性物質が周辺環境に放出された。特に

チェルノブイリ原子力事故は国際法に対しても大きな影響を与えている。第一には原子力事故による国家責任制度確立への契機を与えたことである。この国家責任制度とは原子力運転国の事故により他国に被害を与えた場合、被害を被った国家および被害者に対し、国家責任（State Responsibility）として原子力運転国が責任を負うことである。これはまだ国際法として確立されてはいないが、現在多国間条約として関係諸国間の交渉を経て、2002年1月28日、56会期、課題項目162、国連総会決議「第6会議報告（A/56/589および修正1）」を終え、正式な採択を待つばかりである。

　三つめの原発事故は、2011年3月11日、日本の東北地方太平洋沖地震と津波の影響により東京電力の福島第一原子力発電所で発生した炉心溶融など、一連の放射性物質の放出を伴った原子力発電所の大事故である（以下福島原発事故と称す）。国際原子力事象評価尺度（INES）において最悪のレベル7、「深刻な事故；Major Accident」に分類される事故で、4年目が目前に迫る2015年2月末現在でも事故対策に東京電力をはじめ国を挙げ東奔西走しているが、斬新な解決策の糸口さえも掴んでいない。

　本章では、こうした原発の危険活動におけるIAEAの保障措置制度について分析を行う。

　原子力に関する「保障措置制度」とは原子力が商業的利用から核兵器等軍事使用へ転用されることを防止するため、商業利用目的の原子力活動におけるすべての核燃料、その設備および施設などについて定期的に立ち入り検査（inspection）をすることをいう。具体的な査察制度および査察員の役割について評価を行う。

　さらに本章において、原子力の商業利用のみを確保するにしろ「国家責任」の体制を国際法および国内法上確立する必要があることを強調したい。慣習国際法において、国連国際法委員会（ILC）の報告には「国家は国際法のみずからの違反行為から生ずる損害に責任を負うのみでなく、国家はみずから行った合法的な行為、とりわけ危険な活動（dangerous activity）から生ずる損害にも賠償責任を負う」と明記されている。原子力活動はまぎれもなく危険活動である。その危険活動から生ずるあらゆる災害による人命、財産そして地球環境や生態系の保護を目的とする法的制度およびその完全実施体

制の確立が先決であると指摘する。

　第4章においては地域的機関および準地域的機関の保障措置とそして、多国間条約の保障措置制度を考察する。

　現在、地域的原子力機関として5つの機関がある。ヨーロッパ原子力研究機関（The European Organization for Nuclear Research、CERN）、ヨーロッパ共同体（The European Atomic Energy Community、EURATOM）、OECDの原子力機関（The Nuclear Energy Agency、NEA）、ロシアのDubnaにある原子力共同研究協会（The Joint Institute for Nuclear Research、JINR）、ラテンアメリカにおける核兵器禁止機構（The Organization for the Prohibition of Nuclear Weapons in Latin America、OPANAL）である。

　上記の5機関のうち地域的機関にはいるのはEURATOM、CERNそしてOPANALの三つであり、他の二つは特定地域のみでなく他地域の国々も当事国として含むので準地域的機関といえる。たとえば資本主義国家群から組織されるOECD原子力機関は、ヨーロッパ諸国はもちろん日本、韓国、アメリカ、オーストラリア、カナダなどもNEAの当事国である。また、社会主義国家群から成る原子力共同研究協会（The Dubna Institute）はロシアを中心としたヨーロッパの社会主義国家をはじめ全世界の18の社会主義国家を含んでいる。

　多国間条約の保障措置としてはNPTの制度がありIAEAと協定を締結して多国間において実施されている。

　以上の諸機関の保障措置は互いに異なるため、特に隣接国で違った保障措置制度下にある場合、核燃料運搬、放射能の処理、使用済み燃料の廃棄など諸々の許容基準の相違から問題が生じている。この典型的な例としてアメリカとキューバがあげられる。このようなケースを通じて各保障措置の組織と実施方法、その理念と現実とのギャップについて考察する。

　第5章においては国際原子力機関の重要な任務である保障措置を多国間において確立することを可能にした背景とその強化策に影響を及ぼしたNPTとEURATOMの二つの保障措置に関し検討する。

　上記の二つの機関とIAEAの協定による保障措置とはIAEAの査察員が原子力発電を稼働している国々に対し、原子力発電所への立入検査を行なう

権限である。査察員が現地へ入り原子力の核燃料および使用済み核燃料の量や質を調査し、核燃料が商業目的以外に使用されることを防ぐため、計量機器を用いる措置をとることである。その際、国家の主権、特に行政権との摩擦が頻繁に起こっている。ここでは、その原因となる立入検査の制度と実行における問題点について考察する。

さらに、第3章および第4章で指摘した各保障措置制度の適用に際しての問題を四つの区分を持って記述する。

四つの区分とは日本のように原子力商業利用に積極的推進の立場をとる国々、アメリカのように商業利用に慎重な立場をとる国々、そして現在の原発保有国と非保有国である。

それぞれの区別に属する国々において、その保障措置適用に際し大きな違いがみられる。まず、原発推進派に属する国々では、国際原子力機関の保障措置を遵守しつつ、地域的機関の保障措置にも沿っていこうと努めている。アメリカをはじめ慎重派に属する国々は主に原子力開発先進国であり、それらは多国間条約の保障措置よりも二国間条約の強硬な保障措置の適用を重視する。

また、現在原子力商業利用を実施している原発保有国群は国内法に定める保障措置で賄おうとする動きが強く、一方非保有国群は、多国間の保障措置であれ、地域間の保障措置であれ、受け入れを歓迎する傾向がある。しかし、これらの国々は国内法の不備点も多く、各保障措置の適用を阻害するだけでなく、核拡散につながる危険性をもはらんでいる。

以上のような観点からそれぞれの条約について比較、検討する。

第Ⅲ部の第6章においては、原子力の開発利用の進展に伴い、取り扱われる核物質の量が急速に増大している現在、それに伴い核物質の盗難等の不法な移転に対する防護、および原子力施設又は核物質の輸送に対する妨害、破壊行為、そして組織的な犯罪行為に対する防護の対策として生まれた「核物質防護条約」を考察する。さらに、放射性物質の国際輸送に関する諸条約を分析することにする。

原子力産業の開発による核物質の需要は著しく増大しており、それによる核物質の流通は国際、国内を問わず頻繁に行われている。その流通における

輸送路は陸、海、空であり、その輸送機器として軍用、公用、民間用がある。軍用、公用の輸送機器、例えば軍用輸送機、軍艦そして国の公共機関に属する輸送機器などである。本章では主に民間の輸送機器による核物質および放射性物質の輸送における国際的な基準とそれに関連する諸条約に基づく国際運搬の制度に関し検討する。

第7章では1986年9月に採択された原子力事故の早期通報に関する条約（Convention on Early Notification of a Nuclear Accident）および原子力事故又は放射線緊急事態の場合における援助に関する条約（Convention on Assistance in the Case of a Nuclear Accident or Radiological Emergency）をもとに、国際的に対処すべき協力制度について検討を行なう。

この二つの条約は1986年4月のチェルノブイリ原子力発電所事故後採択されたものである。この原子力事故は原子力商業利用以来最大級の事故であった。従ってその衝撃は世界各国に広がり、同時にその被害もヨーロッパを始め、北アメリカ、アジアなど広い範囲における、その対策として全世界規模の原子力事故安全対策の必要性が高まったのである。この二つの条約はわずか5ヶ月間の交渉、作業を経て採択されている。二国間協定でさえ、成立までに数年かかるのが普通であるが、多国間条約である本条約がこのような短期間で締結されたのは現在まで例がないといわれている。それほどチェルノブイリの原発事故は国際政治、社会、経済、そして国際法など諸方面に緊急対策の確保という検討課題を与えたのである。

本章ではチェルノブイリの原子力事故の被害状況、特に旧ソ連国境を越え他国に与えた災害に関し論じ、この二つの条約の採択の必要性と同時に原子力事故から生ずる災害の安全対策の協力制度に関し検討する。

第8章においては原子力商業利用の産業活動に伴う事故から災害に関する賠償および補償、保険などその国際制度について考察を行う。

原子力はその巨大な爆発力が商業利用に用いられ、特に原子力発電所においてはエネルギー源として近代産業の発展に貢献したことは事実として認めざるを得ない。

現在原子力は我々の生活上、多方面において利用されているのみでなく、特に日本のような原発大国においては24時間我々の周囲で活動し続けてい

る。原子力開発および産業活動は危険を伴う活動として認識されている故、その事故の可能性も、さらにその災害の巨大さをも、常に内包しているといえる。それは旧ソ連のチェルノブイリ原発事故とアメリカのスリーマイルアイランド（TMI）原発事故、また 1999 年 9 月、日本の JCO 臨界事故で作業員 2 名が死亡、そして 2004 年 8 月 9 日　関西電力美浜発電所 3 号機、2 次系配管破損事故、2 次冷却系のタービン発電機付近の配管破損により高温高圧の水蒸気が多量に噴出し、逃げ遅れた作業員 5 名が熱傷で死亡という一連の事故が証明した通りである。とくに 2011 年 3 月 11 日の東北地方太平洋沖地震を端緒に発生した福島原発事故に起因する影響では、放射性物質による環境・食品・人体への影響、社会的・経済的影響、住民の避難および風評被害は甚大であった。この事故による災害の対応策は 4 年が経過した現在までも原子炉内の核分裂の抑制の確立の方法と手段の模索が続けられている。そして 22 万人の避難県民の対応策に試行錯誤を重ねている。さらに事故の賠償及び補償に必要な金額も数兆円に達し、将来 40 年後までには数十兆円規模で膨らむ可能性が高いといわれている。このような原子力災害から公衆の人命およびその財産を保護するために、国際条約を締結して対処することとなった。本章ではこれらの条約を人命並びにその財産を保護する立場から解釈し、問題点を指摘し、そして評価を試みることにする。

　第Ⅳ部、第 9 章から第 10 章において原子力利用における国際管理の限界について記述する。原子力の利用における国際管理 Regimes は商業利用の促進と軍事使用への転換防止策、またその実施制度など相当厳格な規則で運営している。しかしその適用には現代国際法の主権概念および国際法の一般原則の枠では限界がある。国家主権尊重と内政不干渉原則の堅持など現代国際法を盾に原子力を自国利益中心に利用、使用する傾向が増している。そのような現況の下、原子力の軍事使用への危険が加速している。

　第 9 章において、原子力商業利用を推進しながら軍事使用への転換を図り核兵器を開発した例を取り上げると同時に核の闇市場について論じる。

　原子力の破壊力を軍事目的に使用することを原則的に禁じる国際人道法の法規を考察し、その法規に原子力の軍事的使用行為、つまり無差別、大量破壊兵器である核兵器について若干の考察を行なう。

本章の主要な論点である核物質の国際管理 Regime については、浅田正彦編『大量破壊兵器開発・拡散の状況』の NSG、MTCR、そして WA の条項の概略が非常に有益である。浅田先生の編書において上記に関連する内容は明瞭にまとめられているからである。

　第 10 章において、戦時に原子力施設から危険性を除外し、人命およびその財産の特別保護（ジュネーヴ条約追加第 1 議定書第 56 条）について論じる。一般住民に甚大な損失を生じさせる危険な力を放出する危険がある場合には、たとえ軍事目標に該当しても、ダム、堤防及び「原子力発電所」を攻撃してはならない。締約国は 56 条の義務を履行するため、平時から原子力施設などにおける防御システム（Defensive Systems）を装備する必要がある。原子力施設には原子炉をはじめ潜在的な危険性をはらんでいる物質および放射能を浴びている機材が散在している。外部からの攻撃、陸、海、空をはじめサイバー攻撃などに対する防御システムの現状について考察する。

　終章において、現国際原子力管理 Regimes の組織上の欠陥および弱点、機能上の不一致の原因などを示し、またその課題を指摘すると同時にその制度の再構築と改善策の施策を提案する。

　一般に、原子力の国際管理というようなテーマを考察するには物理、化学、工学、地質学を始め科学的に広範な知識と多角的視点を用意することが必要であろう。しかし、本書では上記の三部に関わる「国際法および国内法制度とその実施体制」、つまり「Regimes」に焦点をあて、それに関わる限りで諸々の若干の科学、そして国際政治的また戦略的な背景を記述する。

第Ⅰ部

原子力国際管理の台頭

第1章

原子力国際管理時代の到来

1節　国際管理草案の起草過程

　1944年から1945年にかけて、核兵器（Nuclear Atomic Bomb）が3個製造され、そのうち2個が1945年8月に日本に投下され、第二次世界大戦に終止符が打たれた。

　戦争は終結したが、核に伴う惨害は世界戦争史上において最も悲惨な記録を残すことになった。核兵器の凄い破壊力について恐怖と畏敬の念を抱く世論は世界的に高まり、特に科学者の"核兵器製造に関する責任"に対する批判は多くの科学者にとって衝撃であった。と同時にそれに対して何らかの答えを出さねばならなかった。そこで科学者らは「"科学者同盟（The Allied Scientists）"」を組織し、核兵器製造に関する責任に対する謝罪と、今後の原子力（Nuclear Power）の管理に関する指針を発表した。

1）フランクレポート Frank Report[1]

　このレポートは1945年アメリカの科学者グループ（A Group of American Nuclear Scientists）により、当時アメリカのスティムソン（Henry Lewis Stimson）陸軍長官に提出されたもので、原子力国際管理に関する提案としては世界で初めてのものである。そこでは二つの点が主張されている。一つは"核兵器（Nuclear Weapons）製造禁止のための国際条約の締結"であり、二つめは"若干の国家の主権を制限することを念頭においた原子力（Nuclear

Energy、Power）管理の規制"の確立である。

　さらにもう一つの重要な論点は「日本人に警告することなく、核爆弾を使用するのは賢明ではない。そのようなことをすればアメリカは世界中の支持を失い、破滅的な競争を促し、そして国際管理協定の策定に傷がつく可能性が高い」[2]ということであった。

　フランクレポートは核爆弾の製造禁止と国家主権を制限して厳格な国際管理体制をひき、核拡散を防止することは勿論のこと、さらに製造済みの核爆弾を日本に無差別投下を阻止することを目的としたものである。

　このフランクレポートには原子力の国際管理の必要性がみごとに展望されており、69年経過した今日からみても、その先見の明を十分に評価することができる。

　フランクレポートの主張の重要性はアメリカの政治家、軍人、学者、一般の社会人までに広がり、アメリカの上院の原子力特別委員会は1945年11月から12月にかけて22人の専門家を呼んで原子力管理に関する聴聞会を開くことにした。

　その委員会の報告によれば「現在のアメリカの独占は不安定である。他国が核を製造できる時期については予想がまちまちであるが比較的科学技術の発達している国ならどこでもこれから5年ないし15年以内に核兵器を製造できる見込みがあることは明かである。」[3]と結論づけた。従ってアメリカのトルーマン（Harry S. Truman）大統領も原子力の国際管理に関する対策を真剣に講じることになった。

　スティムソン陸軍長官は「原子力国際管理問題」[4]とりわけ対ソ交渉について検討し、1945年9月11日付のレポートをトルーマン大統領に提出した。その内容の要点[5]は以下の通りである。

　（1）核の戦争使用禁止と原子力平和利用について、情報を交換する国際協定を結ぶべきである。

　（2）ソ連とイギリスが核製造を断念すればアメリカは核製造を中止し、現存の核を封印するということを提案すべきである。

　（3）原子力国際管理問題を国際機構に持ち込めば、長い年月を要することになる可能性が十分考えられるゆえ、ソ連に直接交渉を呼びかけるべきであ

る。
　上記の内容を要約するとスティムソンは核のアメリカの独占に不安を抱き、その独占を維持するための対策を講じなければ、その政策はくずれることは必至であると大統領に報告したといえる。さらにもう一つの注目すべき点はソ連との直接交渉の勧告である。当時、アメリカのバーンズ（James Francis Byrnes）国務長官を始めとする対ソ不信が強い中で、ソ連と核国際管理問題でテーブルを共にすべきであるという案は相当勇気のいる提案であったと思われる。しかしスティムソンの提案は第二次大戦の結果、両国、つまりアメリカとソ連は世界の超大国になりつつあるということを察知し、そしてソ連の核製造の可能性が十分あること、しかもそれが数年以内という判断に立ったものであった。つまり"戦争か、平和か"はソ連とアメリカの両国にかかっているという認識であったと思われる。その後、両国は冷戦構造の軸に変遷していくのであるからこの提案を考えてみると非常に秀れた未来の世界図を描いていたといえる。
　トルーマン大統領はこのスティムソンレポートを閣議にかけたが強い反発、すなわち激しいソ連への不信感に出合い、否決された[6]。のちにこの否決はアメリカの核独占政策の寿命を短縮することになる一つの原因になるのである。トルーマン大統領及びバーンズ国務長官は「原子力に関する科学的知識は世界的に知れわたっているが、その技術的秘密は別物であって、アメリカだけが核製造に必要な科学、技術的能力と資源を持っている」[7]と考え、アメリカの核独占はソ連を含めた他国の科学的技術不足によって相当長年にわたり継続されることには疑問を抱いていなかった。この過信はソ連を始めとする、フランス、イギリス、中国などによって核製造が着実に進行することになった原因の一つになったといえる。なぜなら、アメリカの思い込みが、ソ連と真剣に原子力の国際管理を論じ、核拡散を防止する対策を講じる絶好の機会を失わせたといえるからである。

2）アメリカ、イギリス、カナダ　三国共同宣言
　トルーマン大統領は対ソ交渉を放棄して、原子力国際管理問題を国連の舞台に持ち込むことにするが、その前にイギリス及びカナダと足並みをそろえ

第Ⅰ部　原子力国際管理の台頭

る必要が生じた。

　1945年11月、アメリカ、イギリス、カナダの三ヶ国首脳により、「原子力に関する合意宣言（The Agreed Declaration on Atomic Energy）」[8]が提出された。その内容は以下の通りである。

（1）最近の科学的発見の軍事的応用によって、人類はこれまで知られていなかった破壊手段を自由に処理できるようになった。これに対する十分な防御は不可能であり、またその使用を単一の国家が独占する事も不可能である。

（2）原子力の開発と利用についてはわれわれが成し遂げた発明のため、われわれがこの問題でイニシアティブをとる必要があるので、次のような国際的行動の可能性を審議しようとして会合した。

　　（a）原子力を破壊目的に使用するのを防止すること。
　　（b）科学的知識、とりわけ原子力の利用における最近及び将来の進歩を、平和的・人道的目的に利用するのを促進すること。

（3）われわれは、文明社会を科学知識の破壊的使用から守る唯一の完全な道が、戦争の防止にあることを知っている。どんな保障措置の体制が案出されようとも、それ自体は、侵略を企図する国による核兵器製造を防ぐ有効な保証とはならないであろう。

（4）われわれは、原子力の利用に欠くことのできない知識を持つ3国を代表して、最初の寄与として、まず、完全に互恵的になる国ならどこでも、平和的目的の基礎科学文献の交換を進んで始めることを、宣言する。

（5）科学研究の成果は、すべての国が利用できるべきであり、調査の自由と考えの自由な交換が知識の向上に欠くことのできないものであると、われわれは信じる。この方針に従って、平和的目的の原子力の開発に必要な基本的科学情報はすでに世界に対し利用できるようにされている。今後も時々得られるこうした性質の情報はすべて、同様に取扱われるというのが、われわれの主張である。われわは、他の諸国が同じ方針を採り、それによって、政治的な合意と協力が盛んになるような、相互信頼の雰囲気をつくりだすことを期待する。

（6）われわれは、原子力の実用的産業応用に関する詳細な情報の公表の問

題を審議した。原子力の軍事的開発は、産業的利用に必要なものと同じ方法および工程に、大いに依存している。

　われわれは、すべての国に受け入れられる効果的、相互的で、強制できる保障措置を案出することができる前に、原子力の実験的応用に関する特殊情報を広めることが、核兵器問題の建設的解決に寄与することを、確信したい。それどころか、原子力の実験的応用に関する特殊情報を広めることはその反対の結果をきたすと考える。しかしながら、われわれは、原子力の破壊的目的への利用に対する効果的な、強制できる保障措置が案出でき次第、国際連合の他の諸国との相互的関係に立って、原子力の実用的産業応用に関する詳細な情報を分かち合う用意がある。

　(7) 破壊目的への原子力の利用を完全になくし、その産業的、人道的目的への最も広範な利用を促進する、最も効果的な方法を達成するため、われわれは、最も早い時期に、国際連合機構のもとに1つの委員会を設け、同委員会をして同機構に提出すべき勧告を作成させるべきであるという意見である。

　この委員会は、最も急速にその任務を進めるよう指令され、またその任務のそれぞれの分野について随時、勧告を提出する権限を与えられるべきである。

　とりわけ、この委員会は、次の目的のための提案を行うべきである。

　(a) 平和目的のための基礎科学情報の交換を、すべての国の間に広げること。
　(b) 原子力の平和目的だけの利用を確実にするのに必要な程度に、原子力を管理すること。
　(c) 核兵器、および大量破壊に応用できるその他一切の主要兵器を、国家の軍備から廃棄すること。
　(d) 取決めに従う諸国を、違反とごまかしによる危険から守るため査察その他の手段による効果的な保障措置を講じること。

　(8) その委員会の任務は段階を追って進めるべきであり、各段階の成功的な完了が、次の段階に着手する前に、必要な世界的信頼が生まれるようにすべきである。具体的には、委員会はまず科学者および科学情報の広範な交換

に留意し、第2段階として、天然の原料資源に関する十分な知識の発展に留意することが考えられる。

　(9) 科学の破壊への応用の恐るべき現実に直面し、あらゆる国は、諸国間の法の規律を維持し、地上から戦争の惨害を絶滅することが何にもまして必要なことを、これまでになく差し迫って痛感するであろう。これは、国際連合機構を専心支持し、その権威を固め、拡大し、そうしてすべての人民が自由に平和の営みに献身できるような、相互信頼の条件をつくりだすことによって、初めて達成できる。これらの目的を達成するため、全力を尽くすのが、われわれの固い決意である[9]。

　この三国共同宣言は「原子力の国際管理、原子力兵器の廃棄、原子力平和利用についての科学情報の交換、査察などの保障措置の設定」という諸問題を担当する委員会を国連の下に創設することを国連に勧告することである。

　第二次世界大戦中、ドイツ軍に核製造の可能性及びその爆撃圏内にあるという恐怖感から、いち早くアメリカの核製造に協力体制を講じ、その成功に貢献したのがカナダ及びイギリスである。アメリカがその核を広島、長崎に投下し、数十万人の生命や財産そして環境を破壊したその責任は重い。アメリカは、3国協力体制で製造した核使用の責任を自衛措置の行使という正当性と、日本の侵略の代価として処理した。しかしアメリカの核兵器の使用は、軍事目標主義など国際人道法の基本原則の責任からのがれられるものではない。

　ともあれこの三国の共同宣言から明らかに読み取れるように、三国の協力体制により開発された核爆弾を、自らが処理及び管理することを棚上げした上、その原子力の管理において、各国に強力な協力および任務を負わせようとするものである。そして、原子力の効果的な保障措置という制度を利用して国際政治舞台において主導権を行使しようとしているのである。さらに原子力平和利用という名のもとに、三国の産業的利益の増大を試みたといってもよいであろう。このような思惑から着案された世界初の原子力国際管理案が国連の場に登場することになる。したがって原子力の国際管理の行き詰まりを最初の段階から背負っていく運命になるのである。つまり"原子力の開発と制限"という相容れ難い論理が展開することになる。

この宣言では、軍事使用面においては"厳格な秘密主義"をとり、そして平和利用面においては、"条件付き国際化"を主張したのである。

この宣言の内容を借りると、「破壊的目的への原子力の利用を完全になくし、原子力の産業的、人道的目的への最も広範な利用を促進する。最も効果的な方法を促進するため、我々は、最も早い時期に、国際連合のもとに一つの委員会を設け、同委員会をして原子力利用及び管理問題における効果的な方法を作成し、国連に勧告をさせるべきである。」と主張している。

つまり、原子力に関するすべての事業（activities）は国際的な支配（control）下におき、その担当機関を設け、その機関により原子力の商業的利用面において国際化するということである。

この三国首脳の提案により原子力は"核不拡散と商業利用"という相容れ難い運命を背負ってゆくことになる。

3）アメリカとソ連の交渉開始

アメリカ、イギリス、カナダの三国共同宣言により、原子力の国際管理問題を国連の舞台に持ち込む予定がソ連の強い反発によって覆され、アメリカはソ連との交渉を開始しなければならなくなった。上記のスティムソンがトルーマン大統領に提出した勧告案通りになってきたのである。

ソ連は1945年11月1日の「New York Times」に10月3日のトルーマン大統領が議会に送った教書を以下のように論評した。

「新しい兵器の授けをかりて世界制覇を遂げようとするいかなる国の企ても失敗に帰する運命になることを、歴史は説得的に証明している。」[10] そして「アメリカは核外交（atomic diplomacy）と核による脅迫（atomic black mail）の手段を使用し、世界制覇をねらっている」と公然とアメリカを批判した。

日本に投下された核の破壊力は人間の想像をはるかに越え、その恐怖感は全世界に広がった。従ってソ連のアメリカに対する批判は、全世界に共感を呼んでいた。アメリカとイギリスはソ連と交渉しなければ国連での原子力国際管理問題が好ましい方法で解決されることはないという判断に追い込まれた。それによってアメリカ、イギリス両国はソ連との原子力国際管理に関する案に対して交渉を開始することになったのである。

1945年12月26日からモスクワで米、英、ソ連の三国外相会議が開かれた。その翌日に三国は共同コミュニケ[11]を以下のように出した。
(a) 平和的目的のための基礎的科学情報の交換をすべての国の間に広げること
(b) 原子力の平和的目的だけの利用を確実にするのに必要な程度に原子力を管理すること。
(c) 原子力兵器、および大量破壊に応用できるその他の一切の主要兵器を国家の軍備から廃棄すること。
(d) 取決めに従う諸国を、違反とごまかしによる危険から守るため、査察その他の手段による効果的な保障措置を講じること。

この共同コミュニケにはアメリカ、イギリス対ソ連の原子力に対する思惑が感じられる。アメリカ、イギリスは (b) (d) なしには (a) と (c) を推進することは考えられないと主張した。一方ソ連は (a) と (c) の規定がなければ (b) と (d) には賛成するのは難しい状況になるだろうと主張した。このことからそれぞれの国内においての原子力に関する諸状況を読むことができる。

ともあれ三国は原子力国際管理問題を国連の場に出すことに同意したのである。

4) 国連での交渉

1946年1月10日、ロンドンのウェストミンスターホール（Westminster Hall）で国際連合総会第1回会議の第1会期が開かれた。

原子力の国際管理問題は国連総会の本会議で議題と決定され、国連原子力委員会の創設を求める決議案は、総会第1委員会（政治安全保障委員会）の審議を経て、同年1月24日の本会議において全会一致で採択された。この決議案では、アメリカ、イギリス、ソ連三国外相会議の決定通りであった。その内容[12]は以下の通りである。

国際連合総会は、原子力の発見によって生じた問題およびその他の関係事項を処理するため、次の構成と権能を持つ委員会（a commission）を創設することを決議する。

第 1 章　原子力国際管理時代の到来

(1) 委員会の創設

　委員会はこれによって、次の第 5 項に示す委任事項を付して、総会により創設される。

(2) 委員会と国際連合諸機関との関係

　　(a) 委員会はその報告および勧告を安全保障理事会に提出し、その報告および勧告は、安全保障理事会が平和と安全のために別段の指示がない限り、公表されるものとする。適当な場合に、安全保障理事会は前記の報告を、総会および国際連合加盟国、並びに経済社会理事会および国際連合の機構内の他の諸機関に送達すべきである。

　　(b) 国際的な平和と安全の維持に関する、国際連合憲章に基づく、安全保障理事会は、安全に影響を及ぼす事項につき、委員会に指令を発するものとする。この事項については、委員会は安全保障理事会に対し、その任務に関する責任を負うものとする。

(3) 委員会の構成

　委員会は、安全保障理事会の各理事国、ならびに、カナダが安全保理事会の理事国でない場合には、カナダの、1 代表をもって構成される。委員会の各代表は、その希望する助力を得ることができる。

(4) 手続き規則

　委員会は、それが必要とみなす職員をかかえ、また安全保障理事会に対し、委員会の手続き規則に関する勧告を行い、同理事会はその勧告を手続き事項として承認するものとする。

(5) 委員会の委任事項

　委員会は、最も手早くその仕事を進め、問題のすべての局面を調査し、そしてそれらに関し随時、委員会が可能と認める勧告を行うものとする。

　とくに、委員会は次の目的を実現するための特定の提案を行うものとする。

　　(a) 平和目的のための基礎的科学情報の交換を、すべての国の間に広げること。

　　(b) 原子力の平和的目的だけの利用を確実にするのに必要な程度に、原子力を管理すること。

(c) 核兵器、および大量破壊に応用できるその他一切の主要兵器を、国家の軍備から廃棄すること。
　(d) 取決めに従う諸国を、違反とごまかしによる危険から守るため、査察委員会の仕事は、段階を追って進めるべきであり、各段階の好調な完了が、次の段階にとりかかる前、必要な世界の信頼を作り出すようにすべきである。

　委員会は、国際連合のどのような機関の責任をも侵害せず、その任務に当たって、国際連合憲章の条項に基づき、上記の諸機関の審議のため、勧告を提出すべきである。

　原子力国際管理問題を取り扱う国連原子力委員会は、国連憲章の規定の枠内で活動することおよび安全保障理事会に勧告案を提出することが任務として認められた。そして同委員会は上記の共同コミュニケでうたっているように、"原子力に関する科学情報の交換、原子力の国際管理、核兵器などの廃棄、さらにその違反による危険に対する保障措置"についての対策及びその処理に関する様々な案を講じることになる。

　原子力委員会の任務の中で最大の機能は"査察、立入り検査等の手段による効果的な保障措置を確立すること"である。従来、国際的な取決めは条約、規約、協定等の文書での取決めをもって、その履行を約束することが国家間の慣例であった。しかし、原子力の国際管理における効果的な保障措置を執行するためには、国家主権をある程度制限しなければならない。委員会としては、国家主権を制限するという概念をいかに加盟国の納得の行くように対処するかが難問であった。委員会は"国際査察員による現地立入検査"の保障措置を講じなければ、効果的な管理はありえないと考えていたので、各国の主権をどのように、どの程度制限できるかが一つのかなめであった。しかし、例えば、第一次世界大戦後、1928年に締結された不戦条約においては「国家は、外国の機関による査察（inspection）、あるいは管理（control）を受けるべきでない。制限（limitation）は誠実さに頼らなければならない。」[13]と定めている。それ以来多数の条約が同じ主旨で規定され、その原則は国際社会に確立されている。したがって効果的な保障措置を講じるためには、「国家主権の不可侵原則」及び「内政不干渉原則」等、従来確立された

第1章　原子力国際管理時代の到来

国際法の原則を揺るがすことになるのである。この問題は原子力の国際管理の中でも最重要案件として今日まで議論されている。

そして注目すべきもうひとつの案件は、「核兵器をはじめ大量破壊兵器を国家の軍備から排除すべきである」という規定である。その時、この規定が採択されたならば今日の核不拡散 Regimes の展開からの様々な危機および戦乱は避けることができたはずである。この規定こそ核廃絶につながる効果的なかなめであるといえる。

5）アチソン・リリエンソールレポート（Acheson-Lilienthal Report）

アメリカは1946年3月にアチソン・リリエンソールレポート[14]という有名な報告を委員会に提出した。正式名は「原子力国際管理に関する報告」（The Report on the International Control of Atomic Energy）である。（以下アチソン報告という）。

この報告においては、原子力の諸側面が総合的に考察され、広範な項目につき勧告が行なわれた。その主なものを拾いあげてみる。

(1) 核物質は非軍事的目的の生産に必要な核燃料と同様のものである。つまり核燃料を製造するための分離および精錬工場は、軍事用にも平和目的にも利用できるわけである。それは全くその最終的生産物がどのように使われるかということのみが問題となる。したがって査察体制が確立されても、核物質の軍事的目的への転用を完全に防止する保障措置は困難である。

(2) 現在、核兵器に対する適当な軍事防衛というのは存在しない。

(3) 原子力に関する諸活動は危険な活動と安全な活動に区別する。平和目的の利用のための核物質の使用は、安全な活動として国家の管理下に置く。それは医学等の研究における放射性トレーサー（radioactive tracers）の使用などの活動も含む。一方、危険な活動は核原料の保有を始め、核分裂性物質製造などである。しかし現在、危険な活動と安全な活動との間にはっきりとした線をひくことができない。それ故、平和利用目的のための原子炉などは国際原子力開発機関（The International Atomic Development Authority、以下 IADA という）の査察下におくべきである。

すなわち原子力に関するすべての活動は"危険な活動"（dangerous

29

activity）として認識し、各国の主権の外におき、国際的な機関の管理下におくこと。さらに核物質は国際的な所有権（international ownership）下におき、またその運営（management）も国際的な機関に任せることである。

　上記の IADA にはどの国家の査察も受けることなく4つの権限を与える構成になっている。4つの権限とは、1．ウラニウムとトリウムの世界的貯蔵の所有権及び効果的貸与権、2．あらゆる原子炉及び分離工場の建設と運営する権限、3．無限の研究活動、4．直接的運営せず支配下にないすべての原子力の活動を査察できる権限である。

　このアチソン報告のねらいはアメリカの原子力商業利用において世界の主導権を握り、莫大な経済的利益を見込んでの政策と核兵器の独占政策の維持であったと思われる。報告の中で「"今日、アメリカは事実上原子力兵器を独占しているがそれは一時的なものにすぎないだろう。"」としながら「"核物質の軍事的目的への転換を防止する保障措置としての多国間条約の義務というものは、信義だけが頼るべき保証であるゆえ突然の条約違反の恐怖というものがどんな信頼をも破壊してしまうだろう。"」といい IADA の創設を提案し、その IADA に強い権限を与え、世界の原子力を支配することを主張した。その当時はアメリカのみが原子力の諸活動における技術、設備、開発の努力を保持していた。それ故、アメリカの手によって IADA は運営せざるを得なくなる。従ってアメリカは原子力の分野での独占政策をはかることが容易であった。

　上記のように原子力における国際管理は初めの段階から政治、軍事、経済、科学的諸問題を背負って出発することになった。

2節　アメリカの提案

　アメリカは、1946年6月に国連原子力委員会第1回会議にアメリカの政府案として「"原子力の国際管理案"」を提出した。その内容は上記のマチソン報告の超国家的な機関（supranational body）の創設という案を柱としたアメリカの軍事面の原子力（military atomic）の独占政策を成功させようとする強い意志の込められた案であった[15]。提案された管理案の骨子は次の通り

第 1 章　原子力国際管理時代の到来

である。

1) バルーク案（The Baruch Plan）の構成
(1) 総則
　機関は、核物質各種の形態の所有、支配、許可、操業、査察、研究、および権限をもつ機関職員による運営を通じて行う、原子力の分野の管理のための十分な計画を立てるべきである。これが提供された後においては、関係諸国における経済計画ならびに現在の個人、法人および国家の諸機関に対し、できるだけ干渉を少なくすべきである。
(2) 原料
　機関、その最も初期の目的の1つとして、ウラニウムとトリウムの世界中の供給に関する、完全で正確な情報を入手し、保持し、ウラニウムとトリウムをその支配下におくべきである。そうした原料の各種形態の鉱床の管理の精密な様式は、異なった状況に包含される地質的、採掘、精錬、および経済的事実に依存しなければならないであろう。
　機関は、ウラニウムとトリウムの世界的地質の最も完全な知識を持てるよう、絶えず踏査を行うべきである。ウラニウムとトリウムの世界的資源に関するすべての現在の情報が、われわれすべてに分かった後初めて、その生産、精錬、および配分についての公正な計画を立てることができる。
(3) 第1次生産工場
　機関は、核分裂性物質の性質の完全な経営管理を行うべきである。これは機関が、危険量の核分裂性物質を生産するすべての工場を管理し、運営すべきであり、またそれらの工場の生産物を所有し、管理しなければならないことを意味する。
(4) 核兵器
　機関は、核物質の分野における研究を行う独占的権利を与えられるべきである。核物質の分野における研究活動は、機関が原子力の分野において知識の第一線に立ち続け、核兵器の不法製造を阻止する目的を達成するために、欠くことのできないものである。機関の立場を、最も事実に通じている機構として維持することによって初めて、機関は本質的に危険な活動と危険でな

い活動とを区別できるであろう。
(5) 活動と物質の戦略的配分
　安全にとって本質的に危険であるため機関の独占的委任に帰した活動は、世界中に配分されるべきである。同様に、原料と核分裂性物質の貯蔵も集中化されてはならない。
(6) 危険でない活動
　機関の機能は、原子力の平和時の利益の増進であるべきである。
　原子力研究所（ただし爆発物を除く）、研究用原子炉の使用、危険でない原子炉による放射性追跡標識用物質（radioactive tracers）の製造、同物質の使用、ならびに、ある程度までの動力の生産は、機関からの合理的認可取決めに基づき、各国およびその国民に開放されるべきである。変性された物質の使用も、われわれの知っているとおり適当な保障措置を必要とし、同物質は機関により、貸与その他の取決めに基づいて上記の目的のために供給されるべきである。変性化は一般に、安全手段として過大評価されてきたように思われる。
(7) 危険な活動と危険でない活動の定義
　危険な活動と危険でない活動との間には合理的な境界線を引くことができるが、その境界線は厳格で固定したものではない。そのため、問題をたえず確実に再検討できるように、また変化する状況と新しい発見が必要とするような、境界線の改訂を許すように、規定を設けておかねばならない。
(8) 危険な活動の操業
　ウラニウムまたはトリウムを処理する工場が、いったん危険な使用の可能性に達した後は、機関によるもっとも厳格で十分な査察を受けねばならないばかりでなく、その実際の操業も、機関の経営、監督および管理下におかれる。
(9) 査察
　本質的に危険な活動を機関に独占的に委任することによって、査察の難しさは減少する。機関だけが危険な活動を合法的に行える唯一の機構であるとすれば機関以外のものによる明白な操業は、はっきりした危険信号となるであろう。査察はまた、機関の認可権能とも関連して、行われるであろう。

第1章 原子力国際管理時代の到来

(10) 立入の自由

　機関の権限をもつ代表はすべて、その適切な立入が保証されねばならない。機関の査察活動の多くは、機関の他の機能から生じ、またそうした機能に付随して起こるものである。

　査察の重要措置は、原料の厳重な管理と関連するであろう。というのは、それがこの計画の中枢であるからである。原料に関係する試掘、探査、および研究の継続的活動は、機関が認められているその開発機能に役立つだけでなく、諸国家またはその国民によって、原料の分野で不正な操業が行われないよう保証するためにも役立つようにされるであろう。

(11) 職員

　機関の職員は、立証された能力を基礎にして募集されるべきであるが、また、できるだけ国際的基盤に立って募集されるべきである。

(12) 段階的発展

　管理体制の創設に際してのまず1歩は、機関の機能、責任、権限、および限界を、広範な条項で規定することである。機関の憲章がひとたび採択されたとしても、機関ならびに、機関に対して責任を保つ管理体制が完全に組織され、有効なものになるためには、時日を要するであろう。だから、管理計画は段階を追って実施されねばならないであろう。これらのことは、機関の憲章に明記されるべきであり、そうでなければ、この委員会を創設した国際連合総会の決議の中にも含まれているように1つの段階から他の段階への移行のための方法が機関の憲章の中に設定されるべきである。

(13) 公表

　国連原子力委員会の審議において、アメリカはその主張する諸提案の適当な理解に欠くことのできない情報を提供する用意がある。それ以上の公表は、すべてのものの利益に合うよう、条約の有効な批准にかかっている。機関が実際に創設された際は、アメリカは他の諸国とともに、機関に対し、機関の機能遂行に必要な、前述以上の情報を提供するであろう。国際管理の継続的段階が進むに従って、アメリカは、各段階が必要とする程度まで、この分野における活動の国内管理を、国際管理に移籍する用意がある。

　国際管理機関が設立されたとき、各国の機関（bodies）に許される管理の

33

程度については、問題があろう。原子力の管理と開発のための国家的機関（authorities）は、機関（the authority、国際原子力開発機関）の有効な運営に必要な程度まで、機関に従属すべきである。これは、国家的機関の創設を是認するものでもない。この委員会は、そのような国家的機関の義務と責任の範囲の境界を明確にすべきである。

2）バルーク案の概要

バルーク案を要約すると次の三つの主要点に分けることができる。

a. 国際原子力開発機関（IADA）の創設[16]

この機関の主な任務は、1. 潜在的に危険であるすべての原子力活動の完全経営管理（complete managerial control）、または所有、2. 各国の原子力活動に関するライセンス（license）の許可、監督（surveillance）、効果的管理（effective control）を行う権限、3. 原子力の平和利用の育成の義務、4. 当機関による科学分野の知識人、つまり原子力分野の世界的な権威者による研究、開発の責任とそれを実行するための法的権限を与えること、などである。

b. 核兵器の禁止

兵器としての原子力を使用及び活用した場合、国際犯罪として宣言すると同時に、それに相当する制裁を含む規定を定めること。規定には「"核兵器の製造を停止すること、また現在所有している核兵器は条約の規定によって処分する。そして原子力生産に関わる全ての情報を機関が所有すべきこと"」などを明記すること。

c. 拒否権

原子力を破壊的目的のために開発、あるいは使用しないという重大な規定に違反した者を擁護するため拒否権が使われてはならない。したがって安全保障理事会常任理事5ヵ国の拒否権を原子力開発機関の管理及び査察任務に許してはならない、などである。

上記以外にアメリカは国際的な原子力管理のため、核物質の生産から移送などにおける総合的な安全管理案を提案した。

このバルーク案は原子力に関するすべての活動から各国の主権を排除する

ことをねらったものであるといえる。この提案の後、各国は原子力に関する活動は特別事項（the exception）として国内法が及ばないように対処を始めた。しかし、ソ連はこのバルーク案に対して強く反発した。特に"拒否権の無視"と"各国の原子力活動を国際機関が管理する"という二点は絶対に容認してはならないと強く主張した。国際原子力委員会の第一回目の会議はソ連代表の反対意見以外は手続きに関する若干の討議を経て終了した。

3節　ソ連の提案

　ソ連は原子力委員会第一回会議のアメリカ案に対処するため、1946年6月19日第二回会議においてソ連の政府提案としてグロムイコ案[17]を提出した。その主な内容以下の通りである。

1）グロムイコ案（The Gromyko Plan）の構成
（1）原子力大量破壊目的への使用に基づいた兵器の生産と使用を禁止する国際条約の締結に関する提案
（2）原子力委員会の仕事の構成に関する提案
　原子力の大量破壊目的への使用に基づいた兵器の生産と使用を禁止する国際条約草案
〔ここに署名国の名を列記する〕
　原子の分裂、ならびに、世界人民の福祉の増進と生活水準の向上のため、および人類の利益に資する文化と科学の発展のために、原子力を入手し、使用することに関連する、偉大な科学的発見の大きな意義を認識し、
　原子力の分野における科学的発見を、すべての人民が、世界の人民の生活条件の改善とその福祉の増進、および人類の文化の一層の向上のために、最大限利用するのを、あらゆる方法で促進する。
　原子力分野における偉大な科学的発見が、大きな危険、とりわけ、これからの発見が核兵器として大量破壊の目的に使用された場合に、平和な都市と一般住民に大きな危険を与えることを十分に自覚しつつ、
　国際的取決めがすでに、戦闘における窒息性、毒性その他同様のガス、液

体、個体および加工品（processes）、ならびに細菌学的手段の使用を禁止しているという事実、またこれらの使用が文明世界の世論により正しく非難されているという事実の重大な意義を認識しつつ、さらにまた原子力兵器を人類の大量破壊兵器に使用することの国際的禁止が、全世界人民の希求と良心とに一層大きく応えるものであることを考慮しつつ、

　これらの科学的発見が人類の危害に、また人類の利益に反して、使用される危険を防止することを堅く決意し、

　原子力の利用に基づく兵器の生産及び使用を禁止する条約を締結するよう決意し、この目的のために全権委員を任命し〔ここに全権委員の氏名を列記する〕、委員はその正規の信任状を提出した後、次の通り協定した。

第1条　締約国は、原子力利用に基づく兵器の製造および使用を禁止するよう全会一致で決議し、またこの目的のために次の義務を負うことを厳粛に宣言する。

　(a)　どんな状況の下においても、核兵器を使用しないこと。
　(b)　核兵器の生産および貯蔵を禁止すること。
　(c)　本条約の効力発生の日から3ヶ月の期間内に、完成品であること未完成品であることを問わず、核兵器のすべての貯蔵を破壊すること。

第2条　締約国は、本条約の第1条の違反が、人類に対する最も重大な国際犯罪であることを宣言する。

第3条　締約国は、本条約の効力発生の日から6ヶ月の期間内に、本条約の規定の違反者に対する厳重な制裁立法（注、国内立法を意味する）を完了するものとする。

第4条　本条約は無期限に存続する。

第5条　本条約は、国際連合の加盟国であると、非加盟国であるとを問わず、すべての国にその加入のため開放されるものとする。

第6条　本条約は、安全保障理事会による承認の後、そして国際連合憲章第23条に記載された国際連合のすべての加盟国（安全保障理事会の理事国を含む）調印国の半数が批准し、批准書を保管のため国際連合事務総長に寄託した後に、効力を発する。

第7条　本条約の効力発生後においては、国際連合加盟国であると、非加盟

第1章　原子力国際管理時代の到来

国であるとを問わず、すべての国を拘束する。

第8条　本条約はロシア語、中国語、フランス語、英語、およびスペイン語の条約文をもって正文とし、これを1部作成して国際連合事務総長の記録保管所に保管する。事務総長は、すべての条約当事国に対し、認証謄本を送付するものとする[18]。

2）グロムイコ案の概要

グロムイコ案は二本立てになっており、一つは原子力の大量破壊目的のため、兵器の生産及び使用禁止のための国際条約の締結であり、二つめは原子力委員会の任務に関する規定の提案である。

主要な点は以下の四点である。

a. 核兵器の使用、製造及び貯蔵を無条件に禁止し、さらに既成の核兵器は核兵器禁止国際条約の発効後三ヶ月以内にすべて廃棄すること。

b. 核兵器の使用、製造、貯蔵の禁止に対する違反は、人類に対する最も重大な国際犯罪であるということを宣言すること。

c. 核兵器禁止国際条約の加盟国は条約発効後六ヶ月以内に、同条約の違反に対する制裁の国内立法を完了すること。

d. 最後に国連安全保障理事会の5常任理事国の拒否権を、原子力の分野でも持つべきことなどである。

グロムイコ案の原子力の核兵器への転換、製造、使用の禁止についての提案は、バルーク案とほぼ一致するが、バルーク案の骨子である"超国家的な国際機関"の設置と「五大国の拒否権の排除」などは否定し、あくまでも原子力の活動を各国の国内事項として取り扱うこととした。これはソ連が原子力の開発に全力をあげており、つまりソ連も早い時期に核兵器の製造に成功することを暗に示したものであった。

4節　初期における両大国の草案の審議状況

1946年6月に両大国はそれぞれの原子力の国際管理草案を国連原子力委員会に提出した。

国連原子力委員会は両国の草案と同委員会下に設けられた科学技術委員会（Scientific and Technical Committee）から1946年9月に提出された報告を含む3つの草案に対して審議を行った。

さらにソ連は1947年6月に上記の3つの案を十分に検討し、その結果を原子力委員会12回会議に「原子力管理に関する国際協定または国際条約の基本的規定」という案を提出した。

1) 初期段階

ソ連案[19]においては、第1回目の案に加えて次の2点を提案した。第1には「国際管理委員会により原子材料と原子力生産の施設を定期的に査察する。また原子力兵器禁止の条約の違反の疑いが生じた場合には、特別調査（special investigation）を行う」こと。さらに第2には、「原子力兵器禁止国際条約の署名国は平和目的のための原子力の利用方法を開発するため科学的研究を無制限に遂行する権利を持つ」ことである。

上記の2つのソ連案はアメリカ案とは非常に隔たっていたため原子力国際管理問題の審議に大きな発展はみられなかった。

ソ連は最初の案で原子力の諸活動は国内事項であるから国際機関が関与するのは許されないと主張したが、2回目の提案では国際管理委員会により原子力のいくつかの面においてのみ査察を行うよう提案した。

しかしこのソ連の提案はイギリス、カナダの同意を得たアメリカ案とはやはり相当の隔たりがあった。つまりアメリカ案は"超国家的な国際機関"を設け、その機関に査察でなく監視（supervision）、運営（management）、許可（license）の権限を与え、原子力に関する諸活動には国家の主権を排除することを主張したからである。

国連原子力委員会での原子力国際管理問題に関する審議は、アメリカとソ連の提案を中心に進行し、そしてこの二大国の対立は深まりつつあった。したがって他の各国の委員は原子力国際管理問題に関して活発に議論することを控えはじめ、また両国の対立が深まるにつれ、この問題に関する審議の場も、まもなく泡沫のように消えていった。各国の委員がこのような態度をとったことにはもう一つ理由があった。それは二国の提案は結局のところ二国

第1章 原子力国際管理時代の到来

の軍事力の首位争いであることを認識したからであった。
　この二大国の提案の主要な相違点二ついて分析してみる。

2）米・ソの対立
　まず原子力の開発に関する諸問題に対しては、ソ連はあくまで"国内的問題として処理"することを主張すると同時に、"国際的な評価"とそれに関する制裁を安全保障理事会で行うことを主張した。勿論、安全保障理事国の5常任理事国の拒否権の行使も主張した。
　アメリカは原子力に関する諸活動は"国際的な事項"として"超国家的国際的機関により厳重な管理"を主張すると同時に、国家の主権を排除し、それに関する違反行為に対する制裁は、国連安全保障理事会で拒否権を認めない、多数決で処理することを主張したのである。
　その背景にはアメリカは原子力に関する諸方面において当時唯一の先進国であるがゆえそれらを独占し、軍事、経済、政治、科学等の面において常に首位を維持しようとする思惑があったといえる。
　一方、ソ連は原子力に関してはアメリカに遅れをとっていた。それだけに原子力に関する情報や技術を入手し、当時開発中であった核兵器の完成とともに、原子力商業利用も図っていたのである。つまり二大国の主張は、原子力を保有し、今後も独占しようとする国と、原子力の非保有国で、それを早期に入手しようとする国との対決であった。
　以上のような状況のもとで、原子力国際管理が審議されるにつれ、原子力に関する様々な問題が、国際法及び国内法における多様な変化を要求していくのである[20]。
　原子力委員会は1946年12月、1947年9月、1948年5月3回にわたり国連安全保障理事会にレポートを提出した。
　安全保障理事会で三年間にわたり審議した国際原子力委員会からのレポートを討議したが、アメリカ、ソ連の対立によって国際原子力管理に関する条約、その対策の方法に関する具体的な措置は一つも確立されることなく、原子力問題に関しては引続き交渉が必要であると結論づけ、原子力委員会の6常任国（the six permanent members of UNAEC）に原子力国際管理主題（the

topic of the international control of atomic energy）において「"交渉を続け各国が受け入れ可能な措置を確立すること"」を委ねた。しかし6常任国は、アメリカ、ソ連の激しい冷戦の中であおりを受けて、結局なんの成果も上げることなく解散することになる。具体的にいうと原子力国際管理の審議の場で、ソ連は"中国の代表は一つの党の代表である"つまり国民党の代表である故、交渉の資格がないという主張[21]をし、その結果、すべての審議が中断され、ついに1952年1月11日国連総会第5回決議502（Ⅴ1）によって国連原子力委員会は解散することになった。

国連原子力委員会は長い年月を費やした割りには、ただ一つの結論のみ、つまり「"原子力の国際管理は技術的に可能である（technologically feasible）"」を提示したのである。

5節　原子力商業利用の幕開け「Atoms for Peace Plan」

1950年代に入り原子力の独占が不可能であることが確実と判断したアメリカは、原子力の商業利益（commercial interests）の増進をはかるため、原子力法（the McMahon Act）[22]を改正し、民間用の原子力（civil nuclear energy）の開発に全力を注ぐことになった。

アメリカは原子力を国際的な商業営利のため、その世界の市場を独占しようと、原子力平和利用とその国際管理問題を再び国連の舞台に登場させた。とくにその背景には、日本の広島、長崎に投下した原子爆弾の非人道性が国際社会に批難を巻き起こし、その非人道性の隠蔽策として原子力「平和利用」計画を急速に展開する事情があった。

1953年12月8日国連総会において当時のアメリカ大統領ドワイト・デヴィッド・アイゼンハワー（Dwight David Eisenhower）による「原子力平和利用計画」（The Atoms for Peace plan）[23]という有名な演説が行われた。その内容は以下のように要約することができる。

1）原子力平和利用計画（The Atoms for Peace plan）
　（1）核兵器を兵士の手から取り上げるだけでは十分ではない。軍事面の枠

を取り除き、かつ平和技術のために使用する方法を知っている人々の手に渡す必要がある。

　もし核軍拡競争の傾向が逆転されれば、その破壊的な力は、すべての人類の利益のために恩恵をもたらすものであることを米国は知っている。

　核エネルギーの平和利用は将来の夢ではないことを米国は知っている。この可能性はすでに実証されているものであり、今日現存するものである。全世界の科学者及び技術者がその着想を試し発展させるために適量の核分裂性物質を持つならば、その可能性は、速やかに広汎、効率的および経済的な活用に変形されることに誰も疑いを抱くことはないであろう。

　(2) 核からの恐怖が東西陣営の政府および民心から消滅するのを早めるために、今から何らかのステップが取られるべきである。

　以下を提案する。

　主たる関係国は IAEA に対し基本的考慮の許す範囲内で、保有するウラン及び核分裂性物質から共同して拠出を行う。我々は IAEA が国連の後援を受けて設置されることを期待する。

　拠出の割合、手続きその他の詳細は個別会談「private conversation」で討議される。

　米国は、これらの探究を誠実に行う用意がある。同じ誠意をもって実施している米国のいかなるパートナーも米国が非合理的でなく、かつ度量の狭い仲間でもないことを見出すであろう。

　このプランへの最初の拠出は量的に少ないものであろう。しかしながら、この提案は、世界的な査察及び管理の完全に受け入れられるシステムを設定するための企図に付随するいらだち、およびお互いの疑惑を招かないで受け入れられるので大きな価値をもつものである。

　IAEA は拠出された核分裂性物質の保管、貯蔵及び保護につき責任を負う。科学者の創造力は、上記のような核分裂性物質の貯蔵および占有を阻害するため、斬新な安全対策を提供するであろう。

　(3) IAEA のより重要な責務は、核分裂性物質が人類の平和的要求に役立つよう配分する方法を考察することにある。専門家が原子力を農業、医学及びその他の平和目的活動の需要に適用させるために動員されるであろう。特

別の目的として、世界の電力不足の地域に豊富な電力を供給することがある。拠出された力は人類の恐怖よりも必要のために役立つであろう。

2) ピースプラン（Peace Plan）の概要

このピースプランはバルーク案とは明確な相違点を打ち出した。バルーク案は"原子力の軍事、民事利用（the civilian and military application of atomic energy）の人為的な分離（artificially separated）は不可能である。"と定め、その立場に立って国際管理を構成した。つまり、「"すべての危険性を内包している原子力の活動は完全な国際的な査察（the full international inspection）制度を確立すべきだ。このような制度は総合的な核軍縮（total nuclear disarmament）につながる"」とい原則を定めた。それに対し、ピースプランではアメリカは上記の原則を廃棄して以下のような提案を新しく提示した。

(1) 原子力の軍事、民事利用は効果的な保障措置と査察(effective safeguards and inspection)を通じて技術的に分離することができる。

(2) それ故、全原子力活動における通商規制（an embargo）を取る必要がない。しかし高度な慎重さを要する原子力設備においては規則により管理すべきである。

(3) そのような原子力の設備の管理が最終的に核軍縮の達成に有効な措置だとしても、その管理を「核軍縮の戦略」として認識すべきではない。そしてその管理は「非核保有国（Non-Nuclear-Weapon States；NNWS）」のみ適用すべきである。

アメリカは「適当な保障措置[24]（appropriate safeguards）」を多国間、二国間の条約及び協定に定め、原子力の商業利用を拡大[25]しつつ、原子力市場を独占、そして原子爆弾の非人道性のもみ消し策を強く打ち出した。さらにピースプランは核独占を目的とした政策の実現を目指したものであった。このような政策、特にグループ独占の案にアメリカ、ソ連を始め、安全保障理事会の五常任理事国は同意を寄せ、原子力国際管理案を講じてゆくのである。つまりその政策の裏には自国の核保有を念願しながら、他方においては他国の核保有を防ぐことを意図したものである。その上、非核保有国を固定化した上、自国の原子力を"平和利用"という美辞麗句で飾り、その経済的利益

第1章　原子力国際管理時代の到来

と政治的影響力を保持しようとするものであった。
　この企てはこの時点から、原子力国際管理面において長く展開されてゆくのである。

注
1) Text of Report Reproduced in Robert Jungk, Brighter than a Thousand Suns : A Personal History of the Atomic Scientists, Robert Jungk, 1956, Translated 1958, Harcourt Brace Jovanovich, Orlando, Florida Authors, Readers, Critics, Media and Booksellers. Duck and Cover Posted by Kirsten Berg, August 6th, 2008.
http : //www.powells.com/blog/?p = 3637
2) Hewlett. and Anderson, O. Jr, vol. I, A History of the United States Atomic Energy Commission the New World, 1939/1946, p.366, Pennsylvania State University Press, 1962.
3) Report of Senate Special Committee on Atomic Energy. Atomic Energy Act of 1946, April 19, 1946.
4) P. Szasz, The Law and Practices of the International Atomic Energy Agency, IAEA 1970, Legal Series No 7.
5) Henry l. Stimson and McGeorge Bundy, On Active Service in Peace and War, 1947, pp.642–648.
6) Deciding to Use the Atomic Bomb : The Chicago Metallurgical Lab Poll, July, 1945, Bulletin of the Atomic Scientists, A Magazine of the Science and Public Affairs, October–1958.
7) New York Times, October 8, 1945.
8) IAEA, Legal Series No 7. 1970.
9) Colonel M. Tolchenor, The Atomic Bomb Discussion in the Foreign Press, New York Times, November 1, 1945. p.17.
10) The Department of State, The International Control of Atomic Energy, Growth of a Policy, p.127.
11) Year Book of the Untied Nations 1946–47, pp.64–65.
12) New York Times, August 19, 1926.
13) Report on the International Control of Atomic Energy, 1961. The Acheson-Lilienthal Report, Department of State Publication 2498. Washington, 1946.
14) The Department of State, The International Control of Atomic Energy, Growth of a Policy, pp.141–146.
15) Nuclear Proliferation Fact Book, Congressional Research Service, Library of

Congress, August 1985.
16) Origins and Early Years-Peace through Scientific Co-oporation Became an Abiding Purpose, IAEA Bulletin, Vol.2, 1987.
17) The Department of State, The International Control of a Policy, pp.209–216.『軍縮交渉史』前田寿。20–27 ページ。
18) Official Records of the Atomic Energy Commission. Second Year, No 2.
19) Ibid Third Year, Special Supplement, Third Report to the Security Council, pp.25–29.
20) Official Records of the Atomic Energy Commission.
21) Ibid.
22) 1954 年に 1946 年の原子力法（The Atomic Energy Act）を改正した。それにより商業用の原子力（Commercial Nuclear Power）及び設備などの輸出そしてその運営に協力することをアメリカの民間企業に許可したのである。
23) Document on Disarmaments, 1945–1959, pub. No 7008, United States Government Printing Office, 1960, Vol.1.
24) The Atomic Energy Act of 1954（Pub. L. No 83–703）.
25) Ibid. Section 123.

第2章

国際原子力機関（IAEA）の創立

1節　機関の創設の背景

　IAEA 憲章は、1956 年 10 月 26 日、IAEA 憲章作成委員会（the Conference on the Statute）において 70 カ国が最終的に採択した special agreement[1]として署名された。

　憲章は国連本部で IAEA 憲章作成委員会が開催され、82 カ国が 1 カ月にわたって審議した結果、成立したものである。1946 年国連原子力委員会の創設以来 10 年間にわたる国連を初め、東西間の交渉、特に米・ソ間の数十回の会議の末、ようやく原子力を管理する IAEA が誕生したのである。その経過を若干たどってみる。

　米・ソのいわゆる原子力国際管理案における冷戦の期間（1949–1955）、原子力に関する交渉の門戸は閉ざされていた。しかしソ連は原爆の開発に成功し、また商業利用にも相当の技術力を誇示できるようになるにつれ、原子力の国際管理は自国の利益は勿論、国際的な安全保障の面からも必要であると認識し始めた。そこでソ連はアメリカの国際管理案に対して保障措置の実施という点を除き、他は全面的に支持する態度をとった。そして 1955 年 11 月、12 カ国で構成された"機関憲章作成委員会"に参加するようになったのである。ソ連の参加によってようやく機関憲章の草案が最終文書（final text）の段階に至ることになる。それ以前は 2 回の草案が提出されている。

　初めは 1955 年 8 月 22 日、8 カ国の作成国によるもので、the eight power

45

draft[2]呼ばれ、2回目は1956年4月18日12カ国の作成国による the twelve power draft[3]と呼ばれるものである。

3回目はソ連も参加のうえ採択された the final text[4]である。その内容は国際管理草案段階に審議されたもので内容もほぼ同じである。参加国すべてが IAEA の創設の必要性に同意したものであり、ここに原子力の国際管理の第一歩を踏みだすことになったのである。原子力の国際管理における初期段階の詳細な内容は、第3章で論じる。

2節　機関憲章

機関憲章（The Statute of the International Atomic Energy Agency）[5]は1956年10月23日、国連総会において採択され、1957年6月29日効力が発生した。現在までに1963年1月31日第5回および1973年6月1日の第14回、また1989年12月28日、3回の IAEA 総会において3度改正されている。日本は1957年に批准している。2015年1月末現在の当事国は163カ国である[6]。

憲章は本文23条および付属書で構成されている。本憲章の目的は第2条「全世界における平和、保健および繁栄に対する原子力の貢献を促進し増大するよう努力しなければならない。」そして「核物質が軍事的目的（military purpose）を助長（to further）するような方法で利用されないことを確保（to ensure）しなければならない。」ということである。つまり機関が自ら提供した核物質または要請により提供された核物質が、商業目的のみに利用されることを保障することである。

また機関の任務は第3条A項において任務達成のため行う権限として、「"全世界における平和的利用のため原子力の実用化を奨励し、かつ援助し、原子力活動全般において援助を要請する国との間で仲介者として行動し、科学上、技術上の情報の交換を促進する"」、そして「"保障措置を設定する（the establishment of safeguarded worldwide disarmament）"」と定めている。

さらに第12条には機関の保障措置（agency safeguards）について定められている。保障措置の詳細は次章で述べる。

第 2 章　国際原子力機関の創立

　機関憲章は世界平和を促進するため二つの重大な任務を負い、それらの任務を遂行するため、制度上の対策は一応確立しているといえる。しかしその運用面で国際法と国内法の管轄の決定基準の不明瞭さにより、本文にうたわれている主旨を実現するにあたっては、困難が予想されていた。しかしこの憲章、特に目的は文言上においては評価できると思われる。つまり全世界における平和・保健および繁栄に対する貢献を促進し、さらにその具現に一層の努力をしなければならないとし、機関および加盟国に対し、"努力義務"を課している点である。これは原子力を商業活動のみに応用するよう限定制度を確立していることになり、核拡散防止の最初のステップとして評価できる。

1）加盟国の資格（Membership）

　原子力機関の原加盟国はこの憲章が署名のため解放されてから 90 日以内にこの憲章に署名した国際連合またはいずれかの国連専門機関に加盟している国に限られた[7]。その当時、国連にも国連専門機関にも加入していない中国、北朝鮮、東ドイツ、モンゴル、ベトナム民主共和国を除く[8]すべての国が加入する資格を有していたのである。原加盟国は 57 カ国である。

　原加盟国以外に原子力機関の加盟国になるためには、理事会の推薦をうけ、総会での承認が必要になる（第 4 条 B 項）。そして理事会および総会は、「いずれかを国の加盟国として勧告し、および承認するに当たり、当該国が当機関の義務を履行する能力および意思を有することと国際連合憲章の目的および原則にしたがって行動するその国の能力および意思に妥当な考慮を払った上で、加盟資格に関し決定をすること」と定めている。

　前記のように加盟国の地位を決定する際に、当該国が当機関の義務を履行する能力、さらに国連憲章の目的および原則にしたがって行動する当該国の能力に妥当な考慮（due consideration）を払う点は、他の国連機関の加盟国地位に関する決定規定よりはやや厳しい内容である。これは原子力がもたらす核兵器拡散とその使用による破壊力が世界平和に対し極めて高い脅威をもたらす可能性が濃厚であり、それゆえ厳格に規制することが望まれたからである。

2) 組織（Organs of Agency）

　機関には3つに組織がある。すなわち総会（第5条）、理事会（第6条）、事務局（第7条）である。これら3つの組織の中で、理事会は特に機関の全般的活動に対して強い権限（preponderant authority）を持っている[9]。その理由は理事会の構成国資格が原子力に関する技術（原料物質の生産も含む）が最も進歩した加盟国に限られているからである（第6条A項1）。したがって理事会のメンバーは核分裂物質およびウラニウム、トリウムといった資源を有し、また技術的にも進歩しているので、機関の事業に大いに協力することができるだけでなく、機関の任務遂行はそれらの国々に頼らざるを得ないという状況である[10]。

　8カ国草案では、理事会の構成国は原子力開発において充分な技術力とそれに必要な核分裂物質（fissionable materials, uranium）などを保有する国、すなわち機関の諸事業に貢献できうる国とに規定していた。

　しかしこの案に対しては、1954年第9回国連総合において、発展途上国などから理事会の構成国配分の不均衡などの不満とし、修正の要求が続出された[11]。これは原子力に関する技術および原料物質生産力の保有国（以下保有国という）と、それらの非保有国との対立であった。非保有国は理事会における発言権を獲得し、原子力の運営に関する諸決定に直接参加することを主張した[12]。

　1955年第10回国連総会においてインドネシアの代表は、IAEAの理事国の構成に関し、「原子力保有国（the haves）と非保有国（the have-nots）、そして原子力産業の物資生産国（the producers of manufactured goods）、と原料物質の供給国（the suppliers of raw materials）との区別は産業革命初期における不平等（inequalities）政策の反復である」と非難すると同時に、当該機関の理事国の構成においては衡平な地域配分原則（the principle of equitable geographic distribution）の採択を強調したのである[13]。このような開発途上国の主張により、8カ国草案に加えて衡平な地域配分原則が採択され、現行第6条A項1と2項（a）、（b）、（c）のとおり理事会の構成国の地域的配分制度が定められた。こうして原子力産業の技術面および物質面において低開発国が集中しているアジア、アフリカ、ラテンアメリカの諸国にも当該機関

第 2 章　国際原子力機関の創立

の理事国として原子力活動の諸決定に関する権限が与えられ、原子力開発に参加する道が開かれたのである[14]。

　機関憲章の草案以来、原子力保有国と非保有国との間で対立したもう一つの問題は、機関の予算額の決定事項（第6条E項）である。機関の予算審議およびその決定権は8カ国草案および12カ国草案においては機関の総会に付与された権限であった[15]。理事会の機関の予算額の決定に関する事項は、原子力の原料物質の生産を含む技術保有国である9カ国と非保有国の原子力開発に大きく影響を及ぼすため、激しい論争が起こった問題である。原子力保有国9カ国の案が採択されることになり、現行の第6条I項（会計上の問題に関する表決方法－出席しかつ投票する者の3分の2の多数決－）に定めるところに従い行う理事会の権限として定められることになった。したがって理事会は機関の原子力事業における財政運営権を確保したのである。これにより非保有国は機関の予算額の決定に参加できる条項を総会の権限として採択することに成功した。その結果、機関の予算額の決定に関する事項における総会の権限は、「理事会が勧告する機関の予算を承認し、またはその予算の全部もしくは一部についての勧告を付して、総会への再提出のため理事会に返却すること」（第5条E項5）と定められ、一応機関の予算決定面において理事会との力の均衡を図ったといえる。

　理事会の構成および権限における原子力保有国と非保有国との対立は、軍事、経済、科学の開発における利権の追求が絡むだけに、熾烈であったと想像できる。しかし理事会の強大な権限の独走を制限し、見直しを要求できる総会の権限が、原子力の非保有国つまり開発途上国の主張によって採択されたのは、先進国中心の国際機関の体制からみると相当評価できる。

3）任務（Function of the Agency）

　機関の任務は「原子力の使用を平和目的に限って使用すること」（第3条）である。しかし任務の実施にあたり最も重要な「平和目的」と「軍事目的」の定義および範囲は確立されないままにそのスタートを切った。国際会議において「平和目的」および「軍事目的」の定義に関して活発な論議[16]が交された。特に「軍事目的」の定義に関してはかなりの意見が出された。たとえ

ばフランスとインドの定義をめぐる主張は次のとおりである。

　まずフランスの「軍目的」の定義は、原子力を原爆として、また放射性物質の毒性を軍事目的として使用し、その結果、世界に相当な威嚇を与えた場合に限ると主張した。つまり潜水艦、飛行機、ミサイルなどの燃料として使用する原子力は軍事目的に該当しないというわけである。それはたとえば軍需工場で一般兵器用に原子力燃料を使用して事故が起きた場合、それは一般兵器の場合とそれほど大差がないという理由からであった。これに対してインドの代表は、「"軍事計画を持っている国々が取り扱うすべての原子力物質"」が該当するとし、これらの国々は機関から援助を受けるには不適格であると主張した[17]。これらの国々は機関の保障措置のもとで、平和利用目的で与えられた核物質を軍事目的に転用する可能性が懸念される。それ故、核兵器開発計画を推進している国々の原子力活動はすべて軍事活動とみなし、機関からの核物質の援助を打ち切るべきであるという主張であった。

　国際会議における「軍事目的」の定義に関する交渉の段階で、西側、東側さらに77カ国グループ（Group of Seventy-seven）間の主張があまりにも大きく隔たり、結局何の解決も得られずに終わり、フランスも自国の主張を投票にかけようとしなかった[18]。また多くの参加国は制裁（sanction）を伴う「軍事目的」の定義を設定することを望まなかったのである。結局それらに関する問題が生じた場合、理事会の判断に一任されることになった。このように原子力活動において最も重要な定義のひとつである「軍事目的」の定義、すなわち軍事目的使用の範囲、商業利用の限界などが曖昧な状況は現在においても続いている。これはまた原子力商業活動の基準の設定にも影響を及ばすことになる。したがって機関本来の任務の遂行のためには「軍事目的」の定義は早急に確立されなければならない課題である。

4）特徴（The Features）

　IAEAは他の国際機関と異なるいくつかの点においてその特徴を持っている。

　第一点はこの機関は二つの機能を兼ね備えていることである[19]。つまり奨励する活動（positive function）と制限・禁止する活動（negative function）で

ある。奨励する活動は原子力利用を世界の繁栄、健康、平和に貢献する目的で促進、拡大することである。一方、制限・禁止する活動は機関と加盟国との協定により、提供された核物質および設備、施設が軍事目的に使用されないよう、また転用されないよう監督および管理することである（第2条）。すなわち一つの機能は生活水準の高揚を目指し、またもうひとつの機能は軍縮全般を意図したものである。

しかしこの二面性の区分は決して明確なものではなく、軍事、科学、経済などの面において、大国間の原子力分野における覇権争奪戦が深みを呈するにつれ、その解釈のされ方も大国の利益に応じた曖昧なものとなっていくのである。

3節　機関の差別化政策

二つめの機関の特徴は、機関と加盟国との間の関係に三つの異なったタイプが存在することである。これは機関憲章第6条A項に示されているが、理事会のメンバー国に関する条項である（第6条）。

第一のタイプは、現在、相当量の特殊核分裂性物質（Plutonium-239, Uranium-233）の生産国で、原子力に関する技術が最も発達している国である。このような国々は機関に対し核物質およびどのような援助も要請しない。逆に機関が核物質や技術を頼らなければならない国家群である[20]。

第二のタイプは、相当量の原料物質（source material = Uranium, Thorium）[21]を生産している国で機関の事業にも協力できるし、一方、機関からの援助も要請できる国でもある[22]。またこれにはノルウェー、スウェーデン、オランダなどのように原子力全般において技術的な力は十分持ちながらも、原料物質が不足している国も含まれる。

第三のタイプは、原子力に必要な原料物質も技術も持たない国である。このような国々は機関の事業に協力するよりは、むしろ機関からの援助を一方的に受けるのである。つまりこれらの国々は機関の事業に協力したとしても、機関に貢献するよりは、むしろそこから利益を受けるほうが大きいのである。77カ国グループに属しているほとんどのアフリカ、アジア諸国はこ

の第三のタイプに属する。

　以上の点は他の国際機関に例のない差別化政策であり、特に理事会のメンバーを原子力産業における科学技術の差や原料物質の有無に基づいて選定するということは稀に見ることであった。この差別化の背景には様々な利害関係が存在していることの証である[23]。ひとつは軍事面における核兵器拡散の防止である。しかしこれはアメリカを中心とする核保有国が核拡散防止という名目で、戦略上の優位性を保持するという意図があることは否定できない。そしてもうひとつは経済面における市場および利益追求の意図である。原子力商業利用に関する各国の思惑は機関の設立準備合議以来、様々な原子力に関する国際会議において十分伺うことができる。つまり原子力保有国は原子力の軍事目的使用と商業目的利用における世界戦略また世界市場の独占策を常に企て、その実現の政策を展開しているといえる。IAEAのその差別化政策の実施がイラク、イラン、リビアまた北朝鮮などに北風となり、ひいては国際社会の平和と安定の逆風となる戦乱と緊張をもたらしているといえる。

注
1) Paul C. Szasz, The Law and Practices of the International Atomic Energy Agency, IAEA, 1970, Legal Series No. 7. pp. 71–91. International Atomic Energy Agency, INFORMATION CIRCULAR. THE TEXTS OF THE AGENCY'S AGREEMENTS WITH THE UNITED NATIONS.
　http://www.iaea.org/Publications/Documents/Infcircs/Others/infcirc11.pdf
2) 33 Dept. of State Bull., 1955, pp.666–672.
3) Annex III of the Report of the Working Level Meeting on the Draft Statute of International Atomic Energy, Doc. 31, Washington D.C., July 2, 1956.
4) Official Records of the 1956 Conference on the Statute of the International Atomic Energy Agency, 39, p.2.（以下，IAEA/CS/OR. という。）
5) Statute of the IAEA. IAEA. org.　http://www.iaea.org/About/statute_text.html
6) List of IAEA Member States, IAEA. org.
　http://www.iaea.org/About/Policy/MemberStates/
7) 憲章は1956年10月26日に署名のため開放された。憲章第4条A項、第21条A項。原加盟国は57カ国である。
8) Berehead G. Bechhoeber, Atomic for Peace, 1957, p.1364.

9）Morehead Patterson Report, Eric Stein, 34 Dept. of State Bull. 5 at 6, 1956.
10）Berehead G. Bechhoeber, Atomic for Pease. p.1365.
11）Mr. Barrington（Burma）, UN General Assembly Off. Rec. 9th Session（1954）, First Committee, A/C, 1/SR, 723, 37 1 at 372.
12）Indonesia, Ibid., A/C 1 /SR, 765, p.45 at 47.
　　Israel, Ibid., A/C 1 /SR, 765, p.45 at 48.
　　Liveria, Ibid., A/C 1 /SR, 765, p.53 at 47.
13）Ibid., A/C 1 /PV, 765, pp.22–23.
14）William R. Frye, "Atoms for Peace : 'Haves' Vs. 'Have-nots'" in 35 Foreign Policy Bull. 41, 1955.
15）8 カ国草案第 16 条、12 カ国草案第 14 条。
　　NLB 3, 4, 6, 8, 10, 11, 12, 14 by Nuclear Energy Agency. OECD.
16）IAEA/CS/Art. XX/Amend, Ⅰ.
17）IAEA/CS/OR. 28, pp.66–67.
18）Ibid., 36. p.33.
19）Ibid., 1, p.11.
20）第一のタイプの国家群は、アメリカ、イギリス、ロシア（旧ソ連）、カナダ、フランスである。
21）原料物質に関する定義は、The US. Atomic Agency Act of 1954, 42 U.S.C.A. 2014（X）。
22）第二のタイプの国家群は、南アフリカ、ベルギー、チェコスロバキア、ポルトガル、オーストラリアである。
23）34 Dept. of State Bull. 5 at 6, 1956.
　　IAEA/CS/INF. 4/Rev. 1, October 3, 1956.

第Ⅱ部

原子力国際管理の Regimes

第3章

IAEA の保障措置制度（Safeguards）と査察制度（Inspection）

1節　原子力商業利用の現状

1）原子力発電の稼働

　原子力の商業利用は 1953 年 12 月 8 日、第 8 回国連総会におけるアメリカのアイゼンハウワー大統領による「Atoms For Peace」[1]の演説以来、急速に発展してきた。現在、原子力商業利用は広範囲に及んでいる。たとえば医療、農業および工業、各大学、研究所、企業における原子物理の研究、商業用原子炉等多方面にわたっている。特に原子力発電においてその活用はめざましい。2015 年 2 月 14 日現在、世界の原子力炉の運転中のものは 30 カ国と台湾で 439 基であり、建設中は 68 基、また中国 29 基、ロシア 26 基、アメリカ 20 基など 102 基の計画中のものを含めると総計 609 基となっている[2]。

　アジアにおいても、日本は、2011 年 3 月 11 日、福島原発事故の影響により現在は、大飯原発第 3 号機、第 4 号機の 2 基のみ運転中である。しかし原子炉に核燃料が装荷されている商業用原発は 55 基で、この設備容量はアメリカ、フランスに次ぐ世界第 3 位の規模である。2013 年度電力供給計画によると、青森県下北郡大間町に建設中の電源開発の大間原発は、2014 年 11 月に運転開始という当初の予定であったが、2015 年 2 月末の現在は未定となっている。また山口県熊毛郡上関町に建設中の中国電力の上関原発の 2 基は準備工事中断と運転開始時期未定となっている。したがって日本は、電力

第Ⅱ部　原子力国際管理の Regimes

全体の原発の占める割合が前例になく急激に減少している。福島原発事故以前、2010 年度は、電力全体の 29.2％ のシェアを占め、約 3 割近い電力を供給した。しかし原発事故以来 2011 年度は 18.1％、2012 年度は 2.1％ のシェアとなり、電力供給難と電気料金の高騰を招いている。現在、日本は原発産業推進の計画を国内向きには消極的であるが、海外向きには積極的に展開している。従来の目標である研究開発原子炉（もんじゅ）を含め 69 基についても、建設中止・計画中止の状態である。

　中国は、現在 24 基が運転中で、電力全体の 2％ のシェアを占めており、25 基を建設中で、さらに 38 基の建設計画に着手し、着工を推進している[3]。

　インドの原発状況は現在のところ 2007 年に運転開始した Kaiga 3 を含め現在 21 基が運転中で、また 6 基を建設中である。さらに、ロシアは、VVER 2 基を含む 34 基が運転中で、9 基が建設中である。韓国は、23 基が運転中であり、また、建設中が 5 基である。台湾は、現在 6 基の原発を運転中であり、2 基を建設中である。イランでは、ロシアとの協力でブシェール原発 1 号機を建設し、稼働中である。パキスタンは 3 基が稼働中で、また 2 基が建設中である。しかし開発が進むにつれて原子力の危険性も増加しつつあるといえる。原子力の軍事的使用をみると核兵器保有国の数は増加し、核兵器は量的にも質的にも増強されつつある。核兵器による脅威は米・ロの核兵器軍縮協定により幾分緩和されているとはいうものの、その破壊力は全地球上の生物を絶滅するに足るものであり、世界平和は常に脅かされているといっても過言ではない。

　商業利用、とりわけ原発だけをみると、原子力による電力の供給は全電力供給量の相当量を占めている。原発は 2015 年 2 月現在、31 ヵ国（台湾含む）において 439 基が稼働中であり、原子力による総発電電力量は 2014 年実績で 376,934 MWe に達しており、建設中の 69 基を含めると 443,059 MWe に達し、世界の総発電電力量の約 13,5％ を占めている[3]。アジアの主な原子力先進国における総発電電力量のうち原子力発電の占める割合は、韓国 32.2％、日本 2.1％、台湾 19.3％ である。またインドは 2.9％ で、中国は 1.9％ であり、パキスタンは 2.6％ である[4]。

　原子力による生活向上　社会生活への貢献度は計り知れない。しかし原子

力の持つ放射能による人体は勿論、地球上の全生物への影響、地球中環境の汚染等に対しては十分な対策は講じられないままに、70年以上原子力は開発の一途を辿ってきた。このような原子力事業の安全性に対し、疑問を投げかけたのが三つの原子力事故である。

世界原子力発電設備容量（運転中）の表

Country	Nuclear power plants world-wide			
	In operation		Under construction	
	Number	Electr. net output MWe	Number	Electr. net output MWe
Argentina	2	935	2	717
Armenia	1	375	–	–
Belarus	–	–	1	1.109
Belgium	7	5,927		
Brazil	2	1,884	1	1,245
Bulgaria	2	1,906	–	–
Canada	19	13,500	–	–
China	21	16,890	28	27,756
(6 reactors in Taiwan)				
Czech Republic	6	3,804	–	–
Finland	4	2,752	1	1,600
France	58	63,130	1	1,600
Germany	9	12,068	–	–
Hungary	4	1,889	–	–
India	21	5,308	6	3,907
Iran	1	915	–	–
Japan	48	42,388	2	1.325
Korea, Republic	23	20,710	5	6,370
Mexico	2	1,330	–	–
Netherlands	1	482	–	–
Pakistan	3	690	2	630
Romania	2	1,300	–	–
Russian Federation	33	23,643	10	8,382
Slovakian Republic	4	1,815	2	880

Slovenia	1	688	–	–
South Africa	2	1,860	–	–
Spain	7	7,121	–	–
Sweden	10	9,474	–	–
Switzerland	5	3,308	–	–
Ukraine	15	13,107	2	1,900
United Arab Emirates	–	–	2	2,690
United Kingdom	16	9,231	–	–
USA	104	101,465	5	5,633
Total	435	372,022	72	68,344

Nuclear power plants world-wide, in operation and under construction, IAEA as of 11 March 2014 http://www-pub.iaea.org/books/IAEABooks/10756/Nuclear-Power-Reactors-in-the-World-2014-Edition

2）原子力発電の事故

1979年3月28日、アメリカのペンシルバニア（Commonwealth of Pennsylvania）のスリーマイルアイランド（Three Mile Island；TMI）原発事故の発生[5]によりアメリカを始め原子力産業先進国の市民グループは原発の安全基準、放射能防止対策そして技術的な信用性に対し、疑問を抱き始めた。市民グループの専門家等による事故の被害状況調査は、この原子力事故による賠償および補償責任に関する裁判で事実認定として相当採用され、公衆に対する絶対責任すなわち無過失責任の重要性が強調された[6]。

さらに1986年4月26日、ソ連のウクライナ共和国のチェルノブイリ原発の第4号基に事故が発生し、大量の放射性物質が周辺環境に放出された[7]。この事故の災害規模は近隣のヨーロッパ諸国のみでなく遠く離れたアジア地域にまで及んだ。チェルノブイリ原子力事故による数十万人に及ぶ人命に対する被害[8]は、全世界に衝撃を与え、産業革命以来、先端技術をリードしてきた原子力産業にも陰りが見え始めた。科学および技術の刷新は常にリスクを伴うといわれるが、その典型として全人類に示されたのである。

このチェルノブイリ原子力事故は国際法に対しても大きな影響を与えている。第一には原子力事故による国家責任制度確立への契機を与えたことであ

第 3 章　IAEA の保障措置制度と査察制度

る。この国家責任制度とは原子力運転国の事故により他国に被害を与えた場合、被害を被った国家および被害者に対し、国家責任（State Responsibility）として原子力運転国が責任を負うことである。これはまだ国際法として確立されてはいないが、現在多国間条約として関係諸国間の交渉を経て、2002 年 1 月 28 日、56 会期、課題項目 162、国連総会決議「第 6 会議報告（A/56/589 および修正 1）」を終え、正式な採択を待つばかりである。

　そして第二にはチェルノブイリ原子力事故がもたらした二つの条約である。一つの事件により二つの条約が採択されたのは他には例がないと思われる。この二つの条約というのは、「原子力事故の際の早期通報に関する条約」（Convention on Early Notification of a Nuclear Accident）と、「原子力事故および放射線緊急時における援助に関する条約」（Convention on Assistance in Case of a Nuclear Accident or Radiological Emergency）である。この二つの条約は原子力事故発生後の事故対策に適用される条約である。原子力分野の事故は一旦発生したら大惨事になりかねない。その危険性と人命尊重、公衆保護の立場から考えるとこの二つの条約の主旨は肯定されるものである。しかし原子力事故についてはその危険性と多大な影響から鑑みて、事前の事故防止策の方がはるかに重要である。

　三つめの福島原発事故は、2011 年 3 月 11 日、日本の東北地方太平洋沖地震による地震動と津波の影響により「東京電力の福島第一原子力発電所」で発生した炉心溶融など一連の放射性物質の放出を伴った原子力事故である。国際原子力事象評価尺度（INES）において最悪のレベル 7、深刻な事故、に分類される事故である。事故の原因は、地震の揺れと津波という二重の災害であった。まず地震により発電所への送電線が接触・干渉・ショート・切断され、変電所や遮断器など各設備が故障し、送電線の鉄塔 1 基が倒壊したりしたため、外部電源を失った。非常用ディーゼル発電機が起動したが、地震の約 50 分後、今度は遡上高 14 m–15 m の津波が発電所を襲い、地下に設置されていた非常用ディーゼル発電機が海水に浸かって故障した。さらに電気設備、ポンプ、燃料タンク、非常用バッテリーなど多数の設備が損傷し、流出で失った。そのため、全交流電源喪失状態（station blackout：SBO）に陥った。このためポンプを稼働できなくなり、原子炉内部や核燃料プールへの

61

送水が不可能となり、冷却が困難となり、炉心溶融（meltdown）が発生した。原子炉内の圧力容器、格納容器、各配管などの設備の多大な損壊を伴う、史上例を見ないほど甚大な原発事故へとつながった。ただ1号炉については、津波到達前に原子炉建屋内の放射線量が急上昇していることから、地震の揺れによって配管の一部が破断したのではないかという疑いは残されている。また全電源喪失になると非常用復水器（Isolation Condenser；IC、イソコンと呼ばれている装置）の弁が自動で閉じることが周知されていなかったことと、同発電所の幹部は3号炉の高圧炉心注水系（high pressure core injection system；HPCI）が手動停止している事実を知らなかったために、7時間にわたって注水作業が遅れてしまい、状況を悪化させた一因となったとされている[9]。

　福島原発事故は、自然災害と事業者の過失が重なり被害が拡大したといえる。とくに事業者の原発運営上の注意義務に違反であるといえる。地震対策と津波対策はIAEAの安全指針（safety and security）と保障措置（Safeguards）において多重に勧告が行われている。原発事業者がIAEAの勧告規定を遵守し、厳格な履行を制度化したならば今回の事故を防ぎ、また災害の縮小につなげることが可能であったといえる。今回の事故は東京電力の事業者はもちろん経済産業省をはじめ関連監督部局もともに、IAEAの保障措置をはじめ安全協定上の義務違反と運営上の過失責任から逃れることは困難である。

　さらに福島原発事故は国内外の安全対策に大きな影響を与えている。まず国際的には、「原子力安全条約（Convention on Nuclear Safety）」に原子力施設に関する「国別報告書（National Report）」（第5条）を「検討会議（Review Meeting）」（第20条）に提出しなければならないなど、大幅な改正が行われた。なお福島原発事故に関して検討され、詳細な事故報告とさらに、福島原発事故から学ぶため、2012年に「臨時検討会合」の開催などを通じ、原子力商業利用における安全対策の強化と厳格な実施体制の構築に関する規定が追加された。また今回の事故が強い影響を与えたのは、原発へのテロ脅威と核施設へのサイバー攻撃の対応制度である。世界で高まる核テロの脅威に対処するため、オバマ政権の主導の下、IAEAが核安全保障（Nuclear

Security）に関する体制を構築し、その実施を強力に推進している。とくにオバマ大統領は核セキュリティ・サミット（Nuclear Security Summit）を開催し、各国の首脳や閣僚、そして専門家らに核施設の破壊や核物質の盗難、密輸などの防止に向けた保安体制の強化や人材の育成、国際的な協力について協議し、その対応策の強化を強調している。

日本国内では、原子力基本法をはじめ災害対策法、損害賠償法などに修正および改正が行われている。例えば 2012 年 6 月には「原発事故子ども・被害者支援法」を制定し、「被曝を避ける権利」規定を基本理念と定め、被災者全員を救済する画期的といえる法律が成立したのである。

原子力の商業利用において最も懸念されているのは、その安全性とともに商業利用目的の核物質の軍事目的への転換である。原子力生産のための核物質の処理は、商業利用であっても軍事使用であっても同様のプロセスをたどる部分が多い。それゆえ原子力の商業利用のみを確保するためには原子力生産に必要とされる全核物資を国際的に管理する必要性が生じる。

この原子力の国際管理という目的をもって創立されたのが IAEA である。当機関は原子力の軍事目的への転用を阻止しつつ、エネルギーとしての利用を推進してきた。IAEA による商業利用の分野における成果はいうまでもない。しかし軍事目的への転換に歯止めはかけられてきたであろうか。1967 年 1 月 1 日までには核兵器保有国は米・ソ・英・仏・中国であった。しかし現在核兵器保有国また開発能力を有する国（準核保有国）は確実に拡大されつつある。

本章では IAEA の主要任務である原子力商業利用の確保と推進、さらに商業利用に用いられるべき核物質、施設、設備等の軍事使用への転用の阻止という二つの目的のうち、後者に属する"保障措置制度"に焦点をあてて論じる。

2 節では IAEA の設立に関する若干の経過、機関の目的を始め、組織および運営に関して、主に原子力保有国とアジアを中心とする非保有国との間で論争になった事項を考察する。これらの対立点は原子力政策全般に関わり、さらに保障措置制度にその影響が及ぶ。

3 節では IAEA の最も重要な任務のひとつである保障措置制度およびその

制度の具体的な実施事項のひとつである査察制度について論じる。

　IAEA の保障措置制度は 1961 年には 100 MW 未満の原子炉のみを対象としていたが、1965 年、1966 年および 1968 年にその見直しがなされ、現在動力用原子炉、再処理施設、転換および加工施設にも拡大されて保障措置が実施されることになった[10]。

　IAEA の保障措置は各種の協定によって実施される。このうち最も協定国の多いものが核兵器不拡散条約（Treaty on the Non-Proliferation of Nuclear Weapons, NPT という）[11]である。1967 年 1 月 1 日時点で核兵器保有国（米・ソ・英・仏・中国）の数を増やさないことにより、核戦争の可能性を少なくすることを目的として、1970 年 3 月 5 日に発効した条約である。NPT 締約国は 190 国（2014 年 8 月現在）である。

　第 3 条において、「非核兵器国は、原子力が平和的利用から核兵器その他へ適用されることを防止するため、国際原子力機関との間で保障措置協定を締結し、それに従い国内の平和的な原子力活動にある全ての核物質についてフルスコープ（full scope）の保障措置を受け入れる。」と定めている。IAEA はこの第 3 条により NPT の保障措置と協定を締結し、その協定当時国に IAEA の保障措置を適用している。日本を始めとするアジアの原子力保有国は主に IAEA の保障措置の対象になる。したがって本論ではアジアに影響を及ぼす保障措置と査察に関する制度および実施状況を考察する。さらに原子力は国際的に管理可能かという視点から、国際法上の問題点を若干指摘したい。

2 節　IAEA の保障措置制度

1）目的

　機関の保障措置は商業的利用のための核物質が軍事的使用に転用され、核拡散するのを防ぐのが第一の目的である。また商業的利用目的の設備、施設、機器等が軍事的に使用されないように検証活動（Verification Activities）するのが第二の目的である。さらに第三として原子力施設従事者に対する健康管理そして環境汚染防止のための対策を講じることである。

第3章　IAEAの保障措置制度と査察制度

2）保障措置制度

　原子力に関する「保障措置（Safeguards）制度」[12]とは原子力が商業的利用から核兵器等へ転用されることを防止するため、商業利用目的の原子力活動におけるすべての核燃料、その設備および施設などについて定期的に立ち入り検査（the inspection）[13]をすることをいう。

　しかし保障措置制度は機関憲章を批准したからといって適用されるわけではない。加盟国は新たに機関と保障措置に関する協定を締結することが必要とされている[14]。

　保障措置制度は1951年、アメリカが原子力利用の制約とそれらの秘密保持のために制定したのが始まりである[15]。1954年、アメリカはさらに上記の保障措置制度を「原子力法（Atomic Energy Act）」として制定し、原子力商業利用においては国際および国内を問わずこの制度を厳格に適用した。

　アメリカは自国が提供および供給した原子力の技術、設備、核物質そして情報が核兵器へ転用されることを事前に防止するため、また自国が提供した上記の物質が自国の許可を得ずに第三国へと移送および転送されることを防止するため保障措置制度を強化し続けてきた。

　例えば保障措置に基づく義務を受領国が確実に実施しているかどうかを検閲するため、「安全管理制度（the Security Control System）」[16]を設け、常にアメリカの統制を受けるようにしている等の点である。この制度の適用により、アメリカから原子力の技術、設備そして核物質等の提供を受ける受領国では、国家の主権とりわけ行政権に問題が生じてきた。つまりアメリカの管理制度によると、提供された原子力全般に関する査察は勿論、原子力施設労働者、それに関連する受領国の公務員までが、アメリカの査察員によって、査察されるからである。一国の（アメリカの）公務員による他国への査察行為は現行国際法上、主権平等原則および内政不干渉原則の遵守義務違反の恐れがある。国際的な交流と接触が頻繁になるにつれ、国内体制の一体性と自律性の変化により、国内管轄権に属する事項に対しても、他国の批判、勧告、注意、喚起等が行われている。しかし現行国際法上、主権平等および内政不干渉原則は保護法益（legal interest）として遵守されている。したがって他国の介入制度を正当な制度として受け入れる国家はない。アメリカの受

65

領国に対する査察行為は受領国との協定に基づくものであれ、これらの原則とは相反する行為であるといえる。「国家間の実質的な格差、科学技術の進展等」による干渉は違法な干渉[17]の範疇に相当するとも考えられるからである。そこでアメリカは受領国との間にこれらの原則に基づく摩擦を避けるため、自国の公務員ではなく、国際公務員による査察制度[18]を構想し始めたと考えられる。これが IAEA を中心とする国際的な管理制度確立の背景のひとつである。

このアメリカの安全管理制度は IAEA と OECD の前身である欧州経済協力機構（OEEC）により、西欧諸国を正規メンバーとする欧州原子力機関（European Nuclear Energy Agency, ENEA）の保障措置が制定される 1957 年まで国際的にもまた Euratom 加盟の国内にも適用されてきたのである[19]。

機関の保障措置制度は第 12 条に定められており、機関の最も重要な任務が規定されている。しかしこの条項に基づく査察制度は国際機関と国家との管轄権の相違により、国際法と国内法との間で問題となる点も多い。というのはこの条項は、特に主権国家の国内管轄事項に対し、国際機関が制限を加えるものである。従来国家の主権は国際法上、独立権であり、国家の最も基本的な権利であって、属地（領域）的に、他の権力に従属することのない最高の支配（統治）権利[20]である。つまり国際法上禁止されない限り、原則的に対外的には自由に行動し、対内的には絶対的、排他的に統治を行うことを認められている。IAEA の保障措置の査察制度は、この国家主権の原則を制限する条項にもなるからである。

20 世紀初期の国際社会においては、国家が唯一の国際社会の行動主体として認定されたが、20 世紀中頃より国際社会の多様化により国家以外の行動主体も国際社会のメンバーとして活動することになった。特に一定の共通利益達成のため、共同行動を行う国際組織が多く設立され、国連を中心とした国家間および国際組織間の権利義務関係が複雑に絡み合う国際社会に変化してきた。このような状況で国際組織と国家間の権限の範囲に関する対立が生じている。しかし現行の国際法においては国際組織と国家間の権利義務関係に関する規定[21]はない（条約に関するウィーン条約第 2 条 h、第 34–38 条等）。この点に関して ILC は第 35 回期国連総会第 6 委員会に報告[22]を提出

第3章　IAEA の保障措置制度と査察制度

した。それによると国家と国際機関との「同意事項」以外にはその相互間の権利、義務は生じないとしている。

　IAEA の保障措置制度の査察行為は IAEA との協定により実施されるため、協定国は IAEA の保障措置の遵守義務を負っている。しかし国際組織と国家間の権利義務関係における対立は現在も続いている。

　IAEA の保障措置と協定を締結した各国は原子力商業的利用の運営については自主的に行うが、核物質および設備の検査は IAEA の査察制度（the Inspection System）[23]に基づく査察を受けなくてはならない（憲章第3条A項5頁）。IAEA の保障措置制度の条項である機関憲章第12条の実施の範囲と国家主権の制限に繋がる事項をまとめると以下のとおりである[24]。

(1) 専門的設備および原子炉を含む施設の設計を検討し、これを承認すること。
(2) 機関が定めている保健上および安全上の措置の遵守を要求すること。
(3) 原子力物質全般に関する記録の保持およびその記録の提出を要求すること。
(4) 経過報告を要求し、また受領すること。
(5) 使用済み核燃料の処理、つまり回収、又は副産物として生産された特殊核分裂性物質が軍事目的に転用されないよう、その物質の余分な蓄積を防止するため厳しく管理すること。またそのような物質を化学的に処理する方法に対して承認すること。
(6) 国際査察員（International Inspectors）により構成された査察制度の確立すること[25]。

　IAEA は原子力が全世界の平和そして保健および繁栄に貢献し、またそれを促進し増大するための任務を負っている。しかし機関が全世界の平和に貢献するとすれば、商業目的で利用される特殊核分裂性物質、設備、施設および情報の軍事目的への転用は事前に防止されなければならない。そのためには受領国の原子力商業利用の物資に対し厳重な保障措置の適用が必要になる。その結果、受領国の原子力産業の運営、開発等に必要な原子力物資等の自由な流通はかなり制限され、原子力商業利用による繁栄の促進には歯止めがかけられることになる。

また国家主権と国際機関職権との権限の範囲に関する問題以外にいくつかの具体的な問題点を指摘すると、第一に核分裂性物質の流通および運搬に関する規定が定められていたことである。この規定では、軍事的に転用可能な核物質が頻繁に取引され、核兵器開発を狙う国家は比較的簡単に核物質を入手することができる可能性を多く含有している。第二に保障措置制度は受領国のみに適用され、供給国はなんの規制も受けないことである。核物質の供給国には核拡散防止の義務が課せられているが、核物質の取引に関しては供給国の裁量権に属することになりかねない危険な問題を内包している。原子力物資は常に危険を有する特殊物質である。そのような危険物質の取引よる莫大な利益を獲得し、その取引上の不法行為に対しては何ら法的制裁を受けないのであれば、法の平等原則に合致すると解釈しようとしても、合理的根拠に欠ける。上記の第二の問題は現在の文明諸国の国内法および慣例そしてその慣習においても容認し難い制度である。

3) 査察制度および査察員

IAEA の保障措置制度の実施に関する事項およびその適用に関する規定は、理事会が機関憲章により原子力受領国との交渉の上決定される。

これは保障措置協定（Safeguards Agreements）である。この協定は保障措置ドキュメント（Safeguards Document）[26] と査察制度ドキュメント（Inspectors Document）[27] に分けられる。

保障措置ドキュメントは核物質等の提供を受ける原子力プロジェクトに対する保障措置の適用に関して、理事会と受領国がその適用方法およびその範囲等を詳しく定めた規定である。また査察制度ドキュメントとは理事会と受領国が、査察制度を行う場合の IAEA の査察員の特権および免除そして査察実施に関する方法等に関する具体的な規定である。

この二つのドキュメントは主に次の三点に重点が置かれている。

第一には現地査察（On-Site Inspection）[28] である。保障措置協定により課せられた受領国の協定履行義務の遵守状況の査察、原子力商業的利用の核物質量の計量記録および原子力施設、準備、資材さらに関連労働者等に関する協定上の諸基準の違反の有無の査察である。

第 3 章　IAEA の保障措置制度と査察制度

　第二には受領国において使用され、生産される全核物質量に関する記録の保持および提出要求に関する事項[29]である。
　第三には受領国から理事会に提出された原子力産業全般に関する記録に基づいての検認に関する事項[30]である。
　そしてこれらの協定に基づき、査察行為が理事会と受領国との交渉によって指名された IAEA の査察員によって実施される。
　査察にはいくつかの種類がある。
　(1) 初期査察（Initial Inspection）[31] 保障措置協定の協定国が IAEA に対し、原子炉を含んだ原子力の設備施設の設計を検討し、軍事目的への転換防止策の基準に合致しているかを検認することである。
　(2) 通常査察（Routine Inspection）通常査察においては、受領国から IAEA に提出された報告に含まれる内容と、施設において保持されている計量および運転記録との整合性が確認される。また通常査察において核物質の量、所在場所、シリアルナンバー等の確認が行われ、さらに受け払い間差異（当該物件についての払い出し側と受け入れ側との測定重量の差）、帳簿在庫の確認および MUF（Materials Unaccounted for、不明物質量）の検査が行われる。
　(3) 特定査察（Ad-hoc Inspection）特定査察においては、受領国からの冒頭報告に含まれる情報の検認が行われる。また保障措置協定の締約後に受領国から提出される冒頭報告の日時と補助取り決め（協定の補助取り決め、Subsidiary-Arrangements）が、原子力の個々の施設につき、効力が生じる日時との間に生じる状況の変化に関しても査察が行われる。なお核物質の国際輸送前後における検認も特定査察によって行われる。
　(4) 特別査察（Special Inspection）[32] 特別査察は通常査察に加えて実施されるもので、異常事態が発生し、それが「特別報告」として施設から IAEA に通知された場合、あるいは締約国が通常提出している情報に追加的情報を得ることが必要になった場合、または通常査察でも収拾できる情報ではあるが、それによることが適当ではないと判断された場合、これが適用される。
　特別査察には特殊な検認手法が執られることとなる。IAEA の査察員は、その査察において以下の項目に関する検認を実施することができる。
　①関係記録の査察。

②保障措置下の核物質の独立測定の実施（IAEA 独自の機器を用いるかどうかは、その場合によって決められる）。
③機材の機能検査と校正。
④資料の収去とその採集、試験、操作および IAEA への輸送の確認。
⑤ IAEA の監視装置の使用および点検。
⑥ IAEA の封印の取り付け、検査および取りはずし、等である。

　査察は兵器がたやすく製造されないような核物質を扱う生産、処理、使用および貯蔵を含むそういった燃料サイクルに対して集中的に行われる[33]。しかもその査察活動は IAEA 保障措置に規定された目的のすべての場合に合致したものでなければならない。すなわち核物質の有意量の転用に適時の検出と摘発など安全対策に満足するものでなければならない。

　IAEA の査察員は保障措置に対する違反を見つけた場合、違反事項を IAEA の事務局長に報告する。さらにそれは事務局長によって IAEA 理事会に報告される。理事会はその報告を受けて、違反国に違反事項の改善措置を講じるよう要求する。さらに理事会は保障措置の違反国とその違反事項を IAEA の全加盟国、安全保障理事会および国連総会に通知又は報告しなければならない（第12条C項）。

　また IAEA 理事会から改善命令を受けた違反国が、合理的な期間内に十分な是正措置をとらない場合、理事会はその違反国に対し、IAEA および加盟国が提供する援助の削減、一時停止あるいは終了させることもできる[34]。

　さらに IAEA およびその加盟国から供給された核物質および設備の返還を求めることもできる。そして IAEA 加盟国として与えられた権利および特権に対し、一時停止または除外することもできる。

　IAEA の保障措置制度の特徴は原子力の商業的利用全般、すなわち核物質、設備、施設および情報まで査察を行うこと、さらに原発の労働者の放射線チェック等、労働者の健康管理のため設けられた基準の適否についても査察力を発揮でき、その違反事項に対して制裁措置が適用される点である。

　一方、IAEA の保障措置制度の実施過程においては二つの問題点があると思われる。第一にはこの制度を厳格に適用すると原子力商業利用の面に支障が生じ、IAEA の目的のひとつである「世界の生活水準の向上」に遅れがで

ることである。一方、商業利用に重きを置き、その制度を多少緩和して適用すると原子力が軍事的使用に転用される可能性は十分あるといえる。したがってこの制度の運営はきわめて重要であり、その実施にあたっては適用の技術と方法が慎重に論じられなければならない。

　第二の問題は軍事目的に使用される核物質を始め、設備、施設等のすべてが保障措置制度から除外されたことである。しかし「軍事的使用」の定義および範囲がきわめて曖昧であり、どのような核物質、施設および設備が軍事目的であるのかが明らかでない。現在のところは、核兵器保有国の自主的な判断に委ねられており、したがって商業利用目的の原子力物資が、軍事的に処理されるということは十分にありうる。これは保障措置制度に大きな抜け穴があるということであり、国際平和と安全に危険が及ぶ可能性は否定できない。

3節　保障措置制度の評価

　IAEAは世界の平和、保健および健康に対する原子力の貢献の促進および増大、また一方で核拡散防止を目的として、保障措置制度を以下の三つの事項[35]に重点をおいて構成している。
（1）加盟国との間に締結された協定に基づく保障措置の適用。
（2）保障措置概念の基準の確立。
（3）有効な保障措置のための研究開発の調整、推進。
　このIAEAの保障措置協定はNPTを始めEURATOM、OECDのNEA（経済協力開発機構原子力機関；NEA： Nuclear Energy Agency）、TLATELOLCO条約（ラテンアメリカおよびカリブにおける核兵器の禁止に関する条約；Treaty for the Prohibition of Nuclear Weapons in Latin America and Caribbean）と締結し、また国際機関さらに二国間原子力協定と締結している。これらの協定は次の五つに分類される[36]。

1) 協定内容

　　a.　プロジェクト協定（Project Agreement）
　機関は、機関憲章に基づき、加盟国に対し、物資、役務、設備、施設をみ

ずから提供するか、またはこれらの物資等の他の加盟国の移転のために仲介者として行動した場合、その物資等が軍事目的に使用されないことを確保する責任を有し、その物資等輸入国は、機関と保障措置に関する規定を含む協定を締結しなければならない。インドネシア、イラン、日本、マレーシア、パキスタン、フィリピン、タイ、ベトナム等がその適用を受けている。

 b．片務協定（Unilateral Agreement）

 機関の加盟国は、その領域内の特定の施設に対し、また場合によってはその全原子力プログラムに対し、機関が保障措置を実施することを要求することができる。北朝鮮、インド、パキスタン、ベトナム等がその適用を受けている。

 c．三者間協定（Trilateral Agreement）

 原子力資材、特に核燃料の供給能力を有する供給国と受領国との間の二国間原子力協定には、保障措置に関する規定を含み、供給国側が受領国内の核物質等に対する保障措置を実施することとなっている。ここで、機関の保障措置の制度を利用して、二国間協力協定に基づく供給国の保障措置を機関に肩代わりさせるために機関を含む三者間で協定が締結されるのである。インドとカナダおよびアメリカとの協定、イランとアメリカとの協定、日本とアメリカおよびカナダとの協定、韓国とアメリカおよびフランスとの協定、パキスタンとカナダおよびフランスとの協定、フィリピンとアメリカとの協定等がそれぞれ機関を含めた三者間協定を締結している。

 d．地域的多数国間条約（1967年のTlateloIco条約）に基づき、その当事国は、機関に保障措置を求め、機関との間で保障措置協定を締結している。

 e．多数国間条約（NPT）は、その加盟国の非核兵器国に対し、機関と保障措置協定を結び、その領域内のすべての核物質につき機関の保障措置を受託することを義務づけている。

 2010年以降、とくに福島原発事故以降の保障措置制度は、先進的な原子力技術を活用し、核拡散脅威に対する抵抗性および破壊行為やテロリズムの脅威、地震、津波をはじめ自然災害に対するロバスト（robust；堅固）性を強化した設計が中心である。

第 3 章　IAEA の保障措置制度と査察制度

2）概要

　上記の五つの条約および協定を基本的な土台にして、原子力商業的活動における国際保障措置を締約し、それによって全原子力活動を規制する。しかしこれだけの制度、つまり各条約および協定そして各国との連携機能をもって保障措置の実施が行われていても、核拡散は防ぎきれず、公衆の健康破壊・環境汚染の危険性がなくなったとは言い難い。その理由のひとつとして国際的に避けられない原則、すなわち「主権尊重原則」[37]さらに条約締結の際の諸原則（留保、宣言等）による合法的な制度等が執行されるからである。

　さらに原子力の軍事使用と商業利用との区別による対処から派生する問題がある。つまり、軍事使用における保障措置は各国の国内規制に委ねられているが故、国際的な保障措置が存在しない。さらに商業利用および開発における保障措置の実施の対象を核兵器国と非核兵器国とに分類して講じたことである。つまり核兵器国には保障措置の適用が部分的で、さらに同意によるものであるが、非核兵器国に対しては、全原子力活動に適用され、その上強制的で、厳格な内容である。

　しかし現在の核兵器拡散の実態を鑑みると、このように非核兵器国のみが一方的に重い制裁のもとに置かれるべきであろうかというのは、再考すべき課題である。

　このような政策の不備を生む制度上の弱点を含んだ保障措置は、もとから効果的な安全対策を求めるのではなく、むしろその弱点を利用して商業的な営利を意図し、さらに軍事技術面において常に主導権をとり、国家間における諸取決に力の政策を展開しようという企みが常に存在したと想像できる。

　原子力の国際管理の第一段階においては、アメリカの原子力独占政策が失敗に終わり、第二段階においては、核兵器保有国のみで独占しようとしたが、それも失敗におわりつつある。第三段階の原子力独占政策は、従来の核兵器保有国の枠を広げるか、また全査察制度を強化して、力の原理をもって核兵器の開発を狙う諸国に圧力をかけ、その生産および製造を封じるかになる。

　原子力平和利用という名で少数の国家が富を掻き集める現状においては、IAEA の保障措置制度を完全に適用したとしても、部分的な効果しか得られないと考えられる。それは「一方は提供、一方は禁止の原理」には、各国が

共通に通じる「"合理的な目標"」が存在しないからである。

4節　まとめ

1945年に日本に投下された原子爆弾の巨大な殺傷力は、言語に絶する悲惨な記録を、人類の歴史上に刻んだ[38]。原子力はこのような登場をしたが、一方では様々な規制を受けつつ生活の中で利用されてもきた。このように原子力は商業利用と軍事使用という二面性が常につきまとう。原子力が軍事的に開発、使用された場合、もはや全世界の安全保障の問題だけでなく、地球上の生態系にまで深刻な影響をもたらすことは周知の事実である。

そこでIAEAを中心に原子力の軍事目的への転用防止のため、厳格な保障措置を実施する一方、商業利用の面においては開発の促進を行ってきた。その保障措置の効果的な確立を図るため、査察制度が実施されている。

保障措置にはIAEAをはじめ、様々な機関の保障措置がある。多国間協定により実施されている原子力商業利用における保障措置は以下のとおりである。IAEAの憲章第3条の規定によるIAEAの保障措置、ローマ条約（The Treaty of Rome）第7条によるEURATOM[39]の保障措置、そしてヨーロッパ原子力機関（European Nuclear Energy Agency）[40]憲章第8条による保障措置（ヨーロッパ原子力機関は1972年日本の加盟により改名され現在はOECDの原子力機関（Nuclear Energy Agency）[41]である。

そしてNPT条約第3条により保障措置、またトラテロルコ条約（The Treaty of TlateloIco）[42]の保障措置等である。

これら以外にも米、ソ、仏、等核兵器保有国とカナダ、ドイツ、日本、オーストラリア、スウェーデン等原子力商業利用先進国と受領国との二国間協定による保障措置が実施されている[43]。

このように多国間条約、地域間条約、二国間協定による厳格な体制のもとで、核拡散防止のため原子力は管理されている。しかし核不拡散政策は成功したとはいえない。現在、核兵器開発能力を有する国（準核保有国）として、アルゼンチン、南アフリカ、イスラエル[44]等があるといわれている。原子力商業利用の物資が軍事目的に転用された結果である。原子力物資の管理

体制においては四種の国家群に分けられ[45]、保障措置が適用される。第一はNPT 加盟の非核兵器国、第二は NPT 非加盟の非核兵器国、第三は NPT 加盟の核兵器国そして第四は NPT 非加盟の核兵器国である。

　日本を始めアジアの原子力保有国は第一のカテゴリーに属する。日本、韓国、フィリピン、イラン、イラクの各国は IAEA と NPT の協定に基づいて、IAEA の全面的な（Full Scope）の保障措置が適用される。つまり自国内の商業的な原子力活動の関わるすべての核物資が、IAEA の保障措置による査察の対象となる。北朝鮮は、第一のカテゴリーに属するものの特殊な関係に置かれている。北朝鮮は、1985 年 NPT に加入、しかし保障措置協定は未批准の状態であった。核兵器開発疑惑の指摘と査察要求に反発して 1993 年 3 月 12 日に脱退を表明し、翌 1994 年に IAEA から脱退した。その後、北朝鮮が NPT にとどまることで米朝が合意し、日米韓の署名により「朝鮮半島エネルギー開発機構（Korean Peninsula Energy Development Organization, KEDO）」が発足した。しかし北朝鮮が協定を履行しなかったため KEDO が重油供与を停止した。これに対し北朝鮮は 2003 年 1 月、再度 NPT 脱退を表明した状態が 2013 年末現在に至っている。インド、パキスタンの両国は第二のカテゴリーに属し、当該国と IAEA 間の協定に基づく「一定の施設および核物質」に IAEA の保障措置が適用されるか、または三者間移管協定[46]に基づく IAEA の保障措置が適用される。つまり片務的取決（Unilateral Submission）に基づくわけである。

　中国は第四のカテゴリーに属する。しかし中国は 1983 年 10 月の IAEA 総会で IAEA への加盟が承認されたが、NPT の非加盟国であるため、IAEA の保障措置の適用においては 1971 年 12 月 6 日アメリカと IAEA の協定に基づいて[47]IAEA の理事会で中国の研究炉およびその施設に IAEA の保障措置を適用すると決定し、「一定の施設および核物質」について IAEA の保障措置の適用を受けた。その後、1988 年 9 月 20 日に IAEA と保障措置協定に基づき平和利用における全施設および核物質に IAEA の保障措置が適用を受ける。さらに 1992 年 3 月に NPT の加盟国となり任意的取決（Voluntary Submission）のカテゴリーに属することになっている。

　第三のカテゴリーに分類される NPT 加盟の核兵器国、すなわちアメリカ

およびイギリスは任意的取決に基づいて国家安全保障に関わるものを除く国内の全部または一部の施設の核物質に対する保障措置が適用される。ロシアもNPTの加盟国であり、またIAEAの保障措置は任意的取決が適用されている。フランスは第4のカテゴリー、つまりNPT加盟核兵器国であり、自国の商業利用に関するIAEAの保障措置は任意的取決の適用を採用しているが、他国に移転された物質に関しては三者間移管協定に基づく保障措置を適用しているので上記の四つの分類の内、片務的取決と任意的取決の制度のもとでの保障措置の実施はきわめて限定された範囲に適用される。したがってその適用外の核物質、施設および設備においてはIAEAの保障措置の効力が及ばない。このような制度のもとでは核拡散防止策の完全な実施を見出す可能性はきわめて困難な状況であるといえる。

　査察制度においては国内査察と国際査察に分類される。現在の査察はほとんどが各国の政府による査察に基本を置いている。国際査察は国内査察のデータに基づいてその検証に終わるという現状である。また査察制度をより効果的、効率的なものにするために原子力における最先端の知識、技術を習得した専門家の協力が必要になる。なぜなら査察の対象は大型原子炉、再処理施設等のプルトニウムの取扱い施設およびウラン濃縮施設での任務を遂行しなければならないからである。さらに核燃料廃棄物およびその貯蔵施設、そしてそれらの施設の関係者等が対象になるからである。IAEAの査察制度の実施に伴う人材、査察用機材等は、原子力保有国のそれらより技術的にも性能の面からも劣っているというのが現状である。したがってIAEAの原子力商業利用における保障措置は国内査察に相当依拠しているといえる。

　IAEAとNPTの協定によるIAEAの保障措置の重要任務である商業利用核物質の軍事目的への転用の防止、すなわち核拡散防止の完全実施を確保するためには、上記で述べた保障措置適用上の分類制度の撤廃、そして国際査察制度の機能の強化および卓越した国際査察員の確保が急務である。

　また保障措置制度の完全実施を阻むもうひとつの問題点は国際機関と主権国家との関係である。国家は「国際法上、生得的、本源的な法主体として包括的な権利能力が与えられている。」[48]という現状において、IAEAが締約国（IAEA保障措置協定国）にその条約義務の履行についてIAEAの職権によ

第3章　IAEA の保障措置制度と査察制度

り国家に課せられた国際法上の義務について審査、査察などの範囲まで直接介入できるかという問題である。IAEA の職権により国家に課せられた国際法上の義務について審査、査察等の方法でその完全実施を図るのは、現在の国家の地位上困難であるといえる。とくに国内行政とその管轄内の業務内容と国際機関の職権との抵触などについての解決には、相互の大幅な譲歩が必要である。したがって現在の状況において原子力商業利用目的の全核物質が軍事目的へ転換される可能性を皆無にすることは不可能である。

　原子力の商業利用のみを確保するにしろ「国家責任」(state responsibility) の体制を国際法および国内法上確立する必要がある。慣習国際法において、国連国際法委員会（ILC）の報告に「国家は国際法のみずからの違反行為から生ずる損害に責任を負うのみでなく、国家はみずから行った合法的な行為、とりわけ危険な活動 (dangerous activity) から生ずる損害にも賠償責任を負う」[49]と明記されている。原子力活動はまぎれもなく危険活動で、その危険活動から生ずるあらゆる災害による人命、財産そして地球環境や生態系の保護を目的とする法的制度およびその完全実施体制の確立が先決である。

注
1) UNGA Off. Rec. (8th sess.), 470th Meeting, Para(s). pp.79-126.
2) "The Nuclear Technology Review 2014", IAEA Board of Governors Convenes March Meeting, Monday, 3 March 2014.
　http://www.iaea.org/newscenter/news/2014/bog030314.html
　OPERATIONAL REACTORS、UNDER CONSTRUCTION REACTORS
　Above data are from the PRIS database. Last update on 2015-02-14
　https://www.iaea.org/PRIS/WorldStatistics/UnderConstructionReactorsByCountry.aspx
3) 各国のエネルギー計画、原子力委員全編、『原子力白書』、平成 25 年版
　The Database on Nuclear Power Reactors, The Power Reactor Information System (PRIS), developed and maintained by the IAEA.　http://www.iaea.org/pris/
4) 同上。
5) 1979 年 3 月 28 日、米国のスリーマイルアイランド（TMI）原発 2 号機で発生した事故。原子炉内の一次冷却材が減少、炉心上部が露出し、燃料の損傷や炉内構造物の一部溶融が生じるとともに、周辺に放射性物質が放出され、住民の一部が避難した。INES（国際原子力事象尺度）レベル 5。この事故によりアメリカの

77

原子力商業利用に関する法律の修正が行われた。Nuclear Law Bulletin, No.28, NEA, OECD, 1981, p.27.
6) Ibid., No.7, 1981, pp.21–22.
　 Ibid., No.8, 1981, p.32.
　 Ibid., No.29, 1982, p.30.
7) 1986年4月26日、旧ソ連ウクライナ共和国のチェルノブイリ原発4号機で発生した事故。急激な出力の上昇による原子炉や建屋の破壊に伴い大量の放射性物質が外部に放出され、ウクライナ、ロシア、ベラルーシや隣接する欧州諸国を中心に広範囲にわたる放射能汚染をもたらした。INES（国際原子力事象尺度）レベル7。

　 Chernobyl : The End of the Nuclear Dream, by a Team of Award-Winning, Observer Correspondents, A Division of Random Hnuse, New York, 1987.
8) Ibid., p.195.
9) 東京電力福島原子力発電所事故調査委員会の報告書、衆参両院議長に提出、2012年7月5日
10) 日本原子力産業会議『核不拡散ハンドブック』、昭和59年版、p.5。
11) 科学技術庁原子力局監修、「原子力ポケットブック」、昭和63年版、pp.229–230。
12) Goldschmidt, B., The Origins of the IAEA, IAEA, Bulletin, Vol.19, No.4, pp.18–19.
　 Paul C. Szasz, The Law and Practices of the International Atomic Energy Agency, Legal Series No.7, IAEA, Vienna, 1970, pp.53 at 657.
13) IAEA, INFCIRC/66/Rev. 2.
　 従来立ち入り検査は原子炉および再処理原子炉、そしてそれに関連する施設において行われていたが、1968年にIAEAの理事会の保障措置対象の拡大により転換工場（conversion plants）と組立工場（fabrication plants）にまで適用することになる。
14) Ibid., The Safeguards Document.
15) Paul C. Szasz, Legal Series No.7. IAEA, Vienna, 1970, p.532.
16) アメリカとフランスの原子力協定第16条、102 Cong. Rec. 10398（June 29, 1956）.
17) 山本草二、『国際法』、p.180、有斐閣、1985。
18) IAEA/CS/OR. 27, p.36, pp.67–68.
19) Public Law 85–846 Euratom Cooperation Act of 1958. Amendment to Section 5. NLB 6, 7, 12, 14, 15, by Nuclear Energy Agency, OECD.
20) 国際法学会編・『国際法辞典』、p.330、鹿島出版会。
21) Vanda Lamm, The Utilization of Nuclear Energy and International Law, Adademiai Kiado Budapest, 1984, pp.76–77.

22) Report of the International Law Commission On the Work of its Thirty-second Session, UNGA (35/388).
23) 日本の IAEA 機関憲章の公定訳は Inspection System および Inspector を視察制度および視察員として訳している。
24) Berehead G. Bechhoeber, Atoms for Peace, 1957, p.1379.
25) 藤田久一編、『軍縮条約・資料集』、p.94、有信堂。
26) The Safeguards Document in Force at Present, IAEA, INFCIRC/66/Rev. 2.
27) The Inspectors Document, IAEA, GC (Ⅴ)/INF/39.
28) The Safeguards Document、第 30–32 項。
29) Ibid., 第 33–35 項。
30) Ibid., 第 37–44 項、第 55 項。
31) Ibid., 第 45–54 項、第 56–58 項。
32) 特別査察は異常事態が発生した時に行われる。たとえば、1981 年イスラエル空軍機のミサイルがイラクのバクダット付近の原子力研究センターのタムーズ 1 号原子炉に爆撃を行った後に特別査察が行われた。
33) Vanda Lamm, The Utilization of Nuclear Energy and International Law, Akademiai Kiado, Budapest, 1984, p.68.
34) The Regulation of Nuclear Trade, OECD 1988, pp.53–54.
35) IAEA 憲章第 7 条 A 項 7 号、Ⅴ項。
36) IAEA Safeguards Document、第 82 項。
37) Phung. H. V. Procedures for the Supply of Nuclear Materials through the IAEA, In Experience and Trends in Nuclear Law, IAEA, Legal's Series, No.8, Vienna, 1972, pp.62–63.
38) 石本泰雄、「原爆判決の意味するもの」、『世界』2 月号、1964。
39) The Regulation of Nuclear Trade, Vol.1, Nuclear Energy Agency, OECD, 1988, p.14.
40) Ibid., pp.14–15.
41) EC 加盟国以外は日本、オーストリア、カナダ、フィンランド、アメリカ。
42) 1976 年 2 月 14 日、ラテンアメリカ核兵器禁止条約。
International Treaties relating to Nuclear Control and Disarmament, Legal Series, No.9, IAEA, 1975.
43) Simone Courteix, Le conterle de la proliferation des arms nucleaires, Numero Special Surled disarmament, Revue de droit de McGill, Vol.28, No.3, July 1983.
44) 日本原子力産業合議、『核不拡散ハンドブック』、昭和 59 年版、p.14。
45) 二国間協定に基づき移転された核物質に対し、供給国に代わり IAEA が保障措置を適用することに関する受領国および IAEA の三者間の協定。
46) The Regulation of Nuclear Trade, Vol.1, Nuclear Energy Agency, OECD, 1988,

第Ⅱ部　原子力国際管理の Regimes

    p.188.
47）山本草二、『国際法』、p.87、有斐閣、1985。
48）Report of the International Law Commission on the Work of its Twenty-Seventh Session. Official Records of the General Assembly. Thirteenth Session, Supplement No.10, p.6.
49）Ibid., p.15.

第4章

各地域機構および
NPT における保障措置制度

1節　保障措置制度の現状

　IAEA の保障措置制度は多国間で実施されているが、それと同時に地域ごとに各地域原子力機関があり、それぞれの機関の保障措置制度が適用されている。

　現在地域間および準地域間条約による地域原子力機関の保障措置（The Regional or Quasi-Regional Safeguards）は、資本主義国家ではヨーロッパ原子力共同体（the European Atomic Energy community、EURATOM）、OECD の原子力機関（the Nuclear Energy Agency、NEA）、そしてラテンアメリカ核兵器禁止機構（The Organization for the Prohibition of Nuclear Weapons in Latin America、OPANAL）などにおいて実施されている。旧共産主義国家には、旧ソ連を中心とする原子力共同研究協会（the Joint Institute for Nuclear Research in Dubna、JINR）があるが、保障措置については西側のような特別な制度の実施ではなく、むしろ原子力開発に重点をおき、商業的利用の研究開発を推進している。上記の OECD の原子力機関と原子力共同研究協会はその地域の国だけでなく、他地域の国々も当事国として加入しているため、準地域間保障措置といえる。

　そして IAEA と保障措置協定を締結している多国間条約「核兵器の不拡散に関する条約（the Non-Proliferation Treaty、NPT）」が多国間に適用されている。

現在の保障措置の実施状況は NPT の保障措置との協定により IAEA の保障措置がもっとも広範に適用されている。

以下に各地域間の機関および保障措置を概観することにする。

2節　OECD の原子力機関（NEA）

本原子力機関は OECD の前身である OEEC の時代に発足し、ヨーロッパ諸国のみを正規のメンバーとしていたが、1970 年、OECD の事務総長の提案により OECD のすべての加盟国により構成されること[1]になった。

NEA の目的は「原子力平和利用における協定の発展を目的とし、そのために共同事業、共同サービス、技術協力、行政上および規政上の問題の検討、各国法の調査、経済的側面の研究を行う」（NEA 憲章第 1 条、第 8 条）ことである。そして、本機関の組織としては運営委員会が OECD の理事会の下にあり、その運営委員会が本機関の全事業の運営を行っている。2015 年 2 月現在、NEA の加盟国は 31 ヵ国[2]で、本部の所在地はパリである。

安全保障管理（Security Control）制度は NEA の憲章第 6 条に定められている。NEA の安全保障措置管理の目的は、当機関の指導および援助のもとで、当事国もしくはその国家と共同設立した原子力施設において、核物質、設備および施設、そしてその操作などから軍事目的への転用を防ぐ制度を確立することである[3]。

1）組織および役割

安全保障を確保するため NEA の運営委員会（NEA 憲章第 3 条）によって指名された国際的な査察員が施設および設備の点検、核物質の量、特殊核物質の処理過程等をチェックする。さらに原子力事業の現場へ「立ち入り検査」を行う。

協定義務に違反する国に対しては、機関の運営委員会の 2/3 の同意をもって、適当な制裁を加えることができる。一方、違反国がその制裁に反論できる「ヨーロッパ原子力裁判所（European Nuclear Energy Tribunal）」を 1960 年 1 月 1 日に設けている点が他の保障措置と比較して例のない特徴である。

しかし当裁判所の管轄権は、IAEA と Euratom システムとの重複により、1970年代から中止状態である。幸いに50年以上経過した現在まで一件もこの裁判所に付託されたことはない。

原子力運営員会は、査察員による原子力施設の立入検査に関する諸問題を取り扱うのは勿論、当機関の管理局と共に、原子力活動全般における規定を定めることができる。さらに原子力事業の運営において、各当事国との諸協定を立案することもできる。つまり当運営委員会は原子力に関するすべての事業の過程において法的規制および運営面に関する指揮を執るのである。

当原子力安全保障管理制度は IAEA と Euratom の保障措置制度を踏襲したものである。しかし原子力安全管理においてはより的確に対応ができ、IAEA の保障制度より技術的、資質的、経済的にすぐれたものであるといえる。1972年以後は NEA にアメリカを始め日本および韓国も加入したので、地域的にも安全管理が相当に広い範囲に及んでいる。さらに安全保障管理制度の実施に伴う諸問題に対処するため、旧 EC 委員会（the Commission of the European Communities、（現欧州委員会；European Commission））と IAEA 間で協定を結び、査察員の査察活動に便宜を図っている。

2）機関の特徴

当機関は他の機関とは異なる特徴を持っている。NEA もとは地域的機関、すなわちヨーロッパ原子力機関（European Nuclear Energy Agency）であったが、1972年4月に日本が当機関に加入したことにより、「European」を取り現在の名称に変わったのである。したがって地域的機関というよりはむしろ技術的、経済的先進国間の機関であるといえる。

さらに法的側面からみると、独立自主制度（autonomous）とは言えないのである。つまり NEA の運営委員会の運営委員は各国政府の担当大臣および外務大臣によって構成されている。したがって当機関の運営委員会は他の国際機関のように自治組織としての法的権限を持っていないのである。すなわち自律的な国際機関ではなく、各国政府間機関であるといえる。

当機関は各国主権の維持に重点を置きながら、原子力産業を奨励していく立場にある。しかし、IAEA の査察制度は国家主権を若干制限しても、保障

措置を確保すべきであるという主旨で運営される。したがって、このように相反する問題を持ちつつ、両保障制度を効力ある制度として確立するには、国家の主権に関する摩擦が生ずる可能性があるといえる。機関のおもな活動をまとめると以下のようになる。

3） 機関の活動
（1） 加盟国間の原子力の発展を図るため科学的および技術的協力の推進。
（2） 原子力事業に参加した国および団体の労働者および一般市民の放射線からの保護、そして原子力事故に対する保険および第三者損害賠償制度確立における調整を図ること。
（3） 原子力の需給のバランスを図ること。
（4） 原子力事業の分野における情報、技術協力および共同事業の運営の促進。
（5） 加盟国間の原子力共同研究の支援。
などである。

　NEA は特に、加盟国の環境、国民の健康の安全確保を図るため、様々な放射線の許容量の基準を定め、加盟国に勧告している。そして原子力事故に対する補償対策として、保険対策さらに第三者賠償制度を確立している。この二つの制度は、NEA は勿論、IAEA の加盟国、さらに他の原子力保有国にもその分野の基準として採用されている。

　つまり NEA の保障制度は、核拡散防止目的の査察については IAEA の保障制度に一任し[4]、むしろ環境、健康の保護、そして原子力事故の際の各種賠償対策を確立し、チェックする制度であるといえる。

3節　原子力共同研究協会（JINR）

1） 組織および目的
　当原子力共同研究協会（JINR）は、旧ソ連を中心とした社会主義国家の「東欧経済相互援助会議（Council for Mutual Economic Assistance、CMEA or COMECON）」[5]の原子力分野における政府間機関であった。

第4章　各地域機構および NPT における保障措置制度

　原子力共同研究協会の協定は 1956 年 3 月 26 日、11 ヵ国により採択され、1956 年 9 月 23 日に当研究所の憲章6) も効力が生じ、社会主義国家間の原子力平和利用の分野における活動が開始したのである。2015 年 2 月現在の加盟国は、ロシアを中心に 18 カ国であり7)、またドイツをはじめ準加盟国は 6 カ国である。
　この協会は一般的には Dubna 協会と呼ばれ旧ソ連を中心とした東ヨーロッパ諸国を始め、アジアでは北朝鮮、モンゴル、ベトナムおよび中米の社会主義国家キューバを当事国8)とする準地域的機関といえる。
　当協会の目的は「当協会の加盟国により原子物理学分野において理論的および実験的研究を促進する。」と当研究協会憲章第 4 条に規定されている。
　また憲章第 28 条には当加盟国間の原子力分野の研究を確保するため、当協会のもとに実験室および施設を確保することにしている。
　組織としては 2 つの委員会がある。一つは科学者評議会（the Scientific Council）であり、もう一つは財政委員会（the Finance Committee）である。
　科学者委員会は各加盟国より三名の科学者から構成され、当協会の研究全般における結果を検討、審議し、そして許可を下すことが主な任務である。
　財政委員会は各加盟国より一名の代表で構成され、当協会の予算を成立させ、そしてその用途を監査することが主な任務である。
　また当協会の加盟資格としては社会主義国家だけに制限されるのではなく、どのような国家も加入する事が出来ると憲章第 5 条に定めている。
　ただし全加盟国の過半数の同意が必要である。

2）運営

　当協会の保障措置制度は IAEA 保障措置制度と協定を結び、当協会の締約国には IAEA の査察制度を部分的に適用することになっている。したがって西側諸国の保障措置と表面上別段変わりはないのであるが、実施状況から判断すると、当協会の目的達成のためには、制限もしくは禁止よりも原子力産業活動のすべてにおいて旧ソ連の主導によって行い、技術的、財政的そして政策面において制限を加えるという、旧ソ連型の保障措置9)、つまり旧ソ連の原子力独占、核物質産出からその利用および使用まで、原子力活動全

般を統制することであった。現在、ロシアがその当協会、JINR の体制を維持しているが、当初の旧ソ連の意図通り機能を果たしているかは疑問である。

4節　ラテンアメリカ核兵器禁止機構（OPANAL）[10]

1）目的

　当機構は、ラテンアメリカ核兵器禁止条約（The Tlatelolco）[11]により設置された。すなわちトラテロルコ条約の第7条、「この条約の義務の履行を確保するため、この機構を設立する。」という条項により当機構が設立されたのである。

　OPANAL の加盟国は、南米を中心に 2015 年 2 月現在、33 カ国[12]である。当機構の目的は第1条、「締約国は、自国の管轄下にある核物質および核施設を平和利用目的のためのみ使用すること（to use exclusively for peaceful purposes）、ならびに方法の如何を問わず核兵器を実験し、使用し、製造し、生産し、および取得することを、自国の領域において禁止又は防止することを約束する」[13]と謳っている。

　当機構の保障措置（Control System）としては、第 12 条に第 1 条の規定の従って、締約国が受領した義務の履行を検証するために設けられるものとし、次の3つのことに関し検証を行う。

2）任務

　a. 原子力の平和利用のための装置、役務および施設を核兵器の実験および製造に利用しないこと。
　b. 第 1 条の規定によって禁止されているいずれかの活動も、外国から持ち込まれた物質又は核兵器で締約国の領域内において行わないこと。
　c. 平和目的のための爆発が第 18 条（つまり平和目的のためにのみ爆発できる条項（Explosions for peaceful purposes））の規定に抵触しないこと。である[14]。

　当機構の管理制度の任務は原子力平和利用のための核物質、装置そして施設のみを検証するのではなく、核兵器の実験、製造および貯蔵の禁止に関し

ても監視するのである。

　たとえば第1条（b）には、「締約国は核兵器の実験、使用、製造、生産、所有もしくは管理に直接又は間接に関与し、これらを奨励もしくは許可し、または方法の如何を問わずこれらに参加することを慎む（to prohibit and prevent）と約束する。」と規定している。このような広い管轄を持った保障措置制度の範囲はOPANALの管理制度の特徴で、それを厳格に実施することを図っている。しかし残念なことに「"禁止されるいかなる活動も自国の領域内において行われなかったことを記載した半年ごとの報告を、検証のために当機構および国際原子力機関に送付する。"」ことになっている。がそれは各締約国の任意による検証で、情報提供の報告であるといえる。

　もちろんこのような制度はIAEAでも採用しているが、IAEAの場合は特別報告（special report）、そして特別査察（special inspection）等を平行している。しかし、OPANALの管理制度の検証方法は半年ごとの任意的な報告のみである（第15条、第16条）。ただこのような方法で検証することに定められたのは、当機構のもう一つの条約によって補っているからである。その条約とはトラテロルコ条約の第2付属書（Additional Protocol II）第2条および第3条であり、これらによって核兵器保有国がラテンアメリカ当条約加盟国に保障を与えている。つまり核兵器保有国がOPANAL締約国に対し、「第1条の義務の違反となるいかなる行動の遂行をいかなる方法によっても助長しないことを約束する。」と確約を与えたのである。さらに当付属書の第3条にはOPANALの締約国に対し「"核兵器を使用しないことを、または使用することに威嚇を行わないことを約束する。"」としている。この付属書に核兵器保有国が一緒に加入し、ラテンアメリカ核兵器禁止条約（Tlatelolco）の締約国に対し、原子力分野において平和利用目的の事業のみを推進していくための環境を整えたといえるだろう。

　核兵器および原子力分野における多国間、地域間条約ですべての核保有国が条約に一緒に加入したのは当付属書が現在のところ初めてである。

　OPANALの保障措置制度には、EURATOMのような独自の実施機関を設けることなくIAEAの保障措置制度に委ねている保障措置とは違う。従ってOPANALの目的の一つである核兵器の持込み禁止を規制するための検証

方法の対策が制度上確立している。

　当機構の保障措置は IAEA の保障措置適用の対象である。核物質および施設は IAEA に委ね、その以外の部分に適用する。例えば、OPANAL の当事国が核兵器を持ち込んだ場合、査察および検証を行うことができる執行機関が確立している。この点においては核拡散の防止の立場からみると評価できる保障措置である。

　そして OPANAL 保障措置制度は、当事国内での原子力活動全般において活動が行われると同時に、第 16 条において IAEA の特別査察規定があり、核拡散防止について国内・外において効果的に対処し得る総合保障措置制度を確立している15)。

5節　ヨーロッパ原子力共同体（EURATOM）

　ヨーロッパ原子力共同体（The European Atomic Energy Community：Euratom）は、将来のエネルギー資源の不足に対応するため、1957 年 3 月 25 日に Euratom 設立のローマ条約の締結を経て、欧州経済共同体（EEC）とともに 1958 年に設立された。1967 年に Euratom は、欧州経済共同体（EEC）と欧州石炭共同体（ECSC）と共に欧州共同体（European Community：EC）の下に置かれた。

　1993 年、欧州連合条約（The Treaty on European Union：TEU）、（マーストリヒト条約：Maastricht Treaty）の発効により欧州連合（European Union：EU）が発足した。EU は、欧州共同体（EC）、共通外交・安全保障政策、及び警察・刑事司法協力の三つの政府間協力で成っている。1993 年に欧州諸共同体が EU の 3 つの柱構造の 1 つとして吸収されたあとも Euratom は、法的には独立機関として活動し、条約も締結できる法人である。2014 年 8 月現在の加盟国は EU 加盟国と同数の 28 カ国である。

1）目的

　EURATOM16)の目的は EEC（European Economic Community）の加盟国間の国民の生活水準の向上と相互関係改善を原子力産業のより一層の発展と拡

張を通じて企図することである(第1条)。

　EURATOM は EEC の地域政府間条約による機関である。従って、本共同体は加盟国の原子力産業全般の運営に関する活動のみを事業対象としている。

　本共同体の構想は 1955 年イタリアのメッシナ(Messina)において開かれた EEC の委員会の委員長のパウローヘンリ・スピーク(Paul-Henri Spaak)が提唱した、西ヨーロッパ諸国の原子力研究の開発およびエネルギー不足の改善を図るべきであるという報告書(一般に the Spaak Report という)により着案された。

2) 任務

　EURATOM は上記の目的を達成するため、第 2 条において任務を定めている。具体的には

(1) 原子力産業に関する核物質および核燃料を含めたすべての科学的知識を利用できる体制の確保、

(2) 加盟国が核物質を当初の使用目的(Original Purposes)以外に使用することを防止するため、適当な監視制度(appropriate supervision)の確立、

(3) 公衆と原子力産業の労働者の健康を保護するための統一した安全基準の確保、

(4) 原子力産業の投資における金融自由化並びに技術専門家の自由採用。

(5) 核物質および設備の確立のため、共同市場の確立、などである。

　本共同体の最優先任務は原子力産業の促進である。特に供給機関(Supply Agency)を設け(第 6 章)、各加盟国と原子力産業全般に関する物質および設備などの調達における協定を別に締結して原子力産業の開発に促進した(第 52 条)。この供給機関は核物質の提供において契約を締結する特別な権限を発揮できる。原子力産業全般の行政面において運営および管理を担当している EC 委員会と同様に供給機関は EURATOM の中枢組織である。さらに両組織[17]は商業利用の側面のみを管理するのではなく、加盟国以外、つまり西側諸国と東側諸国との核軍縮に関する政策にも大きな影響を与えている。1986 年 2 月 17 日に、「The Single European Act」が署名され、1987 年 7

月1日発効により、EURATOMはECの原子力供給に関する諸活動において機関の任務は拡張され、そして1993年11月1日のマーストリヒト条約発効以来、現在はEU全体の原子力商業活動に拡大されている[18]。

　EURATOMの保障措置制度は第7章第77条に定められている。当保障措置はECの委員会の保障措置運営委員会の決定および実施により対応している。加盟国はすべての原子力活動において委員会の下の査察を受けなければならない。そして契約義務の違反者に対し罰則を果すことができる。さらに原子力に関する全情報も査察の対象になる[19]。

　またこのEURATOM保障措置制度はアメリカの原子力法の第123条を受容している。第123条は、アメリカが国際協力を行う制度、相手国と協定を締結する際、適用する規定、「協力のための協定（agreement for cooperation）」である。この規定は米議会の承認は必要としないが、内容には厳しい管理策が定められている。つまり協定の性質は「双務協定（bilateral agreement）」であるが、実際は片務協定の性質を内包している。EURATOM保障措置制度は、第123条の条件を遵守するという条件で講じられた協定であり、国内法とほぼ同格の厳しい規制を行うことができる。すなわち物的、人的罰則を果すことができる。しかし当保障措置制度の適用の範囲の定義には問題がある。それは第2条の当初使用目的（original purpose）の定義である。加盟国が基本的にどの目的で核物質および設備を使用するかの計画によって査察対象範囲が決定されることになっている（第84条）。したがってEURATOMの保障措置制度は軍事使用にも商業使用にも適用可能な制度であるといえる。核拡散を防止する立場に立って策定された他の国際的な保障措置と比較すると、この保障措置制度は明確な立場をとらず、加盟国の裁量に任せたものであり、特に供給国の裁量が一方的に適用される恐れが濃厚で改善を必要とする部分を内包している。

6節　核兵器の不拡散に関する条約（NPT）の保障措置

1）組織

　NPTは、アメリカ合衆国、ロシア、中華人民共和国、フランス、イギリ

第 4 章　各地域機構および NPT における保障措置制度

スの 5 カ国以外の核兵器の保有を制限し、核軍縮を進めるための条約のひとつである。元は第二次世界大戦の敗戦国であった日本とドイツの核武装を阻止する為に提案されたものである。

　NPT は、1963 年、国連で採択され、関連諸国による交渉、議論を経て 1968 年に最初の 62 カ国による調印が行われた。発効は 1970 年 3 月。締結国は 190 カ国（2015 年 2 月現在）。日本は 1970 年 2 月に署名、76 年 6 月に批准した。インド、パキスタンは未加盟の核保有国、また未加盟のイスラエルが核保有疑惑を持たれている（イスラエルは否定も肯定もしていない）。北朝鮮は 1993 年 3 月に NPT 脱退を宣言し、その後核武装の開発に専念している。国連安全保障理事会は、北朝鮮に脱退宣言の再考を促す決議を行うなど、NPT 脱退の認定は停止状態である。2014 年 4 月 28 日、国連本部で開幕した NPT 再検討会議の準備委員会で、4 度目の核実験をちらつかせる北朝鮮に対する非難や、北朝鮮の NPT 復帰を求める声が相次いだ。国連のケイン軍縮担当上級代表（Ms. Angela Kane, the United Nations High Representative for Disarmament Affairs）も、北朝鮮を念頭に「NPT 非加盟の国々が規制も受けずに核武装し、核分裂物質を貯蔵している」と懸念を示し、北朝鮮の NPT 義務の尊重を促している。

　NPT は、1967 年 1 月 1 日の時点で既に核兵器保有（被許可）国（核兵器国）であると定められたアメリカ、ロシア、イギリス、1992 年批准のフランスと中国の 5 カ国と、それ以外の国（非核兵器国）とに分ける。前者の核兵器国に対しては、核兵器の他国への譲渡を禁止している。また、核軍縮のための交渉を進めることが義務付けられる。後者の非核兵器国については、核兵器の製造、取得を禁止している。また国際原子力機関（IAEA）による保障措置を受入れることが義務付けられる。他に、原子力の平和利用については条約締結国の権利として認めること、5 年毎に会議を開き条約の運営状況を検討すること、などを定めている。

　25 年間の期限付きで導入されたが、発効から 25 年目にあたる 1995 年には、NPT の再検討・延長会議が開催され、条約の無条件、無期限延長が決定された。

2) 成立動機

NPT の成立動機は、1960 年代に入ってアメリカ、旧ソ連、イギリスに次いで、フランスが核爆発実験に成功し、一方、原子力が平和目的分野においても本格的な進展を見せ始め、その両立を図る必要性が台頭したためである。その内、最大の懸念材料は、原子力商業利用に伴う世界的な核兵器の拡散であった。このような状況の中で、アメリカが 1965 年、第 8 回 18 ヵ国軍備委員会に核兵器の不拡散に関する条約（NPT）草案[20]を提出し、さらに同年 9 月に旧ソ連が対案[21]を提出したことを契機に、活発な論議[22]が行われたのである。

3) 米・ソ対決

米・ソが当初提出した案は

a. 核保有国（Nuclea-Weapon States（NWS））は非核保有国（Non-Nuclea-Weapon States（NNWS））に対し、核兵器などの委譲を行わないこと。
b. 非核兵器保有国は核兵器の製造、取得等を行わないこと。
c. 上記 b の義務が履行されていることの確認手段（保障措置）の確立。

という 3 点から成るものであった。このような米・ソの草案に対し非核保有国は 3 つの問題点を提起した。

d. 核軍縮の要求。これは「核保有国による核軍縮が行われていないにもかかわらず、非核保有国のみ核兵器を保有しない義務を負うのは妥当ではない」という主張。
e. 安全保障の要求。この要求は「非核保有国は核兵器を持たないということで核保有国から脅威を受けねばならず、これでは自国の安全が保障されない」ということに基づいたものであること。
f. 原子力平和利用の確保の要求。これは「非核保有国における原子力平和利用の発展がこの条約によって阻害されること」、さらに核爆発装置の製造、取得も禁止された結果、これから得られる利益を享受できなくなることへの懸念である。また「非核保有国のみ保障措置の適用を受けるのは差別的である」という主張である。

これらの点に関し、d. の核軍縮について核保有国は誠実（in good faith）

第4章 各地域機構およびNPTにおける保障措置制度

に交渉を行うこと[23]）に落ちついた。また e. については1968年6月の国連安全保障理事会決議およびアメリカ、旧ソ連、イギリス政府による核保有国は非核保有国に対し核兵器の攻撃をしないという宣言で一段落ついたのである。f. については NPT が非核保有国の原子力平和利用のための権利に影響を与えるものではないということを、NPT 第4条に明記することと、さらに第5条に平和目的爆発の利益はすべての締約国に提供されることを明記することになり、合意に達したのである。そしてアメリカ、イギリスの保障措置の受け入れ宣言等により妥協が行われ、現条約として成立するに至ったのである。

4）NPT の保障措置

現条約の目的は、核保有国（1967年1月1日時点で米、ソ、英、仏、中の5ヵ国）の数を増加させないことにより核戦争の可能性を押さえることにある。この目的達成のために当条約の第1条、第2条、そして、第3条に保障措置を定めている。

当条約の保障措置制度を含めた規定は以下のとおりである。
「非核兵器国による保障措置の受諾、国際原子力機関との保障措置協定の締結等」

1. 締約国である非核兵器国は、原子力が平和的利用から核兵器その他の核爆発装置に転用されることを防止するため、この条約に基づいて負う義務の履行を確認することのみを目的として国際原子力機関との間で交渉しかつ締結する協定に定められる保障措置を受諾することを約束する。この条の規定によって必要とされる保障措置の手続きは、原料物質または特殊核分裂性物質につき、それが主要な原子力施設において生産され、処理されもしくは使用されているかまた、主要な原子力施設の外にあるかを問わず、遵守しなければならない。この条の規定によって必要とされる保障措置は、当該非核兵器保有国領域内若しくはその管轄下でまたは場所のいかんを問わずその管理の下で行われるすべての平和的な原子力活動にかかるすべての原料物質および特殊核分裂性物質につき、適用される。

2. 各締約国は（a）原料若しくは特殊核分裂性物質または（b）特殊核分

裂性物質の処理、使用若しくは生産のために設計され若しくは作成された設備若しくは資材を、この条の規定によって必要とされる保障措置が当該原料物質または当該特殊核分裂性物質について適用されない限り、平和目的のためいかなる非核兵器国にも供給しないことを約束する。

3．この条の規定によって必要とされる保障措置は、この条の規定および前文に規定する保障措置の原則に従い、次条の規定に適合する態様で、かつ、締約国の経済的若しくは技術的発展または平和的な原子力活動の分野における国際協力（平和的目的のため、核物質およびその処理、使用または生産のための設備を国際的に交換することを含む）を妨げないような態様で、実施するものとする。

4．締約国である非核兵器国は、この条に定める要件を満たすため、国際原子力機関憲章に従い、個々にまたは他の国と共同して国際原子力機関と協定を締結するものとする。その協定の交渉は、この条約が最初に効力を生じた時から180日以内に開始しなければならない。この180日の期間の後に批准書または加入書を寄託する国については、その協定の交渉は、当該寄託の日までに開始しなければならない。その協定は、交渉開始の日の後18箇月以内に効力を生ずるものとする。

5）地域的条約を締結する権利との関係

第7条

この条約のいかなる規定も、国の集団がそれらの国の領域に全く核兵器の存在しないことを確保するための地域的な条約を締結する権利にて対し、影響を及ぼすものではない。

NPTに基づく保障措置制度の目的を要約すると、「有意量の核物質が平和的な原子力活動から核爆発装置の製造のため、または不明目的のために転用されることを適時に探知すること」である。
上記の制度の実質的範囲は以下のとおりである。
 1）原子力発電所および設備、施設の設計情報の把握。
 2）核物質の受け入れ量、払い出し量、在庫量等の記録の備え付け。
 3）核物質の在庫変動および収支等の報告の徴集。

4）管理、測定等の検認および試料収去等に対する査察。

5）不明物質量の解析等全体評価。

以上のように NPT の保障措置制度は IAEA の保障措置制度とほとんど同一である。しかしいくつかの点において差異がある。

まず第1に IAEA の保障措置の対象となるものは、協力協定に基づき移転された核物質、設備および施設等であるが、NPT の下では当該非核兵器国にあるすべての核物質である。

第2に IAEA の保障措置制度では国内制度の確立に対し、特に規定されていなかったが、NPT の下では各国は核物質についての計量管理制度を測定し、維持することが義務付けられ、IAEA はこの制度による結果を検証することになった。

第3に査察の際、通常立ち入る場所については IAEA では特に規定はなかったが、NPT の下ではあらかじめ合意された場所のみに限られている。

第4に原子力施設に対する査察の頻度は IAEA には核物質が一定以上取り扱われる施設に対して常時立ち入りの権利があるが、NPT の下ではこれは一定限度に制限されている。

7節　まとめ

以上のように原子力商業利用の全般にわたる保障措置制度は、多国間、地域的また二国間協定により異なる点があるが、IAEA と NPT との保障措置制度協定の締結により IAEA が実施することになっている。つまり IAEA が NPT の締約国である非核兵器国内にある原子力商業利用の核物質など全般にわたって保障措置制度を適用することになっている。各保障措置は形式的（technical）には一貫性を持った効力ある安全管理が確保できるが、実質的（practical）には保障措置の適用の際、施行手続きおよび各国内の行政制度が異なり、試行錯誤の状態で、対応策に追われている。

現在の保障措置制度の状況は二国間協定をもって IAEA の保障措置制度の不備を補足して適用している。二国間協定は原則的には各国領域内において適用されるが、国家間の力関係により片務性の協定が実施されている。従

って国家の力関係に左右されない、さらに領域を超えた国際的に有効な、実践可能な保障措置制度を確立する必要がある。

　IAEAの保障措置の制度化とその施行は、原子力国際管理の強化への第1歩であったといえる。IAEAの保障措置は原子力産業全般に対し、核物質および技術援助が円滑にできないため、多国間に適用されることなく、その該当部分に限り、主に二国間協定によって、査察は実行される。一方、NPTの保障措置は適用範囲を多国間に拡大し、原子力の国際管理を強化した点において評価できる。

　上述の各地域間、準地域間保障措置制度はそれぞれに特色があるが、NPTの発効[24]により、各保障措置における核拡散の防止策が一層強化されるよう求められることになった。NPTの締結により、原子力商業利用における保障措置は、最初の地球的体制の管理制度を確立したといえる。

　しかしこのような制度ではあるが、その実施においては多数の難問に直面している。それらは国際法、および国際機関そして各国内制度上の不一致に起因するものが多く、現在の各制度の下では改善が見い出し難い。

　NPT第2条は、提供された核物質および設備、施設が軍事目的に使用されないよう、また転用されないよう監督および管理することとしている。

　1953年12月8日、アイゼンハウワー大統領が国際連合において原子力機関の構想を初めて打ち出した時から、この二面性に関する議論は機関が創立されるまで最も多く討論の議題となった。要約すると一つの機能は生活水準の高揚を目指し、またもう一つの機能は軍縮全般に意図をおいたものである。

　しかしこの二面性の区分は決して明確なものではなく、軍事、科学、経済等の面において、大国間の原子力分野における覇権争奪戦が深みを増すにつれ、その解釈のされ方も大国の利益に応じた曖昧なものとなっていくのである。アメリカをはじめ核保有国はNPTなど国際条約を通して核保有の永続化を図謀し、軍事上、政治上の覇権の保持に没頭する。一方IAEAの保障措置制度の中、二国間の協定制度を活用し、自国の経済的利益を図るため原子力の商業利用における技術的優位の立場を確立している。

　さらに2つの目の機能の特徴は、機関と加盟国との間の関係に三つの異な

第4章　各地域機構および NPT における保障措置制度

ったタイプが存在することである。これは機関憲章第六条 A 項に示されているが、特に理事会の理事国の選出に関する条項である。

　第一のタイプは、現在 35 カ国の理事国の中、アメリカをはじめ相当量の特殊核分裂生物質（Plutonium-239、Uranium-233）生産国で、原子力に関する技術でもっとも進歩している国である。
このような国々は機関に対し核物質をはじめどのような援助も要請しない。逆に機関が核物質や技術を頼らなければならない国家群[25]である。

　第二のタイプは、オーストラリアをはじめ相当量の核原料物質[26]（Source Material＝ウラニウム、トリウム）を生産している国で、機関の事業に協力できる、一方、機関からの援助を要請できる国家群でもある[27]。またこのようなグループにはノルウェー、スウェーデン、オランダなどのように原子力全般において技術的な力は十分持ちながらも、原料物質が不足している国が含まれる。

　第三のタイプは、コスタリカをはじめ原子力に必要な原料物質も技術も持たない国家群である。このような国々は機関の事業に協力するよりは、むしろ機関からの援助を一方的に受けるのである。つまり、このような国はもし機関の事業に協力したとしても、機関に貢献するよりは、それらの利益を受ける方が大きいのである[28]。

　IAEA の理事会のこのような特徴は、理事会の公正な運営上の課題となっている。とくに IAEA の保障措置上の制裁決議事項について交渉段階から採決まで三つの派閥が形成され、各派閥の利害関係に応じて制裁案件が進行され、採決もその協定の結果によって左右される。北朝鮮、イラク、イランの交渉過程を見れば明らかである。IAEA の本旨である核物質の軍事転用の防止と商業利用のみの促進という目標を達成するためには地球村精神に見合う公正な運営体制、つまり国際社会の一般利益の精神に基づいた「原子力商業利用の国際管理 Regime」の再構築が不可欠である。

注
　1）NEA Statute, The Nuclear Energy Agency（NEA）, OECD, 1978.
　2）The Nuclear Energy Agency（NEA）, OECD.

第Ⅱ部　原子力国際管理の Regimes

　　　http://www.oecd-nea.org/nea/mcnea.html
　　Member countries and dates of accession：「Australia（1973），Austria（1958），Belgium（1958），Canada（1975），Czech Republic（1996），Denmark（1958），Finland（1976），France（1958），Germany（1958），Greece（1958），Hungary（1996），Iceland（1958），Ireland（1958），Italy（1958），Japan（1972），Luxembourg（1958），Mexico（1994），Netherlands（1958），Norway（1958），Poland（2010），Portugal（1958），Republic of Korea（1993），Russian Federation（2013），Slovak Republic（2002），Slovenia（2011），Spain（1959），Sweden（1958），Switzerland（1958），Turkey（1958），United Kingdom（1958），United States（1976）」

3 ）Convention of 20th December 1957 on the Establishment of a Security Control in the Field of Nuclear Energy. 1959 年 7 月 22 日発効。Statute of the OECD Nuclear Energy Agency.　http://www.nea.fr/html/nea/statute.html

4 ）1976 年 10 月 14 日に NEA の運営委員会は IAEA の保障措置との適用上重複をさけるために NEA の安全保障管理法規の適用を一時停止（suspend）することを決定した。

5 ）Nuclear Law for a Developing World. IAEA, Vienna 1959, pp.17-18. COMECON（Council for Mutual Economic Assistance）。経済相互援助会議のこと。「東欧経済相互援助会議」と呼称されることもある。1949 年にアメリカなどの西側諸国の経済に対抗する形で旧ソ連邦主導で結成された経済協力機構である。しかし、1989 年から始まった東欧革命により東欧諸国の共産主義政権が次々と崩壊したりしたために冷戦が終結。それに伴いコメコンは 1991 年 6 月に解散した。

6 ）Multilateral Agreements. IAEA Legal Series No.1, Vienna 1959, pp.29-39.

7 ）現在の加盟国：JINR Member States
　　Republic of Armenia, Republic of Azerbaijan, Republic of Belarus, Republic of Bulgaria, Republic of Cuba, Czech Republic, Georgia, Republic of Kazakhstan, Democratic People's Republic of Korea, Republic of Moldova, Mongolia, Republic of Poland, Romania, Russian Federation, Slovak Republic, Ukraine, Republic of Uzbekistan, Socialist Republic of Vietnam.
　　JOINT INSTITUTE FOR NUCLEAR RESEARCH.
　　http://ftp.jinr.ru/JINRmemb-e.htm

8 ）創立当時加盟国：Bulgaria, Cuba, Czechoslovakia, Germany, Hungary, Democratic People's Republic of Korea, Mongolia, Poland, Romania, the USSR and Vietnam.

9 ）CAEM, 25 ans, Ed by pragres, USSR 1974.

10）OPANAL という頭文字はスペイン語由来である（Organismo para laproscripcion de las Arms Nucleares en la America Latina）。

11）IAEA Bulletin, Vol.24, No.2, p.57.

12）OPANAL Member nations

第4章　各地域機構および NPT における保障措置制度

　　　　Antigua and Barbuda, Argentina, Bahamas, Barbados, Belize, Bolivia, Brazil, Chile, Colombia, Costa Rica, Cuba, Dominica, Dominican Republic, Ecuador, El Salvador, Grenada, Guatemala, Guyana, Haiti, Honduras, Jamaica, Mexico, Nicaragua, Panama, Paraguay, Peru, Saint Kitts and Nevis, Saint Lucia, Saint Vincent and the Grenadines, Suriname, Trinidad and Tobago, Uruguay, Venezuela.
　　　　http://en.wikipedia.org/wiki/OPANAL
13）OPANAL の目的：Article 1
　　　（a）The testing, use, manufacture, production or acquisition by any means whatsoever of any nuclear weapons, by the Parties themselves, directly or indirectly, on behalf of anyone else or in any other way, and
　　　（b）The receipt, storage, installation, deployment and any form of possession of any nuclear weapons, directly or indirectly, by the Parties themselves, by anyone on their behalf or in any other way.
14）OPANAL の保障措置；Control System： Article 12.
　　　（a）That devices, services and facilities intented for peaceful uses of nuclear energy are not used in the testing or manufacture of nuclear weapons,
　　　（b）That none of the activities prohibited in Article I of this Treaty are carried out in the territory of the Contracting Parties with nuclear materials or weapons introduced from abroad, and
　　　（c）That explosions for peaceful purposes are compatible with Article 18 of this Treaty.　http://www.opanal.org/opanal/Tlatelolco/P-Tlatelolco-i.htm
15）IAEA の特別査察の規定：The International Atomic Energy Agency has the power of carrying out special inspections in accordance with Article 12 and with the agreements referred to in Article 13 of this Treaty.
16）当初 6 加盟国：Belgium, France, Germany, Italy, Luxembourg and the Netherlands.
17）Garcia Robles, a, Mesures de desarmememnt dans zones particculieres, 9/74.
　　　Vanda Lamm, The Utilization of Nuclear Energy and International Law, p.9 at 110.
18）The Single European Act.
　　　　http://www.proyectos.cchs.csic.es/euroconstitution/Treaties/Treaty_SingleEA_Rat.htm
　　　　加盟国：Belgium, Germany, France, Ireland, Luxembourg, the Netherlands, Portugal, Spain and the United Kingdom, Italy, Greece and Denmark.
19）UNTS, Vol.298, No.4301. EURATOM 保障措置第 7 章
　　　　http://eur-lex.europa.eu/en/treaties/dat/12006A/12006A.htm
20）Annualre francais de Droit intternational, 1966, pp.692-709.
21）Role of International Organization in the Field of Nuclear Trade, OECD, 1989, pp.29-30.
22）A Regional Approach, IAEA Bulletin, Vol.22, No.314 p.48.

23) Wolf, K2, The Legal and Factual Problems of International Security Control in the Field of Nuclear Energy.
24) IAEA, INFCIRC/153.
25) the SIPRI Year Book of World Armaments and Disarmament. 1968/69.
26) International Negotiations on the Treaty on the Nonproliferation of Nuclear Weapons by ACDA.
27) Ibid.
28) IAEA Bulletin, Vol.24, No.3, September 1982.

第5章
IAEAの保障措置とNPT そしてEURATOMの保障措置制度の実施状況

1節　概要

　原子力商業利用の拡張に伴い原子力の国際管理の対策及び対処の方法も多様化している。

　第3章及び第4章で述べたように原子力の国際管理諸条約、それによる諸機関の保障措置も、原子力発展過程において国際環境の影響を真っ向から受けながら歩んできたといえる。

　原子力の国際的な安全管理という制度はアメリカの国内法に由来する。アメリカは第2次世界大戦後、最初に原子力の管理について法律を制定した。アメリカ原子力法（United States Atomic Energy Act of 1946）は、原子力の全般、つまり核兵器および原子力の商業利用における管理体制を構築したのである。この法律により原子力委員会を設置し、原子力の管理体制の強化をめざした[1]。その後1951年及び1954年、1946年、法律の改正により、原子力法（The United States Atomic Energy Act of 1954）が採択され、「原子力商業利用の国際化の促進」を伴い、同時に「安全管理」の制度も国際化したのである。

　アメリカは1954年の法改正により原子力の情報及び設備そして物質は二国間の協定において安全管理規定の遵守義務を果たした上で提供するとした。アメリカは原子力産業に用いる核物質などの軍事目的への使用転換防止を確立するため、原子力の受容国（the recipient country）に対して「アメリ

第Ⅱ部　原子力国際管理の Regimes

カ式の保障措置；Safeguards」制度の確約を課したのが始まりである。

　アメリカは保障措置の適用範囲として、アメリカが提供した原子力に関する情報、設備、物質及び技術は勿論、それらの第三国への移転まで含むこととした。このアメリカの保障措置制度がしだいに国際的な原子力管理のための中枢機能の役割を果たすモデルとなる。

　アメリカの保障措置の確約に受容国は自国の主権侵害に及ぶことに抵抗を感じ、アメリカ当局から直接査察を受けるよりは、国際機関からの査察を受ける方が望ましいと考えた。一方アメリカ側の担当者からも商業目的の円滑な促進のためには第三機関が適当であるという意見が多数主張された。このような相互の考え方が IAEA の保障措置制度を同機関憲章第 12 条において定めるに至らせるのである。さらに EURATOM はローマ条約の第 7 条に、そしてヨーロッパ原子力機関（NEA）は機関憲章第 8 条に、それぞれ保障措置を定めることになった。NEA の保障措置は IAEA との適用に重複をさけるため 1976 年以来停止している。

　現在国際的に実施されている保障措置制度としては、IAEA と EURATOM の保障措置が適用されている。

2 節　IAEA の保障措置と NPT などとの関連

1) IAEA の保障措置 NPT との関係

　IAEA の保障措置は実施面において、1957 年から 1964 年までには特別な進展はなかった。1965 年頃国連安全保障理事会の五常任理事国の核実験の実施により、国際的な政治、軍事面における不安が最高潮を迎えた。軍事大国のこのような動きに対し、77 カ国グループを中心とする諸国による核の脅威に基づく反論が国連の舞台に頻繁に登場し始めた。1965 年 8 月、米ソの核拡散防止論が国連の場において展開される。その結果 NPT の第 3 条に IAEA と連結した保障措置を原子力の国際管理の主要任務として置くことになる。

　NPT の締約国（非核兵器国）は、原子力を平和利用から核兵器などへの転用を防止するため、IAEA との間で保障措置協定を締結し、それに従い国

第5章　IAEAの保障措置とNPTそしてEURATOMの保障措置制度の実施状況

内の平和的な原子力活動中にある全ての核物質についてフルスコープ（full scope）保障措置を受け入れる義務を負っている（第3条）。NPTはこの保障措置を非核兵器国の締約国に課するため、既存のIAEAの保障措置制度を活用することを考え、IAEAと協定を締結した。NPTは1970年に保障措置制度を作成し、同年IAEA理事会によりその承認を受けた[2]。

　IAEAはNPTにより課せられた保障措置上の義務を果すため、NPTに加わることが期待される先進工業国の全体的な核燃料サイクルに対する適切な保障措置制度の立案を迫られた。IAEAはNPTの保障措置協定国の国家主権の大幅な譲歩に伴う諸査察行為に対しては、締約国ごとに協定を結び対処した。

　このような保障措置の協定によりIAEAとNPTの非核兵器締約国と間でIAEAの保障措置が適用されることになった。

　従って主要先進非核兵器国を含む全世界的な規模の保障措置が執行されることになった。

2）IAEAの保障措置の実施

　IAEAがNPTの第3条保障措置協定を締結することによってNPTの保障措置を締結した全加盟国（非核兵器国）はIAEAの保障措置を受けなければならない。

　NPTに基づくIAEAの保障措置の協定においては、当該締約国は次の4つの基本的な点[3]において保障措置を受けることになる。それは、

　A．核物質の国内計量管理制度と保障措置
　B．核物質の計量管理
　C．封じ込めと監視
　D．査察

である。

　A．について、当該締約国管轄権限内、または管理下の核物質について国内計量管理制度が制定、維持されなければならないことが規定されている。NPT批准国においてはIAEAの核物質の計量管理とその検認は、国内管理制度に基づき施設経営者が保障措置協定の要請に従うことを補強することは

国の義務とされている。これらの要請[4]とは
(1) 施設において厳格かつ周到に記録を保持すること及び規定の適用で正確な報告を適時に行わせることを含む。
(2) 国の機関は核物質の量や組成の測定のための原子力施設における技術や機器が最新の国際基準またはそれと同等な基準で維持されることを保障されなければならない
(3) 国の機関はIAEA査察員の各施設及び核物質に対する接近(access)を認め、また彼らの義務の履行のために必要な援助について留意しなければならない。
(4) IAEA査察員が各原子力施設に設置する封じ込め及び監視施設(封印、カメラ及びその他の記録措置)について便宜をはからなければならない。
などである。

B. の核物質の計量管理の目的は、規定された区域における核物質の量の認定、及び規定された機関における核物質の在庫変動量の確定である。計量及び基本的要素は以下の4つのとおりである[5]。
(1) 施設者は当該区域の物質を同定し、計数し、かつ測定する。
(2) 施設者は当該物質に関わる全ての取扱い工程について、その記録を保持する。
(3) 施設者は変動に係わる計量報告を作成し、国を通じてIAEAに当該報告を提出する[6]。
(4) IAEA及び各締約国の当該担当部署はその不明物質の量(MUF、保障措置協定第98条)を査定する。MUFについてはその原因を検査する。
などである。

IAEAの保障措置の計量管理とは、施設または核物質について、施設者によるその確定から始まり、これは施設者の帳簿に記載され、その後施設者が当該初期在庫について在庫変動を追っていくという一連の行動である。施設者による定期の実在庫調査の結果は、当該帳簿在庫と照合される。これは核物質量の管理のため基礎をなすものである。ここで実在庫量と帳簿在庫量のいかなる差もMUFといわれる。不明物質量は測定の不確かさ、あるいはその他の技術的な原因に帰せられる。もしこれらに起因するとは考えられない

第 5 章　IAEA の保障措置と NPT そして EURATOM の保障措置制度の実施状況

ほどの MUF の量であれば、核物質が他の目的に転用された可能性が考えられる。

　C．の封じ込めと監視の方法は、核物質の移動や接近を制限、管理するための、原子力施設の壁、容器、タンクまたはパイプのような物理的障壁の有効性を利用したものである。こうした機器の設置は、核物質の設備に探知されない移動の可能性を減少させるものである。封じ込めと監視方法には、封印に対する不正を調査するための短波検出装置をも適用する。

　監視とは人間によるもの及び機器によるものの両方を意味し、これにより核物質の不正な移動、封じ込めでの不正な変更、情報の捏造、あるいは保障措置機器の不正な変更を検出する。監視には短波防護付カメラ、封じ込めの破壊のモニター設備、在庫監視の変動設備を含む。原子力施設従事者も常に、あるいは定期的に監視を受ける。

　D．の査察[7]とはこれまでに述べてきた保障措置の実質において根幹をなすものである。その目的は IAEA 及び各当事国が保持する各施設に対する情報の有効性を検認することである。査察の実施内容と実施頻度は、保障措置協定の取り決めにおいて具体的に決定され、また原子力施設の形態により異なる。なお通常査察の実施は予告なしに行なわれることがある。

　査察にはいくつかの種類がある。

3）査察の形態（In-field Verification Activities）

（1）通常査察（Routine inspections）

　通常査察においては受領国から IAEA に提出された報告に含まれる内容と、施設において保持されている計量及び運転記録との整合性が確認される。また通常査察において核物質の量、所在場所、シリアルナンバー等の確認が行われ、さらに受け払い間差異（当該物質についての払い出し側と受け入れ側との測定量の差）、帳簿在庫量の不確かさ及び MUF の検査が行われる。

（2）特定査察（Ad hoc inspections）

　特定査察においては、締約国からの冒頭報告に含まれる情報の検認が行われる。また保障措置協定の締約後に締約国から提出される冒頭報告の日時と

補助取り決め（協定の補助取り決め、Subsidiary-Arrangements）が、個々の原子力施設につき、効力が生じる日時との間に生じる状況の変化に関しても査察が行なわれる。

なお核物質の国際輸送前後における検認も特定査察によって行われる。

(3) 特別査察（Special inspections）[8]

特別査察は通常査察に加えて実施されるもので、異常事態が発生し、それが「特別報告」として施設から IAEA に通知された場合、あるいは締約国が通常提出している情報に追加的情報を得ることが必要となり、又は通常査察でも収集できる情報ではあるが、それによることが適当でないと判断された場合、これが適用される。

特別査察には特殊な検認手法が取られることになる。

IAEA の査察官は、その査察において以下の項目に関する検認を実施することができる。

① 関係記録を査察
② 保障措置下の核物質の独立測定の実施（IAEA 独自の機器を用いるかどうかは、その場合によって決められる。）
③ 機器の機能検査と校正。
④ 資料の収去とその採集、試験、操作及び IAEA への輸送の確認。
⑤ IAEA の監視装置の使用及び点検。
⑥ IAEA の封印の取付け、検査及び取りはずし。

(4) 保障措置の視察（Safeguards visits）

保障措置の視察は、保障措置に関連した各施設の状態を確かめるため、施設使用中の適切な時間に、受領国から IAEA に提出された報告に含まれる内容と施設を視察する活動である。たとえば、IAEA に報告された施設の設計の完全性の測定と設計通りの建設の確認、また日常的な施設活動とそのメンテナンスの点検、未報告の施設の確認、そして廃棄施設および核燃料機器などの検査である。

査察は兵器がたやすく製造されないように核物質が取り扱われているかどうか確認するため、原子力の生産、処理、使用及び貯蔵を含むそういった燃料サイクルに対して集中して行われる。しかもその査察活動は IAEA 保障

第5章　IAEAの保障措置とNPTそしてEURATOMの保障措置制度の実施状況

措置に規定された目的に全ての場合に合致したものでなければならない。すなわち核物質の有意量の転用の適時の検出を満足するものでなければならない[9]。

以上IAEAとNPTの保障措置制度について述べたが、これらに関し、3つの問題点が挙げられる。

4）問題点

第1に保障措置の実施は原則的に各締約国が自主的に行うという点である。

この「各国自主的運営」に関する問題は、当初アメリカ案では国際的権限のある機関による完全管理制度が主張されたが、旧ソ連の「国家主権の侵害の恐れがある」という強い反対意見にあい、現在の条項に変わったのである。

この自主管理制度は保障措置の目的に合致するかどうかという点において、最も重要なポイントである。というのは各締約国が原子力を自主的に管理し、任意的に提出した報告に基づいてのみ、IAEAが査察を開始するからである。IAEAの査察制度は通常各締約国の協力の下に適用されるので、IAEAの査察は「任意的」「自主的」という協定に頼るしかない。従って核拡散を防止することが最も重要な任務である保障措置の任務達成の道程は厳しいものであるといえる。

第2に特別制度にはIAEAの査察制度の特殊な方法を適用することができる。これは各締約国の「自主的管理及び任意的報告に対する、真意をはかるための制度」である。従ってそれを検査するすべての科学的機器は最新機能を備え、最も精密なものであり、各締約国が使用している機器よりすべての性能において優れていることが要求される。しかし、IAEAはそのような先端技術を研究する機関ではなく、またそのような機器を購入する経済面においても、適時に対応できないという実状がある。従ってIAEAの査察員が検査する際に使用するすべての機器はその当事国のものに頼らざるを得ない状況である。結局、締約国の自主管理のもとで自主的に調査をしたのとあまり変わりはないのである。とするとIAEAの保障措置における実際の効

力および信頼度は期待し難い。

　第3に査察員の制度である。上記で述べたように、原子力の分野は科学の中でも最先端をいくものであり、また多くの科学の根幹をなすものである。従ってこの分野に立ち入る査察員はそれなりの科学的知識を持ち、実践面においても十分な経験が要求される。IAEAの査察員は各締約国の原子力分野の技術者よりも卓越した専門知識が備わっていなければならないのである。しかし、現状は、IAEAの査察員はIAEAの理事会で任命されるが、人材確保において各国の思惑があり、保障措置の根幹である査察任務に適した査察員を選定することが困難な状況にある。その上、選定された査察員に対する教育及び実習に要する経済的負担が重く、現在のIAEAの財政でそれを賄うことは不可能である。

　上記の3点においてなんらかの対策、すなわちその保障措置制度の各締約国の遵守義務の確立とその実施における諸支援制度の整備などを講じる必要がある。とくに経済的支援制度及び人材育成に対する対策が明確化されない限り、原子力の国際管理体制（regime）全体、さらに国際管理に関する条約、協定も有名無実なものとなる可能性が濃厚である。

　そして第4の最大の問題は、査察結果の対応制度である。とくに違反国に対する制裁制度である。

　保障措置に違反した場合、査察結果と計量管理報告などの検討結果から、核物質の商業利用目的以外への転用の有無、また核物質量の有意量以上の在庫差の有無についての評価を各対象施設について、各国とIAEAがそれぞれ独自に実施する。国の評価結果はIAEAに報告され、IAEAは全てのNPT加盟国について自らの評価結果を含め各国の評価結果を、年1回、保障措置実施報告書（SIR：Safeguards Implementation Report）にとりまとめ各締約国に送付する。IAEAはこの評価および査察時に異常や違反が認められた場合には、直ちに当該国に通報して説明を求めること、その結果によっては、IAEAによる特別査察が行われる内容も含まれる。

　問題は、たとえ違反があった場合でもIAEAには罰する権限がなく、違反の事実、つまり原発施設者を当該国に通知するのみである。そのため、当該国は違反を犯した施設者を国内法に従って処罰することになる。また当該

第5章　IAEA の保障措置と NPT そして EURATOM の保障措置制度の実施状況

国について違反があったときには、IAEA 理事会が対処し、必要な場合は国連の安全保障理事会にも報告され、理事会の決議に基づいて関係諸国が原子力に係る資材等の輸出や援助の停止を各国の判断で行うことになっている制度である。

　原子力産業は日本をはじめ多数の国が国策によって推進する。したがって国が違反を犯した施設者に対し、国内法を適用して処罰することは容易ではない。日本政府の福島原発による東京電力、福島原発施設者に対する対応過程を参照すれば明らかである。原発事故を含め核物質の不正利用などを事前に防止し、事故の際、放射能などの災害を縮小し、人々をはじめ生態系の環境の維持、促進をはかるためには、国家、法人に対する有効な国際制裁制度の確立が急務である。

3節　EURATOM と IAEA 及び NPT との関連

1) EURATOM の保障制度

　第4章の各地域間の保障措置で明らかにしたように、EURATOM の保障措置は同条約第7章に定められ、その実施法規が 1959 年に制定され、EURATOM の保障措置制度[10]が確立された。

　当保障措置は EU 加盟国にのみ適用され、その実施及び方法は他の国際保障措置とは異なる強い効力があった。しかし NPT の発効に伴い、EURATOM の各非核兵器国は NPT の保障措置の適用に難色を示し始めた。特に IAEA と NPT の二重の保障措置による諸査察義務に強い拒否反応をみせたのである。当時 EC 委員会は NPT 第3条4項の「非核兵器締約国は NPT の保障措置を満たすため、個々に IAEA と協定を締結することができる。」という条項を採用し、各 EURATOM 加盟国に IAEA と NPT の保障措置と協定を締結することを求めた。その結果 1973 年4月に多数の EC 加盟国が IAEA の保障措置制度条項と協定を締結[11]した。さらに IAEA は当時の EC と協定を締結したため、IAEA と EURATOM の保障措置の実施における重複を回避することが可能となった。すなわち IAEA と当時の EC の保障措置委員会との間で保障措置に関する情報の連絡を緊密に講じ、不必要な重複する査察

第Ⅱ部　原子力国際管理の Regimes

制度を除去することが可能となったのである。

2）NPT との関連

　結局 NPT の条約義務から生じる IAEA の保障措置制度は形式的に適用され、実際に適用されるのは EURATOM の諸措置である。つまり当時の EC の NPT の非核兵器国締約国は EU の欧州委員会（European Commission）と IAEA との協定により保障措置が実施されることになった。従って IAEA の査察制度の判断基準より EC 委員会からの判断基準に従うことになる。IAEA の査察制度も EC 委員会及び協定の定めにより独自に実施することができる。

　EURATOM の保障措置も IAEA の保障措置との協定の締結により、その実施面においては IAEA の保障措置の影響を受けている。というのは EU 加盟国も EURATOM 以外の諸国との間で原子力商業利用に関する核物質を取り引きしなければならないからである。その際は IAEA との検査協定[12]（Verification Agreement）により拘束を受けるのである。

　EURATOM の締約国にはイギリス、フランスの核兵器国が存在する。さらにフランスは NPT の締約国でもあるが、その NPT の義務履行には疑問点が残る。フランスは NPT 運用検討会議などにおいて審議過程、とりわけ中東における非核地帯の創設について、中東イスラム諸国であるアラブ諸国とイスラエルとの間に大きな主張の隔たりがある。その会議でフランスは二重基準を適用している。フランスは、中東における非核地帯の創設を 1990 年代中盤以来支持し、1995 年会議では「中東非核兵器地帯化に関する決議：IPSJ」の履行を呼びかけている[13]。しかし結局は中東非核兵器地帯を創設するという大義には賛成を表明しながら、イスラエルの核兵器政策の問題、また NPT への加盟の決議履行を迫る議論では曖昧な立場を取り、中東非核兵器地帯化の創設に支障を来している。さらにフランスの二面的な戦略は 2005 年 NPT 運用検討会議から明らかであった。フランスは、同会議の会合において、イランがその「秘密の核開発計画」によって「核拡散の危機」を引き起こしているとして非難し、他方で、NPT 未加盟のインド、イスラエル、パキスタンについては、「交渉を通じて、核不拡散と輸出規制の

第 5 章　IAEA の保障措置と NPT そして EURATOM の保障措置制度の実施状況

国際基準に可能なかぎり引き込む」ことが「のぞましい」という控えめの立場をとった[14]。フランスのこのようなダブルスタンダードの行使により、IAEA の保障措置[15]はその実施面において制度上の行き詰まりの一つの原因になっている。

4 節　各保障措置の現状

1）各保障措置との関連

上記の IAEA の保障措置制度と NPT の保障措置制度の協定により、IAEA 及び NPT の保障措置制度の協定批准国には IAEA の保障措置が適用される。

IAEA 及び NPT の保障措置制度の加盟国は 2015 年 2 月現在で IAEA 162 ヵ国、NPT 190 ヵ国である。従ってほとんどの国[16]が IAEA と EURATOM 両方の保障措置の適用を受けることになる。

以下、5 つの分類で原子力の保障措置制度の適用状況を述べることにする。

（1）非核保有国で NPT の保障措置が適用される国。

（2）非核保有国で NPT 条約の加盟国ではあるが、NPT の保障措置制度の未批准国。これに属する国は NPT の保障措置は適用されないが、IAEA の保障措置が適用される。

（3）非核保有国で NPT の非加盟国でもあり原子力商業利用活動が行われていない国。これらの国はサウジウラビアを始めとする中近東諸国、アルジェリアを始めとするアフリカ諸国である。

（4）準核保有国で NPT の非加盟国でもあり IAEA の保障措置も特定分野では適用されない国。これらの国はインド、パキスタン、イスラエル、北朝鮮などである。

（5）核保有国で NPT の加盟国。これらの国はアメリカ、イギリス、フランス、中国そしてロシアである。これら 5 ヵ国は NPT の保障措置協定発効国で IAEA の保障措置の適用を受ける。ただし軍事的に使用される原子力活動は除外される。

111

第Ⅱ部 原子力国際管理の Regimes

上記の5つのカテゴリーに入らない国はトラテロルコ条約批准国であるハイチを始めとする5ヵ国である。これらの国はトラテロルコ条約機構の保障措置が適用されることになる。

原子力商業利用面において保障措置の適用範囲に関しては草案過程から様々な議論及び交渉が重ねられてきたが、結局、核保有国の対立状況の中で条約及び協定が採択された結果、弱いものは強いものに従わざるを得ないという内容になっている。従って核保有国はNPTの保障措置協定発効国でありながら、非核保有国と異なる任意的取決（Voluntary Submission）[17]の方法を用いている。それも国家安全保障に係わるものを除く国内の全部または一部の施設に存在する核物質のみに対する保障措置である。

2) 課題

以上述べたとおり、原子力商業利用分野において適用される保障措置は一本化されており、IAEAの保障措置制度は各締約国から提出された報告によって査察が始まるが、その意味は「検認」だけが行われるということである。

さらにその提出義務から除外されている事実上の核保有国もあり、核不拡散政策に大きな打撃を与えているという現状もある。たとえばインド、パキスタン、イスラエル、北朝鮮などである。これらの国は核兵器用核物質を生産する能力を持ち、IAEAの保障措置が適用されていない施設を有する。これらの国の中にはすでに核兵器保有済みの国もある。そしてアメリカの上院軍事委員会に提出された資料によると、核兵器およびミサイル生産能力を保持している核保有国であると明らかにされている。

従って保障措置の不備を改善し、原子力国際管理の目的にそった効力ある保障措置を確立しない限り、核保有国及び準核保有国の数は増加し続けることになろう。

以上、条約、協定に基づいた多国間機関、地域間機関及び政府間機関によって採択された原子力の国際管理における諸条約及びその実施方法などに関し考察し、またそれらの若干の問題点に関して論じた。とりわけ各保障措置制度とその実施面において、それぞれの異なる特徴をみてきた。しかし現状はIAEA及びNPTの保障措置制度が国際的に原子力を管理している体制と

第 5 章　IAEA の保障措置と NPT そして EURATOM の保障措置制度の実施状況

いう状態である。この 2 つの保障措置では核不拡散という保障措置の第 1 の目的を達成するのは困難である。現にインド、パキスタン、イスラエル、北朝鮮は核保有国として認知されており、ブラジル、アルゼンチン、南アフリカなどが核実験に成功したといわれている。このような状況では現在の保障措置制度のままで、核保有国の数が維持され、核拡散が防止される保障はない。

5 節　まとめ

　ここで本章のまとめとして原子力国際管理の必要性の見地から、つまり原子力の国際管理体制が国際平和と安全に必須であるとの見地から、いくつかの改善対策を述べることにする。

　1. 核兵器その他の核爆発装置の拡散防止、核軍備競争の停止、核軍縮及び通常兵器の完全軍縮に関する多国間条約など、宇宙、深海を含めた全地球規模の条約を確立すること。

　2. その確立された条約の目的に沿った実施方法を講じ、その実施において締約国の確固たるコミットメントの確約とともに、その違反に対する明瞭な責任制度を確立し、またそれに関する厳格な制裁措置を確保すること。

　以上の 2 つの点の実現には原子力利用国は、核兵器など軍事的優越維持を放棄し、原子力を商業のみに利用することを尊重し、法制化とその実施体制の構築が必要である。

　原子力問題は、東北アジアの緊張関係、シリア危機をはじめアラブ・イスラム世界での内戦状態、またイスラエルとの対立において常に介在し、また先進国と発展途上国との原子力商業取引上の不均衡、原子力産業界の国内外での利権行為、テロリストによる核物質盗取の暗躍などの問題をはらんでいる。このような原子力問題は国内外の政治、経済、軍事に深く浸透しており、厳格な原子力管理体制の確立が必要である。

　3. 原発施設内での諸リスクの除去と外部からの危険（danger）に対する防御体制の確立である。原発産業活動での事業者、または従事者を問わずコンプライアンスの確立と、そして安全運営で原発稼働による放射能、環境汚

第Ⅱ部　原子力国際管理の Regimes

染、人類の健康の危機に対する対策を構築すること。とりわけ原子力商業利用に伴う放射能、また事故から被害、さらに外部攻撃からの危険に対する対策である。

本章で論じた各機関がその対策として、許容量の標準的な基準を定め、実施している。そして国連では 1972 年 6 月 5 日から 16 日まで、スウェーデンのストックホルムで開催された「人間環境会議の決議」をうけ、「人間環境の保全と向上」に関し、世界の人々を励まし、導くための共通の見解と原則が定められ、国連および下部国際機関がその対策を進めている。

商業利用おいては 2 つの分野からの放射能の被害が及んでいるため、その対策が要求されている。第 1 には原子力発電所の運営において放出される放射能であり、第 2 には原子力廃棄物その他の廃棄物の投棄による放射能の被害である。

これらに関して、原子力保有国はその防止策を講じているが十分とは言い難い。原子力商業利用の開発は日進月歩であるのに対し、その防災対策は常に遅れをとっている。

OECD の NEA 原子力白書（2012 年度）によると、各国のリスクおよび外部からの危険対策に対する予算は全原子力事業費のわずかでしかない。このような開発のみに重点を置く状況を改善し、事故、損害などの防災対策とその人材育成に対しても十分な費用を投じてゆかなければ、原子力商業利用による被害を止めることはできない。今回の福島原発事故は、まさにその格好の事例であった。現在の国際、国内の原子力安全管理体制は、全体的な構造の根本的な改革より内部組織上の運営を一部修正する「はんだ付け式」に重点をおいている。これまでの原発事故からの被った甚大な被害を考えると危険回避（risk aversion）原則の徹底化が肝要である。

原子力管理における最大な問題は、各保障措置協定の締約国による協定の遵守義務違反にある。条約法に関するウィーン条約の前文の中、国は「自由意思による同意の原則及び信義誠実の原則並びに「合意は守られなければならない」との規則が普遍的に認められていることに留意し、(the principles of free consent and of good faith and「'the pacta sunt servanda rule'」are universally recognized,)（' 'は筆者追加）という基本原則と第 26 条、「効力を有する

第 5 章　IAEA の保障措置と NPT そして EURATOM の保障措置制度の実施状況

すべての条約は、当事国を拘束し、当事国は、これらの条約を誠実に履行しなければならない。」という遵守義務の定めがある。原子力国際管理関連協定の締約国は主権の尊重と内政不干渉の原則を盾に各保障措置の実施に非協力的で消極的な支援体制で臨む傾向が強い。国際法規の遵守義務の状態と IAEA の保障措置の実施に伴う制度の現状を分析し、その課題を指摘し、抜本的な改善策の構築が要求される。

注
1) アメリカの原子力法（Atomic Energy Act）
　http：//en.wikipedia.org/wiki/Atomic_Energy_Act
2) IAEA、文書、INFCIRC/153（corrected）．
3) 核査察の実際
　http：//www.atomin.go.jp/atomin/popular/reference/atomic/nuclear/index_05.html
4) 日本での実例
　http：//www.atomin.go.jp/atomin/popular/reference/atomic/nuclear/index_06.html
5) IAEA, Ninth Edition, Legal Series, No.3, 1985.
6) INFCIRC/66.
7) International Safeguards Information System（ISIS）．
8) The Regulation of Nuclear Trade, OECD 1988, p.54.
9) Ibid, p.53.
10) 制定当初は"Security control"という題目の下で規制が行われたがイギリスが EC 加盟後"Safeguards"という措置として変更された。
11) Belgium Denmark, Germany, Ireland, Italy, Luxembourg, the Netherland, Greece（1981 年），Portugal（1986 年），IAEA と協定締結。
12) IAEA、文書、INFCIRC/193．
13) 中東非核兵器地帯に関する中東イスラム諸国およびイスラエルの双方の主張に関しては以下を参照。
　　Avi Beker, "Peace and Denuclearization : An Israeli Perspective", Disarmament, Vol.XVI, No.2（1993），pp.144-150. Gerald M. Steinberg, "Middle East Arms Control and Regional Security", Survival, Vol.36, No.1（Spring 1994），pp.127-135. P. R. Kumaraswamy, "Egypt Needled Israel" The Bulletin of the Atomic Scientists, Vol.17, No.2（June 1994），p.12. Joseph. Alpher, "Israel's Security Concerns in the Peace Process." International Affairs, Vol.70, No.2（April 1994），pp.239-240.
14) 2005 Review Conference of the Parties to the Treaty on the Non-Proliferation of Nuclear Weapons. Final Document Part I Organization and work of the Conference.

http://www.un.org/disarmament/WMD/Nuclear/pdf/finaldocs/2005
15) Voluntary Submission であるがイギリスは 1976 年，フランスは 1978 年 IAEA の保障措置と協定を締結した。
16) NPT の締約国、the TLATELLOLCO 条約締約国、the RAROTONGA 条約締約国。IAEA、EURATOM 協定国。Annuaire francais de droit international, 1972. EURATOM と IAEA の協定に関する問題。
17) The Regulation of Nuclear trade, OECD, pp.57-58. IAEA Annual Report for 1986. 392-404.

第Ⅲ部

原子力商業利用の国際管理条約

第6章

核物質防護条約
(Convention on the Physical Protection of Nuclear Material (CPPNM))

1節　概要

　核物質の国内および国際的流通は、核兵器推進国家やテロ組織による不法取得を目的とした攻撃を受ける可能性が非常に高い。そして核物質（nuclear material）が不法に取得され、使用された場合、一般市民の健康をおびやかし、食糧や日常生活、社会的秩序の推持に困難をきたすことはもちろん、国家安全保障、さらに国際社会の平和にも重大な危機をもたらすこともありえる。したがって、例えば核物質、特にプルトニウム輸送においては、核ジャックを恐れ、軍事機密並みの情報管制および警戒体制を敷くのである。日本の晴新丸事件[1]、および最近のあかつき丸事件[2]等から核物質輸送の状況の一端を垣間見ることができよう。また国内流通においては自国の領域内にある核物質および施設は自国政府の責任の下におかれ、ある程度それらの安全は確保[3]されるが、自国の領域外にある核物質は国際的関連事項に属するため、その安全確保の責任所在が不明瞭である。したがって、公海をはじめ領有禁止区域での核物質の流通には一層の危険性がある。

　各国の政府は、このような潜在的な危険を回避するため、国内はもちろん、国際的な協力体制の下で、核物質安全防護に真剣に取り組まねばならなかった[4]。

　核物質の防護条約（以下核防条約という）は、IAEA による 2 年間の策定作業を経て 1979 年 10 月にウィーンとニューヨークで採択され、1987 年 2

119

月に発効した。日本は1988年10月にこの条約に加入している。2015年1月19日現在の締約国は152カ国と1国際機関（EURATOM）である。核防条約は、2005年7月の締約国会議において条約改正がコンセンサスで採択され、締約国は、2014年11月11日現在、83カ国である。

　核防条約は、核物質の物理的防護の部門で唯一の国際法上拘束力のある条約である。条約は、核物質に関連する犯罪の防止、検出、および罰則に関連する規定で、商業利用目的に流通する核物質を国際的に流通させる際、不法取得および使用に対する国際的に効力ある保障措置を確保することが目的である。

　本章では、まずこの条約成立以前の、原発保有国の原子力商業利用のための核物質の取り扱いに関し検討する。特に核物質の国際的な流通、国内的な流通、使用、貯蔵、使用済核燃料などの危険性の状況とそれに対処するための方針をみておきたい。具体的には本条約の草案過程から成立の段階までの核物質供給国と需要国との間の様々な対策に対し、その特徴を分析する。核防条約の成立前の原子力商業利用における核物質の管理状況を把握することにより、核物質の不法取得の危険性をある程度伺い知ることが可能である。ついで本条約成立前後の核物質の国際管理、とりわけその流通における安全管理システム確立の進行状況および改正の主題などの考察を行い、成立後の核物質の流通管理の実効性について考える。さらに本条約の全体の概要、核物質の流通における安全確保とその可能性という視点から、各条項別に検討したい。総じて原子力商業利用において、商業利用と核物質をはじめ、使用済核燃料処理などの安全確保が両立し得るのかについて検討することとする。

2節　条約成立以前の状況

1）国際的対応

　1960年から1980年代前半の原子力商業利用の全盛に伴い、核物質の使用量が、急テンポに増加するとともに、核物質の移動が頻繁に行われるようになった。核物質の流通は2種類に分類される。商業利用のための核物質輸送

第 6 章　核物質防護条約

と、軍事目的使用のための輸送である。前者は諸法規の適用[5]の下で流通される。しかし後者は、軍事秘密という黒いベールに包まれ、また各国の軍事法規で規制されている。商業利用の核物質のみ法制度の下で輸送、利用、貯蔵することができるのであるが、商業利用目的の核物質も軍事的に使用することが可能である。したがって様々な手段を講じ、核物質を手に入れようとするテログループが相当存在するといわれている。さらにテログループのみではなくある国家まで含まれているという確認情報がアメリカ国会（上院）の軍事委員会で報告されている[6]。さらに 2013 年度の SIPRI（The Stockholm International Peace Research Institute）年鑑（SIPRI Yearbook 2013）において最新核兵器国リスト（6. World nuclear forces）が明らかになっている[7]。

　核物質は常に巨大な力を持っている。それを保持することにより、軍事的、政治的影響力は増大し、非保有国をおびやかすことができる。また核物質が不法に使用された場合、兵器と同様、その被害は人命の損失はもちろん自然生態系の破壊にまで及ぶ。従って核物質の管理については、1970 年代初頭から IAEA を中心に、各国政府や核保有国の専門家によって対策が論じられてきた[8]。その当時の IAEA には、各国の全核物質の防護に関しては法律上の責任（statutory responsibility）は持たなかった[9]。ただ IAEA が各国に供給した核物質と IAEA 自ら保管している核物質に対してのみ責任を有するものであった。さらに IAEA は各国の法的管轄のもとにある核物質の安全対策には何の権限も持たないと同時に、その安全対策の実施面においても無力であった。

　しかし核物質が不法に使用された場合、その被害は一国にとどまらず近隣諸国にまで及ぶことは必至である[10]。したがって IAEA が核物質の防護を確立し、国際的な安全基準を設定せよという強い要望が、核保有国のみならず、原子力商業利用を確保したい国からも寄せられた。そして IAEA は専門家会合を開き数回にわたってその対策の確立を企てることになった。

　しかし効力のある国際的安全対策は結局実現せず、ただ各国内の制度として核物質の管理制度を確立するよう勧告することにとどまった。IAEA から勧告を受けた原子力商業利用の開発国にとって、核物質をいかに管理するかは難問であった。なぜなら核物質は様々なレベルに分類され、それらにより

扱う施設も異なるからである。それらの基準の設定には、科学技術はもちろん、物理的、地理的条件、また防護面においては軍事的な技術にまで及ぶ相当の専門知識が必要である。したがって IAEA が核物質の安全確保の諸方面を研究、それらの指針および基準、実施方法を設定し、必要とする国に提供することになった。

IAEA は、核物質のうちまず商業利用に関する防護対策について専門家グループを構成し、1972年「核物質の防護に関する勧告；Recommendation for the Physical Protection of Nuclear Material」[11]をまとめた。

この勧告は核物質の施設および輸送、使用、貯蔵に関する基準を設定し、各国内の核物質の管理法規および施設のシステムを整備する際に指針とすべき事項で構成された。しかしこの勧告において核物質の諸基準や指針は不十分であいまいな点が多数あった。にもかかわらず、その勧告を国内法に制定した国家が多数におよんだ。それほど各国は核物質の安全管理に関する対策が欠けていたのである[12]。

2) OECD 諸国の対応

OECD 各国は IAEA の上記の勧告をもとに原子力商業利用を推進した。これらの国は石油危機によるエネルギー不足に対処するため核燃料サイクルの確立が絶対的に必要であった。原子力の需要は石油危機に端を発したエネルギー危機を一つのきっかけに、世界的に急激に増加していったのである。

OECD 各国にとって、核燃料の安全な供給と有効利用のための核燃料サイクルの確立は、ますます重要な政策の一つとなった。従って天然ウランを始め、濃縮ウラン、使用済核燃料の再処理、それらの安全利用および処理、そして防護のための施設などの確保は、IAEA の勧告に基づいて進行した。しかし各核物質の安全流通に関する問題は多数あり、特に核原料物質の供給面では支障が生じた。たとえば天然ウランの場合、ウラン資源保有国の資源に対するナショナリズムが顕著であり、それに対する国際的な協力体制がなかったので、増大する原発の需要にウランを供給することができなかった。また天然ウラン資源保有国が限られており、探鉱および開発に各国の技術力と経済力の差が著しくついた。その結果、ウラン資源保有国とそれを加工処

第6章　核物質防護条約

理できる技術保有国、それらの非保有国との間に対立関係が生じた。その当時、両方を保有していた国としては、アメリカ、カナダ、イギリス、フランス、オーストラリアなどである。

　原発の運転に濃縮ウランはきわめて重要な物質である。これはアメリカ、フランス、イギリスの三カ国のウラン濃縮工場により生産される。これらのうちアメリカが全体の5分の4を生産し、ほとんどの原発保有国に供給していた。アメリカの独占市場ともいえるこの分野においては、アメリカの核物質の安全措置にすべて服従しない限り、濃縮ウランを入手することはできなかった。アメリカ側の条件は非常に厳しく、例えば安全措置に必要なすべての資金、経費、人材の確保、機材の確保などが濃縮ウランを受け取る側の負担であった。またさらに経費はもちろん人材、機材などをすべてアメリカに頼らねばならない構造になっていた。したがって核物質の需要国からIAEAに対し、核物質の円滑な流通を確保できる制度の構築に強い希望が出された[13]。

　一方、原発の発展に伴い、使用済核燃料の排出量は増加の一途をたどることになる。したがって使用済核燃料の再利用方法へと各国の関心は移動し始めた。しかし使用済燃料の再処理は、核燃料サイクルの「かなめ」であると同時に、再処理の過程でプルトニウムを生産するため、兵器製造と直接関連してくるので危険性も増大する。したがって様々な規制により、厳しく制限され、当初、再処理能力を持つ国はアメリカ、イギリス、フランスに限られた。しかし再処理核物質はほとんどアメリカの技術援助および協力によって、他のOECD諸国の原発に供給された。再処理に関する核物質と施設および機材は、核兵器拡散防止対策である安全措置（safeguard）[14]とも絡み合い、各国の原発の使用済核燃料核物質再処理はそのほとんどがアメリカに委ねられていた。

　このような状況の中で核物質の流通が国際的に行われてきた。原発保有国は、最初の段階ではIAEAの勧告を受託したが、次々と核物質の供給国の安全設定基準に切り替えられ、実際アメリカとの二国間協定により取引が行われるようになった。IAEAの勧告は、しだいに有名無実なものとなっていったのである。しかしアメリカを始めとする核物質の資源および加工技術を

持つ供給国に対し、原発のみを保有している需要国からは、不満が生まれてきた。特に各国の主権を制限しなければ、核物質の入手が不可能になるような状況に対して反発が高まった。また原発および原子力商業利用を望む国々は増え続け、それとともに核物質の供給国に対する不満も広がったのである。

上記のような諸状況の中で IAEA に対し、核物質の円滑な流通システムの整備を求める意見が OECD の加盟国から多数出された。これらの要望をふまえ IAEA は核物質の流通に関する対策を講じることとなり、さらにその条約制定をめざし、各国政府専門委員会を設置した。

このように核物質の管理においては、様々な問題があり、それらに対処するためには、国際的かつ国内的に効果（effect）、能率（efficiency）的な制度の確立が急務あり、さらに核拡散防止を確立するためにも必然的な措置である故、核物質の流通における防護条約の締結が実現されたのである[15]。

3節　核防条約をめぐって

1）条約の必要性

第1節で述べたように、様々な状況のもとで核物質の安全確保は困難をきわめていた。核物質の保有国は商業上の利益を拡大する一方で、核兵器の拡散防止にも相当の安全対策[16]を講じなければならない。核物質非保有国は商業利用の促進については賛成としながらも、一方で核兵器の拡散防止および核物質の安全管理に関する厳しい諸措置については、あくまでも国内事項不介入の原則（Principal of nonintervention in domestic matter）をあげ、自国の主権の下で自主管理したいと主張した。核物質の安全管理面において核物質保有国と非保有国との間に対立[17]が生じてきたのである。この対立を解決し、保有国と非保有国との不信感を緩和する措置が緊急課題となった。さもなければ核物質の需要と供給のバランスがくずれ、さらに両側間の政治的状況が悪化する可能性が充分あった。

IAEA は原子力平和利用の促進という目的に基づき、これらの状況に対処するため専門家会合を召集した[18]。IAEA は 1972 年の各国の核物質および

第6章 核物質防護条約

施設の管理に対する勧告を 1975 年、1977 年の 2 回にわたり修正し、核物質の防護、利用、輸送、貯蔵の措置などのガイドライン等を勧告した。さらに IAEA と原子力保有国との間に、核物質の供給、安全措置協力における協定を締結した。こうして IAEA の諸勧告が各国の法規（legal norms）として適用されることになり、IAEA は核物質の合理的な取引（reasonable trade）こそ、原子力平和利用のかなめであることを再認識し、核物質の流通全般に対処することになったのである。

上記の法規以外に核物質の防護における各種ハードウェア（安全保護のための装置機械、武器）、核物質に対するアクセス、監督および指揮の手続きに関する制度、さらに核物質の安全措置に必要な施設のデザインやレイアウトまで、総合的な対策を条約化し、制定しようとしたのが本条約である。

2) 条約の起草過程

1977 年 9 月 IAEA 第 21 回総会が 90 カ国代表の参加を得て、ウィーンで開催された。その会議で一つの決議が採択された。それは、「IAEA 全加入国を招請し、核物質、施設および輸送の安全防護対策に関する条約と、その条約をできる限り多くの国が加入しやすい条約に制定するための会合を開く」こと[19]であった。1977 年 10 月 31 日から 11 月 10 日まで、各政府代表者会合が開かれた[20]。その会合では、36 ヵ国の代表と 10 ヵ国のオブザーバーと地域的機関である EURATOM、OECD の原子力機関（NEA）そして OPANAL（ラテン・アメリカ核兵器禁止条約機構）が参加し、核物質の防護に関する条約草案の作成に着手した。まず IAEA の出した条約草案に対し、各国のコメントが出された後、主要案件の集中審議に入った[21]。そして二つの作業グループを編成した。

ひとつは法的な問題を取り扱うグループ、もうひとつは技術的な問題を取り扱うグループである。

前者のグループは処罰されるべき犯罪（punishable offences）の制定、引き渡されるべき犯罪（extraditable offences）、犯罪人引き渡し（extradition）および域外管轄権（extraterritoriality）そして犯罪者の拘留（The criminal's detension）の義務などの制定に関する審議をした。

後者のグループは核物質管理における技術面に必要な条項および核物質の分類に関する問題を審議した。これは条約草案の附属書となる。

 二つの作業グループの共同会合で合意されたリポートはIAEAが提出した条約草案とほぼ同じものであった。しかし二つの点で激しい議論が起こった。ひとつは「核物質防護の適用の範囲」の問題で、つまり核物質が国際的に輸送される間だけ適用されるのか、また国内の輸送も含め、貯蔵、使用、さらに施設にまで適用されるのかということである。また2点目は「どの程度の核物質」にまで適用するかという点であった。しかし結局、この2点に結論を出すことができず、次の会合でさらに審議されることになった。

 第2回の政府代表者会合[22]は1978年4月10日から20日まで、IAEAの本部において40ヵ国が参加して開かれた。この会合では条約の範囲および目的、法的問題そして技術的問題という3つの分野に分かれて、それぞれ審議することになった。

 この2回目の会議では条約草案の各条項がほぼ成立に近づき、核物質の定義、国際的な核物質の輸送、核物質の国際的輸送における防護レベル、国内法による処罰すべき犯罪、そしてこの条約の解釈または適用に関する締約国間の紛争処理など、諸規定において合意がまとまった。しかし1回目の会合の際、結論を出すことができなかった以下の3つの問題について、またも同意が得られなかったので、次回の会合で再審議することになった。それらの問題とは、この条約に軍事目的で使用する核物質を取り扱うべきかどうか、また核物質の輸送にあたり、国際的および国内的な輸送を問わずこの条約を適用すべきかどうか、核施設内の核物質にまでこの条約を適用すべきかどうかという点[23]である。これらは各国の主権とも絡みあう問題であるため、次回の1979年2月の定期会合で審議することになった。ただこれらの問題の円満な解決のため非公開の会合が1978年9月7日から2日間ウィーンで開かれた。

 そして第3回目の政府代表者会合[24]が、50カ国の参加を得て、1979年2月5日から16日までウィーンで開催された。この会合では特殊な問題に対処するため、国際航空輸送協会が、またOECDのNEAはオブザーバーの資格として、さらに特別資格(a special status)として旧EC委員会(the

第 6 章　核物質防護条約

Commission of European Communities) などが参加した。この 3 回目の会合において、これまで未解決だった軍事使用目的の核物質の問題は、アメリカ、旧ソ連を始めとする核兵器保有国の強い反発にあい、結局この条約の適用範囲から除外されることになった。また第三世界を中心に提出された核物質の国内における自主管理の主張は、核保有国の国際、国内を問わずこの条約の適用範囲とすべきであるという主張と真っ向から対立したが、旧 EC 委員会から提出された仲介案が採用された。この案は核物質の国際的な輸送についてはすべてを適用範囲とし、国内輸送については部分的に条約を適用するという案であった。さらに核施設内の核物質についても、この条約の適用を受けることとなり、条約草案作成上の難問はいちおう解決[25]された。ただ条約成立の手続きについては、次回の総会で図られることとなった。

3) 条約の成立

核物質の防護に関する条約は、1974 年 9 月国連総会における当時のキッシンジャー米国務長官の提唱以来、アメリカの基礎草案のもとに 3 年にわたる各国政府代表および専門家会合での審議ののち、ついに 1979 年 10 月 26 日に採択された[26]。この条約の審議過程に参加した国は 58 ヵ国および、また旧 EC 委員会を始め、いくつかの地域機関が参加した。この条約は 1980 年 3 月 3 日、ウィーンの IAEA 本部とニューヨークの国連本部で同時に各国の署名のため開放され、21 ヵ国の批准をもって 1987 年 2 月 8 日に効力を発することになった。

本条約[27]は法的側面においては、核物質の国際的輸送の防護に関する安全基準を制度化した。また条約当事国の核物質に関する犯罪についても、処罰基準を設定している。さらに条約当事国は核物質の犯罪を事前防止するための協力体制、また核物質の盗難、サボタージュ、搾取などを防止するための情報交換の制度を確立するよう定めている。

また技術的側面においては、輸送中の核物質の特性による防護レベルを設定し、核物質の特性による分類は本条約の附属書において定めている。

本条約の改正は、条約当事国の 3 分の 2 以上の賛成をもって成立する。さらに本条約の効力発生の 5 年後に、本条約の実施状況ならびにその時の状況

に照らした本条約の妥当性を検討するため、締約国の会議を召集することになっている[28]。

本条約は、原子力商業利用における核物質の防護制度としては初めてのものであり、核物質安全管理に関して一応、一歩前進として評価することができる。

4節　核防条約の考察

1) 条約の概要

この条約は、平和目的に利用される国際輸送中の核物質の防護措置をとることを義務づけることが主な目的である。しかし国内の核物質の使用、貯蔵そして輸送においても適用される。

さらに軍事目的使用の核物質に関しては、本条約の適用範囲から除外されたが、本条約の前文に「軍事目的のために使用される核物質の効果的な防護が重要であることを認め、また当該物質が厳重に防護されており、そして引き続き防護されることを了解する」ということを強調している。さらに核物質に関する犯罪行為の処罰のための国際的な協力体制を設けることを義務づけた内容を含むものである。本条約は前文、本文23条、末文並びに本条約の不可分の一部（an Integral Part of the Convention）である附属書ⅠおよびⅡ（Annex I, II）から成り立っている[29]。

核防条約[30]は、締約国に対し、国際輸送中の核物質について警備員による監視等一定の水準の防護措置の確保を義務付けるとともに、そのような防護措置がとられる旨の保証が得られない限り核物質の輸出入を許可してはならないとしている。また、核物質の窃盗、強取など核物質に関連する一定の行為を犯罪とし、その容疑者が刑事手続を免れることのないように、締約国に対して裁判権を設定すること、および本条約上の犯罪を引渡犯罪とすることを義務付けるとともに、容疑者の引渡しまたは自国の当局への付託を義務付けている。

なお、核防条約の改正については、2005年7月に改正が採択され、現在、各国において国内手続が行われている。改正条約はすべての締約国の3分の

2 が批准書等を寄託した日の後 30 日目に発効する。改正条約の現在の締約国は 82 カ国（2014 年 11 月 11 日現在）で未発効である。日本は 2014 年 6 月 27 日に加入した。条約の名称は「核物質および<u>原子力施設の防護</u>に関する条約（Convention on the Physical Protection of Nuclear Material and <u>Nuclear Facilities</u>）下線筆者」に改正された。改正条約は、締約国に対して核物質および原子力施設を妨害破壊行為から防護する体制を整備することを義務付けると同時に、処罰すべき犯罪と定め、核テロなどの防御に万全を期したのである。

　核防条約の主要条項の概要は 3 つの部分に分けて考えることとする[31]。第 1 は本条約の適用範囲と国際的な協力体制の確立について、第 2 は締約国の法制度の構築について、第 3 は技術的制度の確立についてである。

　第 1 は、核防条約第 2 条に「この条約は平和目的に利用される核物質であって、国際輸送のものについて適用するほか、一部の規定は国内において使用、貯蔵または輸送されるものについても適用する」としている。核物質の安全管理などのためには、第 3 条に「締約国は国際輸送中の核物質が自国の領域内または自国の管轄下の船舶もしくは航空機内にある場合は、附属書 I に定める水準で防護されることを確保する」とし、第 4 条には「締約国は附属書 I に定める水準で防護される保証を得られない限り、核物質の輸送および非締約国からの輸入を認めてはならず、また非締約国間で輸送中の核物質が自国の陸地、内水、空港または海港を経由して領域を通過することを認めてはならない」としている。さらに第 5 条および第 6 条においては「締約国は核物質が不法に取得された場合、またはそのおそれがある場合には関係する国および国際機関に速やかに通報するとともに活動を調整する」、そして「締約国はこの条約に基づき、またはこの条約の実施のための活動に参加することにより秘密のものとして受領した情報の秘密性を保護するために適当な措置をとる」ことになっている。さらに核物質の安全管理制度の確立を図っている。すなわち核物質の利用および輸送について国内安全管理体制の確立と、また国際輸送の際の安全管理を図るため、締約国間の協力体制の強化を構築しているのである。

　第 2 に、締約国の法制度の構築義務に関しては、第 7 条に「核物質の窃取

第Ⅲ部　原子力商業利用の国際管理条約

その他の不法な取得、その不法な使用、核物質を用いての脅迫および強要等の核物質に関連する一定の行為をその未遂および加担行為とともに犯罪として、その重大性を考慮した適当な刑罰を科することができるようにする」とし、裁判管轄権においては第8条に「締約国は犯罪が自国の領域内で、または自国において登録された船舶もしくは航空機内で行われた場合、および容疑者が自国民である場合に、自国の裁判権を設定するとともに、容疑者が自国内に所在し、かつ当該容疑者を前記のいずれの国に対しても引き渡さない場合においても、自国の裁判権を設定すると同様に必要な措置をとる」と定めている。そして容疑者の引き渡し、または自国当局への事件の付託の場合には、第10条で「容疑者が領域内に所在する締約国は、容疑者を引き渡さない場合には、訴追のため事件を自国の当局に付託する」と定めている。さらに刑事手続きにおける協力体制の確立という面においては、第9条および第11条から第14条にわたり定めている。これらは以下の4つに分けて考えられる。

1）は容疑者が自国内に所在する締約国は状況に応じ、当該容疑者の所在を確実にするための措置をとり、その措置を関係国に通報する。

2）には締約国は第7条に定める犯罪を引き渡し犯罪とする。

3）に締約国は第7条に定める犯罪についてとられる刑事訴訟手続きに関し、相互に証拠の提供を含む最大限の援助を与える。

4）に容疑者を訴追した締約国は、実行可能な場合には、訴訟手続きの確定的な結果を直接の関係国および委託者に通報するということである。

締約国は立法、行政、司法上において核物質の安全管理の徹底化の義務を負っている。

第3の技術面における核物質の防護の水準の設定は、附属書ⅠおよびⅡに定めている。附属書Ⅰは附属書Ⅱに区分される核物質の国際輸送において適用される防護の水準である。まず核物質のうちプルトニウム、ウラン235、ウラン233、そして照射済み燃料（irradiated fuel）を防護するのに必要な程度に応じて第1群から第3群に区分している。上記の核物質は、国際輸送中の貯蔵における防護水準と国際輸送中の防護水準とに分けて対処しなければならない。具体的には以下のとおりである。

第6章　核物質防護条約

　まず「核物質の国際輸送中の貯蔵における防護の水準において、第3群に属する核物質は出入りが禁止されている区域内におくこと。第2群に属する核物質においては、警備員または電子装置により常時監視し、かつ物理的障壁によって囲まれた区域内におくこと。そして第1群に属する核物質には、第2群に定める防護区域内におき、かつ信頼性の確認された者のみが出入りでき、警備員が関係当局と緊密な連絡体制になるようにすること」と規定している。

　さらに核物質の国際輸送中の防護水準において、第3群と第2群にあたる核物質に対する措置は、荷送人、荷受人の間とで事前に取り決められる措置等の特別な予防措置のもとで輸送すること。第1群に属する核物質については、第3群および第2群の輸送について定める特別の予防措置をとるとともに護送者により常時監視し、かつ関係当局との緊密な連絡体制が確保される条件のもとで輸送することになっている。

　核物質の性質および危険度によって基準を定め、措置を実施し、予防制度の確立を図ることでより効果的な安全管理を目指している。

2）条約の分析

　以上が本条約の概要であるが、その中で重要な点をいくつか分析してみる。

　第1にこの条約の目的である「国際的な核物質の輸送」についてである。国際輸送がどこで始まり、どこで終わるのかという範囲については、第1条C項に「最初の積み込みが行われる国の領域外への核物質の輸送（輸送手段の如何を問わない）であって、当該国内の荷送人の「施設」からの出発をもって開始し、最終仕向け国内荷受人の「施設」への到着をもって終了とする」と定義されている。しかし「施設」（facility）という言葉の定義が明らかではなく、それは各締約国の解釈に委ねられている。これでは核物質の安全輸送における責任制度が確保されたとはいい難い。この問題は核物質の保有国と非保有国との間で、強く対立した問題である[32]。核保有国は非保有国の原発まで輸送することを主張した。それに対し非保有国は港湾、空港、一般の荷物を置く倉庫まで含む自国の領域内に設置されているいかなる施設で

も責任ある体制をつくり、自主管理のもとで輸送すべきであると主張した。特に第三世界を中心とする国々では、核物質の輸入においては国内法上様々な規制を受けなければならず、また物質の特性により入国手続きも異なる。このような国内制度を免除し、核物質およびそれに付随する人、機器、いわゆるハイテクの電子装置、また防護に要する武器等、ひとつの軍備にも相当するような体制を、他国の元首なみに待遇することは、各国の主権上受け入れ難いと主張した[33]。しかし結局は核保有国の主張がほぼ認められた。しかし「施設」ということばの定義についてはなお解決されていないため、核物質の国際輸送の防護における責任の範囲に様々な対立が生じることは必至である。そしてそれらは核物質の「ある国とない国」との力関係で解決されるという可能性が生じる。

次に第4条で定められている核物質の輸送に必要な安全防護保証（assurances）についてである。安全防護保証が得られない限り、いかなる取引も始まらない。もちろん附属書ⅠおよびⅡにおいて基準があるが、その基準に適格かどうかを判断する権限を持つ機関がなく、その判断は関係国相互に委ねられている。IAEAが間接的な判断をすることば可能であるが、それは関係国相互が同意に至らない場合にのみ判断請求を受けてすることになっている。関係国相互において核物質の安全に関する保証に意見の相違が生じた場合、それを解決するまでに相当の時間を必要とする可能性は充分ある。とすると核物質安全輸送の大原則、つまり「核物質の安全輸送にあたり、最短時間を要する」という原則に相反するだけでなく、不法に取得される可能性も助長することになるのである。

3）課題

さらに次の問題点として第4条3項の「核物質の安全防護の保証を得られない限り、自国の領域を通過することを認めてはならない」という点と、国際法の原則である無害通航権（Right of Innocent Passage）とのかかわりである。国際法上、無害通航権は慣習国際法に基づき、領域を持つすべての国に課されている領域権の制限である。簡単に述べると、沿岸国の平和、秩序または安全を害しない通過をさすものであるが、沿岸国は自国の領域において

第6章　核物質防護条約

無害通航を妨害してはならないと同時に「無害」でない通航を防止するために領域内で必要な措置を取る権利をもっている[34]。実際には、ほとんどの船舶が沿岸国の検査なしに領海を通過している。さらに危険物質を積載していても、通過する限りにおいてはその進行を妨げないことになっているのが現状である。しかし核物質の輸送に当たって締約国は無害の確認とは異なり、条約に定めている「防護水準の保証」を確認しなければならないと同時に、確認されるまで通航を停止しなければならない。また通過を認可しない場合もありうる。そして本条約の締約国間においては領域を通過する際は、事前に通知し書類上の保証を確認することができるが、非締約国の領域を通過する場合、または非締約国が締約国の領域を通過する場合、核物質の安全上の保証を与える方法も確認する方法も確立されていない。したがって核物質の国際的輸送に支障が生じる可能性は充分ありうる。

　次に第5条についてである。第5条では、核物質が搾取、強奪され、そしてその他の方法で不法に収得された場合、締約国は当該物質の回収および防護について実行可能な最大限度の協力または援助の義務を負っているとしている。そして締約国は危険にさらされた核物質を防護し、回収し、またそれを返還するにあたり、国内的に諸措置をとるとともに、関連国と連絡体制を密にして救済しなければならない。このような協力体制、特に犯罪行為に関する情報の国際的な交換の制度は本条約が初めてではないが、盗まれたり、あるいは紛失した物質などを回収することに協力する制度を定めたのは、多国間条約としては最初であると思われる。しかしこのような問題の処理にあたる各国の国内的行政体制が異なり、対策に遅れがでる可能性がある。また核物質を取り扱うためには科学技術知識はもちろん、ハイテクの機器、それに関する安全装備などを確保しなければならない。したがってそれに伴う経済的負担は国によっては深刻な問題である。もちろんIAEAが方法については指導できる立場であるが、経済的問題については援助できず、強く推進できない状況である。

　第7条の「犯罪行為および刑罰」そして第8条の「裁判権の設定」などの条項は、商業目的の核物質の国際輸送中の犯罪のみに適用されるのではなく、国際輸送中はもちろん、国内における核物質と関連のあるすべての犯罪

に適用することになっている。さらにこの条約の非締約国に対しても、核物質の犯罪を処理するため協力および援助を要請しうることになっている（第5条2項）。この条項では核物質に関連するすべての犯罪者に対し、のがれられる場をなくすことが目的であった。つまり「犯罪者の聖域」(a sanctuary for offender)[35]を世界のどの地域にもつくることを不可能にすることである。これらの条項は、女性および子供の売買の禁止、貨幣の偽造、麻薬などの禁止条約、そして航空機不法奪取防止条約、民間航空不法行為防止条約、そして外交使節団の安全保護に関する協定などの諸条約をモデルにして制定されたのである[36]。

　しかし本条約では犯罪構成要件を厳しく定める一方、それらの処罰にも厳しい対策を要求している。しかし各国の刑法および刑事訴訟法が異なり、核物質に関連する犯罪者の聖域をなくし、核物質の安全管理を保証するために締約国が一貫した措置を実行できるかについては疑問が残るところである。本条約の草案の過程において核物質の供給国（Nuclear Suppliers Group : NSG；1987年に設立された核拡散防止を目的とした国家グループ組織。2015年2月現在49カ国、NSG原加盟国のロンドングループ（London Group）は1974年当時ロンドングループと称し、アメリカ、日本を含む7カ国であった）[37]とOECDの加盟国と非同盟国との間で、この問題に対処する方法が対立し、核物質の供給国の思惑が浮き彫りにされた。当時ロンドングループは犯罪ごとに刑罰も世界的に統一し、厳しく処罰すべきであると主張し刑罰の細かい条項まで提案した。

　また非同盟国はそれらの犯罪者の刑事的な処罰は完全に国内で処理すべき事項であると主張し、特にロンドングループと強く対立した。その妥協の産物として生まれたのが上記の条項である。つまり犯罪として処罰すべき行為についてはロンドングループの主張が通り、それらの行為の処罰についてはIAEAの協力を得て、犯罪の状況に応じた刑罰を国内法により制定することになった。そしてインドなど非同盟国の主張の一部である刑の執行は国内の自主性に任せるということになった[38]。

　この条項は苦しい妥協の産物として制定された。したがってその執行においては、各国の法律的、社会的状況により、様々な方法で実施されている。

それゆえ本条約の目的のひとつである核物質に関連する犯罪者に聖域を与えず、核物質の安全防護体制を確立するという本旨が十分に実施されているとは確信しがたい。

第11条では、条約の第7条に定められている犯罪人に対しては引き渡し犯罪とするとしているが、いままで国際的な犯罪人の引き渡しの場合は、ほとんどが二国間協定により行われている。本条項では締約国は原則的に、その犯罪人の自国への引き渡しをすることになっている。この点においても各国の刑事処罰権および外交保護権などとの複雑な問題が起き得ると考えられる。草案の過程でロンドングループは、もし犯罪人の刑罰が公正さに欠ける場合、犯罪人引き渡しを請求すると主張した。それに対し非同盟国らは強く反発した。現行国際法上では、一般に国家に犯罪人引き渡し義務があるとはいえず、引き渡すかどうかは国家の自由であり、引き渡し請求を受けても請求国に引き渡さず、自国に滞在を認めることができる[39]。したがって非同盟国は領域主権の立場を堅持するという理由で、ロンドングループの提案を拒否したいきさつがある。

本条約では引き渡せない場合、国内で処罰することが義務づけられており、従来の国際法の原則、特に領域主権と両立しえない点がある。また同一犯罪において2ヶ国以上から引き渡し請求がなされることがありえる。この条約では引き渡しが競合する場合の対処についての対策が講じられていない。

さらに本条約の締約国から自国民の引き渡し請求を受けることがありえるが、自国で処罰しない場合、またその処罰が公正ではないと判断された場合、請求した国に引き渡さなければならない。このような状況においては、従来の国際法上「自国民不引渡し原則」[40]と抵触することになる。

5節　条約の評価および改正

1) 評価

上記のような不十分な点はあるが、本条約は次の3つの点で評価[41]できると考える。

第1に核物質の防護体制において国際的に統一された条約が成立し、運用されることとなり、一応一歩前進したと評価できる。
　第2は核物質に関して故意に行われる犯罪の危険性を阻止し、また犯罪の被害を最小限にとどめるための国際的な協力体制の確立において、国際法に強い影響を与えた点である。
　第3に NSG 49 カ国と核物質の需要国の間での核物質の取引において、以前はケースバイケースで行われていたのに対して、本条約の附属書 I および II によって行われることになったことと、さらに本条約の非締約国もこの基準を採用できるようになった点である。

2）改正

　本条約は IAEA 事務局長の招請により、1999 年 11 月より数回にわたり、「条約改正の要否を検討するための非公式専門家会合」が開催され、2001 年 5 月、核物質防護条約を強化すべき明らかな必要性が存在するとの報告が採択された。その後、2001 年 12 月から 2003 年 3 月にかけて「核物質防護条約改正案作成のための非公式専門家会合」が開催され、本条約の適用範囲を、国内輸送・使用・貯蔵中の核物質及び原子力施設に拡大し、核物質及び原子力施設の妨害破壊行為からの防護を含む防護措置の強化、条約上の犯罪の拡大等を骨子とする最終報告が採択された。しかし、一部の論点について合意が得られず、改正案の一本化には至らなかった。
　2004 年 7 月に、IAEA 事務局長より、オーストリアが中心となって作成した条約改正案（日本を含めた 25 ヶ国の共同提案）が締約国に配付され、改正案の審議のための（締約国）会議の開催が提案された。その後、軍隊行為の適用除外に係る規定に関する中国案の提示等もあり、会議の開催に必要な締約国の過半数の支持が得られたことから、2005 年 7 月 4 日から 8 日に 88 締約国及び EURATOM の参加を得て同会議が開催された。
　同会議では、改正案に中国提案を加えたものをベースに審議が進められ、一部の論点（軍隊行為の適用除外、犯罪化の規定等）について、調整が必要とされる局面もあったが、最終的には、改正がコンセンサスで採択された（なお、本改正が発効するためには、すべての締約国の 3 分の 2 以上が批准

等の締結手続を行う必要がある)。

6節　主な規定（改正後）：<u>下線は改正箇所</u>

1）条約の目的（第1A条）
　平和的目的のために使用される核物質及び平和的目的のために使用される原子力施設の世界的かつ効果的な防護を達成し及び維持すること並びにそのような物質及び施設に関連する犯罪を世界的に防止し及び撲滅すること並びにそうした目的に向けた締約国間の協力を容易にすることである。

2）条約の適用範囲（第2条）
（イ）この条約は、平和的目的のために使用される核物質であって、<u>使用され、貯蔵され又は輸送されるもの、及び平和的目的のために使用される原子力施設</u>に適用する。
（ロ）<u>国際人道法の下で武力紛争における軍隊の活動とされている活動であって、国際人道法によって規律されるものは、この条約によって規律されない。また、国の軍隊がその公務の遂行に当たって行う活動であって、他の国際法の規則によって規律されるものは、この条約によって規律されない。</u>
（ハ）<u>この条約のいかなる規定も、平和的目的のために使用されている核物質又は原子力施設に対する武力の行使又は行使の脅威に法的許可を与えるものと解してはならない。</u>

3）防護措置（第2条A）
　<u>使用、貯蔵、輸送中の核物質の盗取及びその他の不法な取得から防護すること、核物質及び原子力施設を妨害破壊行為から防護すること等を目的とし、各締約国は、自国の管轄権下にある核物質及び原子力施設に適用される適切な防護体制を整備し、実施し及び維持する。</u>

4) 条約上の犯罪及び刑罰（第7条）
(イ) 犯罪
(a) 不法に行う核物質の受領、所持、使用、移転等により人の死亡若しくは重大な傷害又は財産若しくは環境の実質的な損傷を引き起こし又は引き起こすおそれのあるもの。
(b) <u>不法に行う核物質の国内への又は国外への運搬、送付又は移動</u>
(c) <u>原子力施設の運転を妨害する行為であり、放射性物質の放出により、人の死亡若しくは重大な障害又は財産又は環境の実質的な損傷を故意に引き起こす意図をもって、若しくはそのおそれがあると知りながら行うもの。</u>
(d) 脅迫、未遂、共犯
(ロ) 刑罰
　締約国は、犯罪について、その重大性を考慮した適当な刑罰を科することができるようにする。

5) 裁判権の設定（第8条）
(イ) 締約国は、第7条に定める犯罪についての自国の裁判権を設定するため、必要な措置をとる。
(ロ) 締約国は、容疑者が自国の領域内に所在し、かつ、自国が上記（イ）のいずれの締約国に対しても第11条の規定による当該容疑者の引渡しを行わない場合において第7条に定める犯罪についての自国の裁判権を設定するため、必要な措置をとる。

6) 引渡し又は訴追（第9条、第10条及び第11条）
(イ) 容疑者が領域内に所在する締約国は、状況によって正当であると認める場合には、訴追又は引渡しのために当該容疑者の所在を確実にするため、自国の国内法により適当な措置をとる。
(ロ) 容疑者が領域内に所在する締約国は、当該容疑者を引き渡さない場合には、いかなる例外もなしに、かつ、不当に遅滞することなく、自国の法令による手続を通じて訴追のため自国の権限のある当局に事件を付託する。
(ハ) 第7条に定める犯罪は、締約国間の現行の犯罪人引渡条約における引

渡犯罪とみなされる。

7) 政治犯罪との関係（第11条A及び第11条B）

(イ) <u>第7条に定める犯罪は、犯罪人引渡し又は法律上の相互援助に関しては、政治犯罪、政治犯罪に関連する犯罪又は政治的な動機による犯罪とみなしてはならない。</u>

(ロ) <u>この条約のいかなる規定も、第7条に定める犯罪に関する犯罪人引渡しの請求又は法律上の相互援助の要請を受けた締約国が、これらの請求若しくは要請が人種、宗教、国籍等を理由として行われたと信じ又はそれに応ずることにより請求若しくは要請の対象者の地位がこれらの理由によって害されると信ずるに足りる実質的な根拠がある場合には、引渡しを行い又は法律上の相互援助を与える義務を課するものと解してはならない。</u>

本条約改正の発効は、その批准書、受諾書又は承認書を寄託した締約国について、締約国の3分の2が批准書、受諾書又は承認書を寄託した日の後30日目の日に効力を生ずることになっている[42]。

8) 課題

　本条約の改正は2001年9月11日、アメリカの同時多発テロ以来、核によるテロの可能性が日々高まり、その対応策が緊急を要し、アメリカ政府の主導で公式および非公式に国際会議が開催された。核物質の安全確保と核拡散の防止に重点をおき、さらに不法に危険にさらされた物質を回収するため国際的協力および援助体制を求められた条約で、従来の条約と異なり各国の主権をより制限する条約といえる。しかし現在の条約において、科学的側面とりわけ原子力に関する問題と、地球環境保全の問題は超国家的な対策を確立しなければならない。その観点からみると本条約は国際法においてひとつの「引き金」となったといえる。つまり自国の事故により、他国に被害を与えた場合にはその責任を国家が負わなければならないという状況になりつつあり、このような事故を事前防止するため、今後も様々な条約が採択されるであろう。従って本条約において国際的協力体制の確立は一応前進したといえる。

しかし核物質の防護にあたり、一般市民の財産および利益そして健康を守るための安全措置およびその基準がほとんど確立されていない。核物質から放射される放射能の被害に対する救済制度の重大性にもかかわらず、制度化には至らなかった。この条約の第1の保障目的は、核物質の事故および犯罪から被害を被った一般市民におくべきであった。核物質の安全防護体制の確立において、各国は核物質に対する故意の犯罪は言うまでもなく、事故による被害もきわめて重大なものであるということを強く認識しなければならない。

この条約が発効に至ったのは、旧ソ連のチェルノブイリ原発事故[43]以来、各国がその重大性を再認識したことが背景の一つとなっている。核についてはもちろんのこと、原子力産業全般にわたり、正確な情報を一般市民に提供しなければならない。またそのための法制度を確立する必要があると思われる。各国は本条約から負った義務を履行するにとどまらず、自主的に核物質からの被害の対策を講じなければならない。というのは、本条約のみでは核物質の安全管理についてまだ不十分である。

特に本条約の適用基準から使用済み核物質およびアイソトープに利用される各種核物質が除外されたことは大きな問題であった。

7節　まとめ

米ソ両国間の冷戦が終了し、混沌の20世紀を経て「夢」の時代21世紀を迎え、新たな世界秩序と恒久平和が模索されている。21世紀は、20世紀における地球温暖化よる環境悪化、宗教紛争・民族紛争、内戦・テロリズム、人口問題など、また核兵器の存在と生物兵器・化学兵器の脅威、とくに原子力事故と放射性廃棄物による放射能汚染の危機からの解放という大望を抱く「夢」の世紀であった。しかし実際に21世紀に入ってみるとその夢の多くは未だに実現していない。むしろ、混沌の20世紀へと逆戻りするような昨今の国内外の情勢に不条理の感が残る。諸問題の解決が21世紀では強く求められている中、まず全地球的な立場から国際安全保障を図ることが最大課題であるといえる。

第6章　核物質防護条約

　アメリカとロシアの START（Strategic Arms Reduction Talks；戦略兵器削減交渉）[44]の調印をはじめ、CTBT（Comprehensive Nuclear Test Ban Treaty；包括的核実験禁止条約）[45]など大量破壊兵器禁止関連の条約が採択され、戦略核弾頭数が確実に削減され、また核実験が全面禁止になる方向に展開している現況を顧慮すると、これ以上核兵器をはじめ大量破壊兵器が増えることはないと望みたい。しかし一方においては、核物質が不法取得および不法使用される可能性が高まっている。旧ソ連の崩壊によって今まで厳重に管理されていた核物質および核兵器関連技術、人材の流出における核拡散、さらには核兵器そのものの闇取引の可能性が懸念されている。またそれに伴い、原子力の商業利用においても同様の不安が高まっている。核物質の商業利用と軍事使用という二面性の問題は常に表裏一体であるからである。
　核物質および核施設の国際的防護体制が確立される以前のきわめて危険な状況から、その改善策として核防条約が締結され、さらに改正され国際的安全管理制度の確立を一応成し遂げた。しかし制度の施行によって核物質の安全防護が完全に解決したとはいい難い。原子力が生来併せもつ危険な二面性を除去しない限り、そして商業利用の核物質の軍事使用への転用の企てが消滅しない限り、その商業利用についても常に危険がつきまとうのである。
　原子力の商業利用とその安全性の確立が両立しうるかという問題は、現在の状況では不可能であるといえよう。エネルギー開発だけを重視し、エネルギー事業の拡張のみに没頭した原子力産業界の政策のみが先行しているからである。今日でもその状況は続いている。しかしアメリカの TMI 原発事故[46]および旧ソ連のチェルノブイリ原発事故[47]以来、とくに日本の福島原発事故[48]以降は原子力産業における風向きに変化が生まれつつある。しかし現在においてもなお、エネルギー開発に投じられる資金と災害および被害を防止するためのリスク管理への投資とは大差があるのが現状である。
　核物質は膨大なエネルギーを持つとともに、きわめて毒性が強いというのも事実である。この生来の二面性のため、商業利用と安全確立との両立は非常に困難であるといえる。ただ安全確立への投資や研究がエネルギー開発と同等、あるいはそれ以上になされるならば商業利用から起きる災害もある程度軽減することは可能であると思われる。

第Ⅲ部　原子力商業利用の国際管理条約

　地球環境保全と改善は人類の福祉と健康に影響を及ぼす主要課題である[49]。原子力商業利用における放射能汚染は、人間、社会そして水、大気を始め地球とその生態系に及び、危険なレベルの惨事が拡大しつつある。

　我々がすでに発見し、発明し、現在それらを使用および利用している事柄は、我々が発見すべき、また発明すべきことの多さから見れば、まだほんの一部分であると考える。核物質というまだまだ未知なものを前にして、その安全管理という問題は、全人類の課題であり、現在においてはわずかに一歩踏み出したのみといえるだろう。

注

1）NHK 取材班、『NHK 特集　追跡ドキュメント核燃料輸送船』、日本放送出版協会、1985。
2）『月刊新聞ダイジェスト』1993 年 1 月号、新聞ダイジェスト社、1992, pp.73-79。
3）日本原子力産業会議編『放射性物質等の輸送法令集』、1991 年度版、1991。
4）The Regulation of Nuclear Trade, OECD, 1988, p.147. Convention on the Physical Protection of Nuclear Material, Registration No : 1533, International Atomic Energy Agency.　http : //www.iaea.org/Publications/Documents/Conventions/cppnm_status.pdf
5）日本原子力産業会議編『放射性物質等の輸送法令集』、1991 年度版、1991。
6）Japan Time, 20 October 1992.
7）6. World Nuclear Forces, SIPRI Yearbook 2013, The Stockholm International Peace Research Institute.　http : //www.sipri.org/yearbook/2013/06.
8）Nuclear Law Bulletin, No.20, OECD/NEA, 1979, p.147.
9）Ibid. No.35, 1985, p.114.
10）Peter Mounfield, World Nuclear Power, Routledge, 1991, pp.377-378.
11）Nuclear Law Bulletin, No.35, OECD/NEA, 1985, p.115.
12）The Regulation of Trade, OECD, 1988, pp.147-148.
13）IAEA, INFCIRC /255/Rev. 1. The U.N. Disarmament Yearbook, Vol.1. 1976, pp.276-277.
14）魏　栢良「IAEA の保障措置制度」、『大阪経済法科大学アジア研究所年報』第 2 号、1991, p.25。
15）IAEA, INFCIRC /255/Rev. 1. The U.N. Disarmament Yearbook, Vol.1. 1976, pp.276-278.
16）The Safeguards Document, IAEA, CG（V）/INF/39.
17）The Convention on the Physical Protection of Nuclear Material, IAEA Bulletin,

第 6 章　核物質防護条約

　　　Vol.22, No.3/4, pp.58-59.
18) Nuclear Law Bulletin, No.24, OECD/NEA, 1979, p.28.
19) Resolution GC (XXI) RES/350.
20) The Convention on the Physical Protection of Nuclear Material, IAEA, Legal Series, Vol.12, 1982, pp.22-36.
21) Ha-Vinh Phuong, the Physical Protection of Nuclear Material in Nuclear Law Bulletin, No.35, OECD/NEA, 1985, pp.113-115.
22) The Convention the Physical Protection of Nuclear Material, IAEA, Legal Series, Vol.12, 1982, pp.40-50.
23) Official Record of the Negotiation, IAEA, Legal Series No.12, 1982.
24) The Convention on the Physical Protection of Nuclear Material, IAEA, Legal Series, Vol.12, 1982, pp.51-78.
25) Official Record of the Negotiation, IAEA, Legal Series No.12, 1982.
26) Nuclear Law Bulletin, No.24, OECD/NEA, 1979, p.28.
27) Ibid., pp.36-48.
28) Ha-Vinh Phuong, the Physical Protection of Nuclear Material in Nuclear Law Bulletin, No.35, OECD/NEA, 1985, pp.115-116.
29) INFCIR/274/Rev. 1.
30) 軍縮・不拡散、核物質の防護に関する条約（概要）、外務省。
　　　http://www.mofa.go.jp/Mofaj/gaiko/atom/kaku_gai.html
31) Convention on the Physical Protection of Nuclear Material, IAEA, Legal Series No.12, 1982, pp.87-125.
32) L., A., Herron, Nuclear Inter Jura'81, Proceedings of INLA Congress, Palma de Mallorca, pp.293-303.
33) Convention on the Physical Protection of Nuclear Material, IAEA, Legal Series No.12, 1982, pp.306-345.
34) 国際法学会編『国際法辞典』、鹿島出版会、1975, p.658。
35) The Regulation of Nuclear Trade, OECD, 1988, pp.150-151.
36) Convention on the Physical Protection of Nuclear Material, IAEA, Legal Series No.12, 1982, p.90.
37) Nuclear Trade, Vol.1, OECD/NEA, 1988, pp.17-18.
38) Official Record of the Negotiation, IAEA, Legal Series No.12, 1982.
39) 国際法学会編『国際法辞典』、鹿島出版会、1975, p.564。
40) Ibid., p.304.
41) Ha-Vinh Phuong, The Physical Protection of Nuclear Material in Nuclear Law Bulletin, No.35, OECD/NEA, 1985, pp.118-119.
42) 軍縮・不拡散、核物質の防護に関する条約（概要）、外務省、抜粋。

第Ⅲ部　原子力商業利用の国際管理条約

　　　　http://www.mofa.go.jp/Mofaj/gaiko/atom/kaku_gai.html
43) 魏　栢良「国境を越えた原子力事故対策」、『大阪経済法科大学アジア研究所年報』第4号、1992、p.33.
44) 黒沢満『核軍縮と国際法』、有信堂、1992、pp.211-254.
45) 包括的核実験禁止条約については簡単には、http://ja.wikipedia.org/wiki/
46) Andrew Blowers and David Pepper, Nuclear Power in Crisis, Croom Heim Ltd., 1987, pp.272-294.
47) Frederik Pohl, Chernobyl, A Bantam Book, pp.72-94.
48) IAEA Briefing on Fukushima Nuclear Accident（2 June 2011, 18:30 UTC）
　　　　http://www.iaea.org/newscenter/news/tsunamiupdate01.html
49) 国際教育法研究会編『教育条約集』、三省堂、1987、p.245.

第7章

越境原子力事故対策条約

1節　状況

　原子力の軍事面における威力は、原子爆弾として日本の広島と長崎に投下された際、全世界に示された。それ以来、軍事面における原子力は想像以上の開発が進められ、現在では地球上の全生態系を絶滅できる破壊力を備えている。

　一方原子力の商業利用面においては、1953年第8回国連総会においてアメリカのアイゼンハワー大統領の「平和のための原子力（Atoms for Peace）」[1]という演説以来めざましい発展を成し遂げた。原子力は主要なエネルギー源のひとつとして2014年4月末現在、全世界の総発電電力量の11％、経済協力開発機構（OECD）加盟国（日本、アメリカ、韓国を含む34カ国）の21％を占める[2]に至っている。またその放射線利用についても活発に開発が行われ、工業、農林水産業、医療、資源環境保全、研究等多方面において利用されており、日常生活においても重要な位置を占めている。例えば、放射線の食品照射は米を始めとして60品目にのぼり、食品管理に必須のものとなっている[3]。

　国連では原子力を軍事使用においては多数国間条約および協定締結を通じて制限と抑止策を講じる一方、その商業利用においては国際機関であるIAEA[4]が世界の平和、保健および健康に対する原子力の貢献の促進および増大を任務としてその利用を拡大させてきた。国連の総会においてもたびた

び原子力商業利用問題が決議として採択されてきた。

　1977年第32回国連総会においてユーゴスラビアを中心とする第三世界グループの主張により、「経済的社会的発展のための原子力平和利用国連会議」の開催を検討する決議[5]が採択された。この採択以来「原子力平和利用国連会議」が設置され原子力商業利用における国際協力促進の方策を確保およびその改善策を講じ続けている。つまり原子力国際安全管理確保の実現政策を模索している。

　しかし原子力の軍事的使用と商業的利用が拡大されるにつれて、その災害および被害も増大し、危険性は高まる一方である。ここでは軍事面、核兵器実験等の被害を除く、商業利用面、特に原発事故を取り上げることにする。

　原発の事故として国際的に衝撃を与えた最初の事故は、アメリカのペンシルベニア州のスリーマイル島（TMI）原発事故[6]である。この原子力事故は1979年3月28日未明、いくつかの事故が重なって起こったもので、それによる放射能漏れは付近の住民を避難させなければならないほどであった。その情報が世界に伝わり原子力保有国のみでなく、原子力非保有国の国民にも衝撃を与えたのである。大惨事には至らなかったが、原子力事故が事前に防止できなかったのみではなく、事故後の処理においても被害対策上の諸問題が提起された。TMI原子力事故は環境汚染防止政策に重大な課題をもたらしたのである。

　そして原子力商業利用史上、最大級の発電所事故が1986年4月26日、旧ソ連のウクライナ共和国で発生した。これがチェルノブイリ（Chernobyl）原発事故である[7]。この事故はTMI原子力事故と異なり、原子力事故が一国のみの被害に留まらず、近隣諸国はもちろん、遠くアジア諸国にまで放射性物質の被害を及ぼしたという点においてさらに重大である。従って国際的な対策を講じるために、国連を始めIAEA等国際機関に重大な任務、つまり国際的原子力事故対策が科せられることになった。

　さらに2011年3月11日に日本の福島第一原発事故は、チェルノブイリ原発事故以来、最も大量の放射能汚染を引き起こし、アメリカのスリーマイル島原発事故よりはるかに大きな恐怖を与えた大惨事である。チェルノブイリ原発事故やスリーマイル島原発事故などと異なり、機械の故障や人為的ミス

ではなく、大地震と津波によって原発が破壊された初の原発事故である。とくに津波は原発施設内の原子炉を冷やすため必要であった非常用予備発電所を破壊し、その結果、原子炉数機の中から核燃料が溶け、水素爆発、および大量の放射能放出を引き起こした。3年が経過した現在でも大量の放射能の汚染が周辺地域と海洋そして生態系に広がりつつある[8]。

本論ではIAEAを中心とし、各国が深い関心を持って取り組んだ原子力事故防止対策における国際法、とりわけ国境を越えた原子力事故対策として締結された「原子力事故の際の早期通報に関する条約」と「原子力事故および放射線緊急時における援助に関する条約」という二つの条約に関し考察することにする。

また国際条約のみを論じると、法的側面のみが全面に出される。しかしながらこの条約が負っている目的を正確に把握するには、原子力の性質と原子力利用およびその事故をめぐる国際関係の理解が必須と考える。したがって本章ではチェルノブイリ原発事故、また福島原発事故について、事故の原因および国内外の被害状況を論じ、極めて危険な特質を持つ原子力に対し現代の最先端の科学技術を用いて安全確保できるのか、さらにそのような原子力活動について国際法を適用[9]して安全管理の確立が可能かどうかについて若干指摘したい。

2節　原子力事故

1）国際的な原子力大事故

科学および技術の革新には常にリスクを伴うと思われる。特に原子力はその典型であるといえる。原子力は科学的・技術的な面にさまざまな発展をもたらした反面、数々の分野に危険性をも伴わせるのである。

原子力は商業利用により人類の生活の向上および促進に貢献する一方、軍事使用により数十万の生命を奪い、さらに全世界の生物を絶滅させるという恐怖を増大させているのである。原子力はこのような二面性を持ち、それゆえにさまざまな問題をかかえながらも、数多くの分野で日進月歩の目ざましい発展を続けている。

第Ⅲ部　原子力商業利用の国際管理条約

　原子力の発展に伴う諸般のリスクのひとつが、近年例にない大きな事件として現実となった。それはチェルノブイリ原発事故といわれる旧ソ連の原発でおこった事故である。

　1986年4月26日、旧ソ連ウクライナ共和国のチェルノブイリ原発4号機で事故が発生し、大量の放射性物質が周辺環境に放出された[10]。この事故に起因する放射性物質は事故発生地域にとどまらず国境を越え、近隣のヨーロッパ諸国ばかりでなく、遠く離れたアジア地域でも検出され、その被害は諸方面に拡大されたのである[11]。これは原子力商業利用歴史上、最も深刻な事故であり、その被害は事故発生国のみにとどまらず他国にまでおよび得ることを示し[12]、原子力事故の際の国際的な通報および相互援助に関する国際的な枠組みの整備の重要性が確認された。このためIAEAが中心となって条約の草案作りが進められる一方で、この事故をめぐる国際的な対応が活発に行われたのである[13]。

2） 事故の経過および原因

a. 経過

　事故が発生したチェルノブイリ原発は白ロシア・ウクライナ低湿地と呼ばれる地域の東部に位置し、ドニエプル川に流入するプリヤート川河岸にある。この原発では事故の発生時点で4基の原子炉が運転中で、さらに5、6号基の原子炉が建設中であった。そのうち運転中の第4号基に今回の事放が発生した。

　第4号基の原子炉の炉型は、黒鉛減速沸騰軽水圧力管型原子炉の「RBMK-1000型（ソビエト型）」[14]という型式のものである。第4号基では1986年4月25日（旧ソ連時間）保守のため原子炉の停止が予定されていたが、この機会に外部電源が喪失した場合、タービン発電機の回転慣性エネルギーをどれだけ所内電力需要に使えるかを試す実験を行うことにし、そのため準備が行われていた[15]。

b. 原因

　このような実験は原子炉の安全性を確認する重要な実験で十分な安全対策を要するが、それも講じられておらず、実験の指揮者は原子炉の専門家でな

第 7 章　越境原子力事故対策条約

く電気技術者であったという不備なものであった。

　実験は午後 1 時から始まり、定格出力（320 万 KW）から出力低下を開始した。実験計画によると、午後 2 時以後も出力低下を続け、出力 70〜100 万 KW で実験を行うはずであったが、他の地域からの電力供給の要請により、その後約 9 時間にわたり 160 万 KW 運転が続き、この間、ECCS（非常用炉心冷却装置）は運転規制に違反して長時間バイパスされたままであった。

　午後 11 時 10 分、運転員は 160 万 KW より出力低下を再開したが、操作ミスのため出力は急激に低下した。運転員が手動操作で出力を調整したが、出力は予定より大幅に低い 3 万 KW に低下した。このため、運転員は制御棒を手動でひき抜き、出力の上昇につとめ、その結果、4 月 26 日 1 時になりようやく出力 20 万 KW を維持することが可能となった。この間、核分裂連鎖反応をふせぐキセノン（Xenon）[16]が炉内で増加しており、20 万 KW まで出力を上昇させるのが精一杯であった。

　70 万 KW 以下の長時間運転は運転規則に違反していたが、それにもかかわらず実験をおこなうための準備が進められた。「反応度操作余裕」が 6 から 8 本になり（30 本が必要最低）、炉を緊急停止すべき状態になったが運転員はこれを無視した。さらに運転員は危険な状態のまま実験を開始した。実験開始後、発電機に接続されている給水ポンプの回転速度に異常が発生し、給水流量が減少し、それにともなって冷却材の温度が上昇した。その結果、炉心の出力が上昇し始めた。

　1 時 23 分 40 秒、これに気付いた現場の責任者が炉の緊急停止を命じ、原子炉緊急停止ボタンが押されたが、効果があがるまでの約 6 秒間に出力はさらに上昇した。

　1 時 23 分 44 秒には出力は定格出力の約 100 倍となった。このためそれに伴う圧力管の急激な圧力上昇がおこり、その結果、圧力管の破損に至り、1 時 24 分頃、2、3 秒の間隔をおいて爆発が 2 回発生した。原子炉の爆発により、黒鉛および燃料の一部が微粒子の状態となって炉外飛散し、核分裂生成物が周囲に放出されたのである[17]。

　原子炉の機能を試す実験では最先端の科学技術を熟知する専門家と最高の安全対策が必要である。なぜなら原子炉は最先端の科学技術の結晶であるか

らである。この基本姿勢を無視して行われた実験は、事故の発生予測が十分可能であり、いわゆるサボタージュともいえるのではないか。

3）事故後の措置

爆発が生じた結果、施設内の 30 ヵ所以上で火災が発生した。4 月 26 日 1 時 30 分、プリヤート市およびチェルノブイリ市からの消火活動を行った結果、原子炉および建物内に発生した火災は 5 時までには鎮火した。

4 月 27 日から 5 月 10 日までの間、ヘリコプターによって原子炉にホウ素 40 トン（再臨界防止）、ドロマイド 800 トン（燃焼防止）、遮蔽および放出制御の鉛が 2400 トン、フィルター効果のある粘土および砂が 5000 トン投下された結果、放射性物質の放出はほとんど停止した。

旧ソ連は事故の再発を防止するため、今回の事故と同様の原子炉 RBMK 型の設計上の改善策を講じるとともに、運転員の作業規律の強化および原発の管理に関する対策を講じることとなった[18]。

原子炉にいったん事故が発生した場合、それを鎮圧し、その被害を最小限にくいとめるためには物質的にも技術的にも莫大な費用が必要である。そしてそれをもってしてもなお被害は甚大なのである。今回の事件は原発事故の場合、その災害対策にも限界があることを証明している。

3 節　国境を越えた放射能の影響

1）旧ソ連国内

今回の事故に伴って周囲に放出された放射性物質の量は、事故 10 日後の時点で希ガス 5,000 万キュリーおよびそれ以外の放射性物質の量は、約 5,000 万キュリーとされている（旧ソ連が IAEA に提出した資料による）。

4 月 26 日、爆発にともない燃料の破（砕）片が飛散し、1,200 万キュリーという大量の放射性物質が放出された。2 回目の放出は 5 月 2 日～5 日にかけて炉心の燃料が崩壊熱などにより 17,000 C 以上に加熱されたことにより、再び放射性物質の放射率が増加した[19]。

1979 年 3 月 28 日発生したアメリカの TMI 事故時に放出された放射性物

質の量は希ガス約 250 万キュリーおよびヨウ素 131 約 15 万キュリーと評価されている。今回の事故はそれと比較すると放出の規模はきわめて大きいものである。

また放射能による環境の汚染度はきわめて高いものであった。旧ソ連およびヨーロッパ地域の自然放射線レベルは 0.008～0.012 ミリレントゲン／時である。事故の発電所から 30 Km 圏内においては自然放射線の 1,000 倍以上のレベルが 10 日間以上も続いた。また 90～270 Km 圏内においては数倍から数十倍のレベルが 50 日間以上も続いていた。原子炉から 1.5～30 Km の土にもヨウ素、ルテニウム、ジルコニウム、セシウム等が検出された。

旧ソ連各地で検出された牛乳中のヨウ素の濃度もかなり高い数値であった。大気中に放出されたヨウ素 131 は呼吸あるいは牧草などを通じて乳牛にとりこまれ、その一部が牛乳中にでてくる。旧ソ連では 5 月 1 日に放射性ヨウ素の濃度が 0.1 マイクロキュリー／l 以上の牛乳の採取が禁止されたが、事故から 2～3 日後において白ロシア南部ではこれより一桁高い 1 マイクロキュリー／l 程度の濃度が検出されている。また一部の地域においては 100 マイクロキュリー／l 近くに達していた。一方野菜類、食肉、魚等の食品からも多量の放射性物質が検出された。

プリヤート市では、放射性物質に汚染され、4 月 26 日夜、放射線レベルが上昇し始め、やがて旧ソ連において無条件で避難することが必要なレベル（家の中にいてなんの対策も行わなかった場合に、全身 75 レム以上被爆する放射線レベル）に達した。その結果、安全な避難ルートが設定され、27 日に大型バス約 1,100 台を用いて約 4 万 5 千人が避難した。このほか 30 km 圏内における住民約 9 万人も避難した[20]。

避難した住民の健康への影響は被曝線量によって異なるが、全体として人体の直接的な危険（急性障害）はないとされている。ただし 13 万 5 千人の住民が事故後 70 年間に自然発生ガンで死亡する予想人数の 1.6 倍と推定されている。またヨウ素 131 の摂取による今後 30 年間の甲状腺ガン死亡者、またセシウム 134 およびセシウム 137 の内部被曝による事故後 70 年間のガン死亡者は、自然発生ガンで死亡する予想人数の 1% に達すると推定されている。事故当日に重度の火傷で人が死亡し、行方不明 1 名を含めて、死者総

数は86年8月21日時点で31人に達しており、また3人が重体であると報じられている[21]。

さらに放射性物質の放出を防止するため万全の対策を講じたにもかかわらず、炉心の燃料の崩壊熱等による2回目の爆発は多量の放射性物質の放出をもたらした。

このように事故による放射性物質は自然放射性レベルの1000倍に達し、人間はもちろん動物、植物さらに自然界の生態系にまで被害は及んだのである。

原子力産業とは一旦事故が生じると、一般産業の事故とは比較にならないほどの大災害を引き起こすと共に、その被害の影響は事故後も数十年、あるいはそれ以上に及んでゆくのである。

2) 近隣諸国

4月28日朝（スウェーデン時間）に初めてスウェーデンで大量の放射性物質が検出された。それ以来ヨーロッパ諸国をはじめとする各国で4月末から5月初めにかけて放射能レベルの急上昇がみられた。これはいうまでもなく旧ソ連の原子炉の事故に伴い放出された大量の放射性物質が放射性雲となって大気中に広く拡散し、風にのって移動したと考えられる。風向きによる放射性物質の拡散状況をみると、4月28日頃までに北北西に直進しバルチック海に達している。5月1日には東へ別れ、一部がシベリア上空の西風によりバイカル湖の上空に達した。5月3日にはシベリア東部から南下し日本に達している。10日にはグリーンランド方面にむけた放射性物質が大西洋をわたり、米国東岸に達する一方、極東を通過した一部が太平洋を渡り、米国に達し、低緯度を除く北半球のほぼ全域が汚染された。

ヨーロッパ諸国およびアメリカにおいて放射線対策として、牛乳、雨水および生鮮野菜の摂取制限ならびに食料品輸入禁止措置等が行われた。

6月5日に世界保健機構（World Health Organization；WHO）が公表した資料によるとスウェーデンとオーストリアでは、家の外に出ない、また子供を砂場で遊ばせないという措置をとった。牛乳の摂取の禁止および乳牛に生草を与えないという措置をとった国は西ドイツ、イギリス、オーストリア、

スウェーデン、フィンランド、ポーランド、チェコスロバキア、ユーゴスラビアである。雨水を飲まない、また乳牛に与えないという国はイギリス、オーストリア、スウェーデン、フィンランド、ユーゴスラビアである。生鮮野菜を食べない国は西ドイツ、フランス、イギリス、オーストリア、スウェーデン、ポーランドである。旧ソ連および東ヨーロッパからの食料品輸入禁止措置は西ドイツ、フランス、イギリス、スウェーデンなどが取った。

旅行者への対策としては、旧ソ連、東ヨーロッパへの旅行禁止はスウェーデン、フィンランド、そして旧ソ連、東ヨーロッパからの帰国者を検査する国は西ドイツ、フィンランド、ユーゴスラビア、アメリカである[22]。

チェルノブイリ原発事故による災害は旧ソ連国内のみでなく、近隣諸国の広い範囲にまで及んだ。一般市民の日常生活にまで規制[23]が行われるといった被害は、産業界の事故としてはかつてない規模のものである。この事故以来、各国の原子力関係者は原子力事故再発防止対策に力を注ぐことになった[24]。また事故当事国住民はもちろん、近隣諸国の住民も原発の事故防止対策を、国内のみでなく国際的にも緊急に講じるよう各政府当局に強く要求し、事故対策に拍車がかけられたのである。

3）後発生障害

1986年4月に旧ソ連ウクライナで起きた史上最悪のチェルノブイリ原発事故で、事故後の除染作業に携わった元作業員らは「低線量被ばく」と関連する可能性のある白血病などに苦しみ、将来への不安や国の対応への不満を27年が経過した現在も募らせている。

彼らは、チェルノブイリ事故後の3日間、リクビダートル（ロシア語　原発事故の処理作業に従事した人々、作業員）として原発敷地内や2キロ以内の除染作業に加わり、放射能に汚染されたがれきや土をコンテナに詰め込んだ。彼らの積算被ばく線量は約250ミリシーベルトで年間200ミリシーベルト以下の「低線量」の被ばく者と定められただ。リクビダートルは60万〜80万人に以上であったと推定されている。うち低線量の被ばく者を約20％とするロシアの専門家の調査もあるが、詳細は不明である。

米国立がん研究所などの研究チームは2011年11月、リクビダートル11

万人の追跡調査の結果、低線量被ばくでも白血病の発症リスクが高まることを証明したと発表した[25]。

中日新聞（2013年3月9日）によるとチェルノブイリ事故の被災者だけが利用できるキエフの専門病院「放射能防御市民センター」のベカエワがん部長（52）は「低線量被ばくによる典型的な病気は、事故後10～15年で発症すると考えられる。センターでは2000年前後がピークだった」と説明した。

チェルノブイリ原発事故の対策は1986年5月に原子炉などを覆う「石棺」の建設から開始された。造られた石棺が既に老朽化し、これをさらに覆う巨大アーチ型シェルターが2015年完成を目指して建設中である。しかしシェルターの老朽化を永遠に防ぐ対策はあるだろうか。

除染作業が本格化している日本の福島第1原発や周辺地域でも「低線量被ばくへの適切な対策が徹底されなければ、今後、病気の発症者が相次ぐ恐れがある」といえる。低線量被ばくから被る白血病などの発症リスクの救済について総力を上げての対応策の構築が急務である。

4節　条約

1）条約の成立過程

a. 条約の必要性

今回の事故が国際的に影響を及ぼしたことは前述したとおりである。そのためIAEAの活動を始めとするさまざまな国際的な対応が活発に行われた。特に原子力の安全確保はまさに世界共通の問題としてとらえなければならないということを、各国があらためて認識したことである。

このような認識のもとで、国際的に原子力管理の諸問題に関心が高まる最中、1986年5月4日～5月6日に東京において、主要先進国首脳会議（東京サミット）[26]が開催された。ここで、旧ソ連の原子力事故が議題として取り上げられ、このような事態に対応できる通報体制、支援体制の整備などを骨子とする「原子力事故の諸影響に関する声明」が5月5日に発表された。この声明文によってIAEAの場を通じて国際的な協力のもとに今回の事故を

めぐる諸問題を対処するということと同時に、国際的な条約の必要性の方向づけが行われた。

条約の必要性を強く訴え、その実現に拍車をかけたのは旧西ドイツ（以下ドイツという）である。当時ドイツはIAEAに対し、今後の方針を至急検討するために特別理事会を招集することを求めた[27]。さらに5月16日には、コール（Khol）首相みずからが、原発を運転ないし建設している35ヶ国の首脳にあてた書簡で、原子炉の安全性に関する政府高官による国際会議の開催を提唱した。このドイツの行動により条約の必要性は固まり、草案作りへと積極的に取り組まれることになったのである。

b. 条約の草案過程

5月21日、IAEAはドイツの要請にこたえて特別理事会を開催し、4項目が決定[28]された。そのうち第1項目の東京サミットの声明をうけ、国際的事故通報システムおよび事故時の援助体制の確立のため2つの国際協定を策定するための会合を開催すること。第4項目のIAEAのもとで原子力安全問題全般に関する閣僚レベルによる国際会議を早期開催すること。以上2つの項目が条約の草案作りに拍車をかけることになった。

以上の決定に対応してIAEAにおける国際条約草案のための専門委員会が7月21日〜8月15日の間に開催され、最終的に二つの条約の草案としてとりまとめられ、9月24日〜26日にウィーンで開催された閣僚レベルによるIAEA特別総会で採択されることになる。

二つの条約の原案はIAEA事務局において作成された。原案の主な内容は「国境を越えて影響を受けた国に対し、事故当該国は全責任を負う」。またはその影響をうけるおそれがある国に対しても、「事故防止対策の責任を負う」ことである。これら以外に事故の影響の拡大を防止し、その被害を最小限にとどめることを目的とした「早期の事故に関する情報を発送し、また入手できる制度を義務づけること」であった。

この制度は従来のIAEAの持つ事故通報システム（Incident Reporting System、以下IRSという）という制度に由来したものと思われる。

このシステムは1983年から実施されたもので、原子力の安全管理のため用いられる。たとえば、原子力事故がおこった場合、それに関する情報は

IAEA を通じて、IAEA 加盟国であるかどうかを問わず原発の所有国に通報することになっている。実際にこのシステムはアメリカ、イギリス、フランス、ドイツなど OECD/NEA 加盟国のみが運用を開始した。88 年度からは IAEA においても IRS が実施されており、2013 年度末までに報告された件数は約 2,400 件に達している[29]。

　この二つの条約では従来の IRS の運用を補強し、各国の事故に関する情報を通報する義務を負わせるようになった。さらに、緊急に通報することを要するとした。

　原案において「原子力事故の早期通報に関する条約」は前文、本文 17 カ条および末文からなり、そして「原子力事故または放射線緊急事態の場合における援助に関する条約」は前文、本文 19 カ条および末文から成る。

　これらの原案は 1986 年 7 月 21 日〜8 月 15 日の各政府専門家会議にかけられた。この専門家会議は IAEA 主催の 62 カ国の政府専門家、10 の国際機関等約 280 人の参加を得て開催された。そして 1 ヶ月弱という異例の短期間で原案が検討され、最終的には二つの条約の草案としてまとめられることになった。

　専門家会議では、東西間において次の二点が対立し問題となった。まずひとつは「原子力の事故による影響として他国に被害を与えた国はすべての責任を負う」という問題。もう一つは「放射線緊急事態の場合、援助活動をする人々に特権免除および便益を与える」という問題であった。

　第一の問題は旧ソ連を中心とする東ヨーロッパ諸国が責任の範囲の不明確さ、および被害の策定に基準がないという理由で強く反発し、結局、西側陣営もその問題は二国間の協議事項であるという認識のもとにこの国家責任事項は廃案になった。

　第二の問題は東西間の若干の国々が国家秘密保護および国家主権の侵害の恐れがあると指摘し、その点に関しては保留事項（第 8 条 9 項）を設けることで一致し、原案通り採択された。

　しかしこれらの問題は東西間の防衛領域といった戦略上の観点や、政治的利益を追求する自国本位の政策（第 5 条）の観点ではなく、原子力事故による人間を始めとする地球全体の生態に与える被害の立場から考えるべきであ

った。各国家はもちろん各個人も地球的義務、つまり国際社会の一般利益の遵守[30]義務がある。つまり過去の世代から受け継いだ自然および生態系に被害を与えてはならない。さらにその状態を改善し、よりよい環境を将来の世代に残さなければならないという義務を負っている。その立場から考慮すると、我々にとって必要なことは国家責任の枠組みを確立し、原子力事故防止に最善を講じることといえる。

2） 条約の成立

専門家会議において採択された草案は9月24日から26日までの総会で正式に採択され、早期通報に関する条約は1986年10月27日に発効[31]するに至った。総会においては、二つの条約に関する説明および報告が行われ、その後別段の異議もなく採択され条約は成立することになった。

多数国間条約の成立過程は、専門家や政府代表等による会合を経るといった段階を踏んで、通常数年かかり、やっと採択されることになる。しかしこれら二つの条約はこういった段階を踏まず、異例の速さで採択に持ち込まれている。今回の原子力事故による災害および被害、またそれによる損失があまりにも広範囲において膨大であるので、事故対策の必要性が切実であったからといえる。

5節　二つの条約の考察

1） 原子力事故の早期通報に関する条約（Convention on Early Notification of a Nuclear Accident）[32]

　a.　条約の概要

この条約は国境を越える影響をともなう原子力事故が発生した場合において、その影響をうけた、またはうける恐れがある国が事故に関する情報を早期に入手し事故の拡大を防止し、またその影響を最小限にとどめることを目的とするものである。

この条約は以下の6つに分けて考えられると思われる。

第1に対象となる事故の範囲（第1条）、

第2に通報および情報提供（第2条および第5条）、
第3に他の原子力に関する事故の任意通報（第3条）、
第4にIAEAの任務（第4条）、
第5に権限のある当局および連絡上の当局の通知（第7条）、
第6に最終決定（第11条～第17条）
の以上である。

　b. 条約の分析および評価[33]

　第1条の対象となる事故の範囲は、a. 全ての原子炉、b. すべての核燃料サイクル施設、c. すべての放射性廃棄物取り扱い施設、d. 核燃料または放射性廃棄物の輸送および貯蔵、e. 農業、工業、医療、科学および研究の目的のための放射性同位元素の製造、利用、貯蔵、廃棄および輸送、f. 宇宙物体における発電のための放射性同位元素の利用（原子力衛星など）といった施設または活動で発生した事故であり、国境を越えて放射性物質を放出し、また放出する恐れがあり、他国に対し放射線事故に基づく影響を及ぼしうるようなものと定義されている。

　この条項の定義には軍事利用施設関係の事故は含まれているが、核兵器関連の事故は含まれていない。その点が不備といえば不備であるが、それは軍事機密と絡み、また各国の安全保障等が関与する問題であるので、核兵器保有国の任意通報とするという条項（第3条）を設けることで妥協したのである。

　第2条および第5条の通報および情報提供は、事故が起きた場合、IAEAおよび被害をうける可能性のある国に対して、ただちに事故の発生およびその性質、日時および正確な場所を通報するとしている。また第5条には、さらに安全対策上必要とされる詳細なデータ（事故の原因、予測される進展、放出された放射性物質の量、防護措置（the off-site protective measures taken or planned）などを可能なかぎり提供するとしている。

　第2条a項は事故現場を正確に通報することと原案ではなっていたが、専門家会議で現場を正確に通報することに限界を設けるべきであるという主張があった。従って商業用、実験用に関しては正確に通報することができるが、軍事利用施設の関係は通報義務から外すことになり、「適当な場合には」

という文言を明記して軍事利用施設の場所を通報することとした。

　第3条は他の原子力に関する事故の任意通報で、締約国は第1条にあげられた対象外の事故の場合も通報することができる。つまり核兵器に関連する事故をさしているが、この種の事故に関しては当該国が自発的に通報しうる (may notify)[34]ということである。

　軍事使用関係の事故は年間800件（IAEA報告）で、その被害は相当なものであると推定されている。当該国の自発的な通報にまかせるという任意制度は、軍事関係の事故が商業利用原子炉の事故より頻繁で、もし大事故がおきれば商業利用原子炉より数十倍も大きい大惨事になる危険性を含んでいるだけに、原子力の事故対策の安全面からみると重大な過ちを含んでいる制度であるといえる。

　第4条はIAEAの任務で、機関は締約国に対し、入手した通報および情報をすみやかに提供することを定めている。

　第5条は提供される情報の範囲であるが、この条項には特殊な情報が含まれている。これはe項の「気象学的または水文学的条件に関する情報」(Information on current and meteorological and hydrological conditions) である。これは旧ソ連原子力事故の放射性物質の被害が風によって拡散され、また湖の水路により拡大されたこと[35]によるものである。

　第7条は連絡体制で、締結国はIAEAおよび他の締結国に対し、権限ある当局および情報の提供などに責任を有する連絡上の当局に通知することを定めている。そして締約国およびIAEAの連絡先は常時連絡可能な体制とするということである。この体制は原子力分野における多国間条約において初めて採用されたものである。これは原子力事故を正確に把握し、それに基づいて対策を講じ、被害を最小限にとどめるためには評価できる制度であるといえる。

　第11条から第17条までは紛争の解決（第11条）、署名、批准などの締結手続き、効力発生など（第12条）、改正（第14条）、廃棄（第15条）など最終規定である。

2）原子力事故又は放射線緊急事態における援助に関する条約（Convention on Assistance in Case of a Nuclear Accident or Radiological Emergency）[36]

a. 条約の概要

本条約は原子力事故または放射線緊急事態の場合において国際的な協力のもとに、迅速な援助の提供を容易にし、原子力事故の被害を最小限に抑えるための国際的な枠組みを定めることを目的としている。

この条約は以下の9つにわけて考えられると思われる。

第1は援助の提供（第2条）
第2は援助の指導および管理（第3条）
第3は権限ある当局および連絡上の当局の通知（第4条）
第4はIAEAの任務（第5条）
第5は秘密情報の保護（第6条）
第6は経費の償還（第7条）
第7は特権、免除、便益（第8条）
第8は請求および補償（第10条）
第9は最終規定など、

の以上である。

b. 条約の分析および評価[37]

第2条は援助の提供に関する規定で、4つにわけてまとめることにする。第1に締約国は原子力事故または放射性緊急事態の場合において援助を要する時は、他の締約国またはIAEAに対し、援助を要請することができる（第1項）。

第2の援助の要請をうけた締約国などは速やかに、その援助が可能か否か、ならびに与え得る援助の範囲および条件を決定し、援助を要請した国に通報する（第3項）。

第3に締約国は原子力事故などの場合において援助のため利用できる専門家および資機材（materials）など当該援助を提供する際の条件とともにIAEAに通報する（第4項）。

第4にIAEAは要請に応じて直接の援助活動を行い、他の締約国もしくは国際機関にその要請を伝達し、また要請がある場合に援助を国際的に調整す

る（第6項）などである。

　この規定では、締約国は必要とする場合、他の締約国、IAEAおよび国際機関に対し援助を要請することができる。そして要請を受けた国は、その援助が提供できる立場にあるか否かを、援助し得る範囲および条件とともに速やかに決定し通知することと定めているが、問題は二点あるかと思われる。

　第一点目は援助を必要とする国が、必要とする援助の範囲や種類などを決定する点である。原子力事故は一刻を争う緊急の対策を必要とし、その上、非常に高度な科学的知識と技術が必要である。したがって必要な援助の内容を早期に決定するのは容易ではなく相当な困難を伴う。技術的にはトップレベルを誇る旧ソ連でさえも、事故の際、その状況把握にあたり数多くの難関に直面している。

　二点目は援助を提供する国が、援助物資および活動、専門家に関する諸条件を決定し、援助を受ける国に通知する点である。援助を受ける国と提供する国とではそれぞれの状況が異なり、国家の思惑が絡みあって相互の妥協が難しい。特に専門家らの得た情報の取り扱いについては国家の秘密とビジネスのノウハウと不可分である。旧ソ連の原子力事故においてもそれらの情報の多くは秘密にされた。

　第3条は援助の指導および管理を定めた規定で、まず援助要請国領域内における援助の指導、管理は援助要請国の責任で行う。また援助要請国は援助物資、人材などの保管、管理に責任を負う。そして援助実施において用いられる機器などの所有権は援助提供国に属し、その要請により返却しなければならないと定められている。

　この規定は援助提供国と要請国との力関係はもちろん、国家主権の侵害の恐れもありえると専門家会議の際に指摘されたのである。たとえば事故現場にある原子力に関する秘密文書の取り扱い、また人員の移動および動員に関する問題である。そして提供国の人員、機材物資に関する科学的および技術的な情報の管理に相互の信頼関係が絡み、共同作業上問題がおこる可能性があると指摘され、結局、二国間において別段の合意を設けることにしたのである。

　第5条はIAEAの任務で、IAEAは原子力事故などの場合に利用できる専

門家および機材物資などについての情報を収集し、締約国などに提供するほか、要請がある場合には、原子力事故などにおける緊急計画および法令の準備などにつき締約国などを援助することになっている。

　IAEA はこの規定により科学者はもちろん、その分野の法律専門家または各分野の事故対策専門家などで構成した「専門家グループ」を編成することになった。

　第6条は秘密情報の保護を定めている。援助要請国および援助提供国は、援助に関連して入手した秘密情報の秘密性を保護するものとし、当該情報は援助のためにのみ用いられることとしている。

　この規定では高度な軍事機密ならびに科学的機密を保護するため、提供国と要請国との複雑な問題がおこり得る可能性が十分考えられる。すなわち機密保護が優先されるため、事故の的確な情報を得ることを不可能にしたのである。

　たとえばチェルノブイリ事故においても、上記で論じた通り医学的情報およびそれに関連したすべての情報をアメリカと旧ソ連の責任で、一般的情報以外は秘密にするという合意があったのである。

　専門家会議では、事故に関する情報は政治的プロパガンダとして利用される可能性があるという第三世界からの指摘もあり、結局それらの情報を秘密にすることにしたのである。将来の事故の安定対策面から考えると情報を提供し、事故をすみやかに解決することが本旨である。にもかかわらず情報を隠蔽し、事故対策に必要な情報を乏しくしては、その結果、事故対策に際し、人命およびその他の損害が大きくなるのは必至であろう。

　第7条は経費の償還で、援助を要請した国は援助の全部または一部が有償で提供される場合には、提供される役務に要する経費および援助に関する経費を負担することを定めている。この規定は原則的には援助提供者は無償で行うことになっているが、専門家会議において OECD の NEA（原子力機関）が全部または一部を有償で援助することを提案した。それに対して第三世界グループが反対を表明し、結局、援助の提供を無償にするか、しないかの基準を設けることで妥協したのである。その基準のひとつに「開発途上国の必要」（1項（C））という項目が入っている。つまり援助国は発展途上国

に無償で、先進国には有償で事故対策に臨むことになる。

しかし発展途上国と先進国との境目の定義がまだ明確にはなっておらず、結局その問題は二国間の協定事項として解決されることになる。したがってその当事者国間の様々な政治的取引が予想される。

第8条は、特権、免除および便宜に関する条項で、援助を要請した国は、援助のための人材などに対し、その任務を遂行するために必要な特権、免除および便宜を与える（訴訟手続きおよび課税の免除など）としている。この規定は IAEA の人員の従来から持っている特権をそのまま採択したのである。

第10条は請求および補償に関する規定である。つまり援助を要請した国は別段の合意がない限り、援助の提供中に引き起こされた損害に関し、援助のための人員等に対する第三者からの訴訟および請求を処理し、当該人員などに損害を与えないようにするとともに、当該人員などの被る損害について補償を定めている。この規定において、援助提供関係者は、援助中の行為について故意による場合を除き、その損害賠償を免れることができる。また先進国と発展途上国との間に、法的側面や金額的側面での格差が大きいため、二国間で協議できるように、第2項に「別段の合意がないかぎり」という文言を入れると同時に、第5項に条約の署名、批准などの際に、第2項に定められた事項に対して全部または一部免除の宣言をすることができるとしている。

この規定は結局、援助要請国と提供国が二国間で妥協できる体制をつくったのである。

第13条から第19条は最終規定で紛争の解決（第13条）、署名、批准などの締結手続き、効力発生（第14条）、改正（16条）、廃棄（17条）などに関して定めている。

この二つの条約はチェルノブイリ事故が、原子力商業利用の分野における事故として史上最大級であり、またその放射性物質による被害は近隣諸国のみならず地球上のほぼ全域におよぶという事態に直面し、やむをえず成立したのである。

この条約において評価できる点は二つあると思われる。

第1は原子力に関する事故対策において国際的な体制をある程度確保して

いる点（原子力事故の際の早期通報に関する条約第7条）と、原子力分野の管理運営面において自国責任を強化した点である。

第2は原子力の商業分野のみならず、軍事使用分野まで、事故対策のためとはいえ広い範囲の情報を多く得ることができるという点である。さらに当該国の任意ではあるが核兵器に関連する事故の情報を得、事故対策に利用できるという点（原子力事故の早期通報に関する条約第5条）である。

3) 課題

原子力事故および放射性緊急時における援助に関する条約は、原子力事故からの被害および災害、特に国境を越えた損害を最小限に押さえることを目的とした条約である。しかし原子力の持つ特有の性質、つまり軍事、商業両面における危険性のゆえ、当該国がその対策として諸方面において制限措置を実施する。従ってこの条約の目的遂行が困難な状況に陥る可能性もある。それは原子力の二面性、原子力の商業利用を推進しながら、一方でその軍事的使用転換への情報および技術流出の防止と、また放射性物質の放出による社会への影響等に関して厳格な管理体制を敷いていかなければならないからである。したがって人命安全確保を最優先する立場よりも、軍事戦略上および原子力産業上の情報および技術の独占とその享有が重要視されているといえる。また放射性物質による住民の反原発の声を事前に押し切り、住民不在の軍、官、産体制の維持のみが強調される危険性があるといえる。

このような原子力に対する姿勢は旧ソ連原子力事故で十分露呈されているのである[38]。

これら二つの条約の不備な点といえば、第1に原子力事故の当該国の責任問題である。つまり他国に与えた損害に関する賠償問題、同時に国際的な責任問題における諸規範の定義を確立することができなかった点である。

第2には原子力事故を事前に抑止および防止する体制の基礎が整えられていない点である。

原子力分野の事故は一旦起きたら大惨事になりかねない性格を有するので、事故後対策よりは、事故前の対策がもっと効果的な体制として構築されなければならないのである。

6節　まとめ

　原子力は発明当時から現在に至るまで、常に科学技術の最先端に位置し、軍事、商業両面において、その発展状況は他の例を見ないほど著しい進展を遂げている。しかし原子力科学、技術の開発および発展に伴う諸活動は、人命を始め、地球環境に影響を与えるのみではなく、その周辺には常に危険性が伴うのである。

　原子力の軍事使用および商業利用両面の危険性は国際社会においてその安全対策の確保に法規範面から検討され60年が経過した[39]。地球環境保護対策と同じくOECD加盟諸国が中心になり、原子力をはじめエネルギー全般に対し検討し、その規模および実施の促進を図っている[40]。

　国際法上においては、「国家の国際社会における責任制度」の確立によって、原子力の国際的安全管理を構築しようとする傾向が強くなっている。「国家の国際社会における責任」とは「国家はその主権に基づいて自主的に決定した判断と行動により他国の法益を侵害すれば、国際法上の責任を負う。」[41]という伝統的な国家責任、つまり国家間関係において国家が国際法上責任を負うという義務である。従来の国際法上の義務違反による国家責任とは民事的な側面つまり原状回復または損害賠償等の要素が強かった。しかし最近の動向として1978年以来国連国際法委員会（ILC）において「国際法上禁止されていない行為についての国際責任」を確立する動きが活発化している。さらにチェルノブイリ原子力事故以降いっそう拍車がかけられることになった。その背景は高度な危険性を常に内抱している原子力活動が危険活動として法認され、その対策を講じなければならない状況に追い込まれたのが一つの原因となっている。

　危険活動責任制度は民事責任（civil liability）と混合責任（mixed liability）として国家の専属責任（state liability）における免責事由を一層厳しく限定した無過失責任を採択して国家責任を強化することを図っている。しかし国家の国際責任制度（state responsibility）はまだ実定国際法上定着していない。したがって原子力から生じる損害の救済措置について国家責任の下、完

第Ⅲ部　原子力商業利用の国際管理条約

全実施はまだ期待できない。

　原子力が軍事および商業両面に利用されうるという特質上、国際法とりわけ国際条約 NPT の締結の過程において原子力保有国と原子力非保有国間の利害の対立、南北間の原子力利用をめぐる権利、義務に関する議論[42]は、その両面の均衡保持政策の困難さを如実に示している。現代国際社会においては紛争の平和的解決手段の確保が重要視されるのみでなく、軍事力をもって、さらにその行使によっての国際紛争の解決はもはや法認されない[43]。にもかかわらず原子力の軍事的使用を企てる国家は増加している。アメリカをはじめ「国家の至高の利益」のみを確保する現代国際社会の体制においては原子力商業利用の安全確保は至難であり、さらに人命、財産、資源、地球規模の環境安全対策には無数の難関があるといえる。したがって国境を越える原子力事故の可能性は十分ありえる。またその安全および救済対策は現在の最先端科学技術を用いても、人命、財産、自然環境への膨大な損失を防ぎ切れないのである。さらに原子力の国際安全管理およびその事故対策における国際法規範の完全実施は現代主権国家体制下の国際的枠組みにおいては、法的、政治的さらに軍事上、商業上の秘密主義のため実行不可能なことが多い。

　国境を越える原子力事故対策より、その事前防止対策の構築が唯一の道である。人類が国家、民族、地域を越えて共生できる世界を創り出すためには、地球的権利、義務[44]をはじめ国連人間環境会議による人間環境宣言の中でうたわれた諸原則[45]を遵守し、その履行を促進しなければならない。さらに原発稼働国は ILC が 2001 年および 2006 年に採択した「危険な活動から生じる越境損害の防止」と「危険な活動から生じる越境損害の際の損失配分原則」、つまり「国際違法行為の法的結果に関する責任」いわゆる「国際違法行為責任」[46]を免れることはできないと思われる。原子力産業の危険活動から損害が発生した場合に国家による賠償、また補償の支払の責任を負っているからである。

注
1）UNGA Off. Rec.（8th sess）, 470th Meeting Paras. 79–126.

魏　栢良「IAEA の保障措置制度」『大阪経済法科大学アジア研究所年報』、第 2 号、p.25、1991。
2 ）Nuclear power provides about 11% of the world's electricity, and 21% of electricity in OECD countries. World Energy Needs and Nuclear Power, World Nuclear Association.　http：//www.world-nuclear.org/info/Current-and-Future-Generation/World-Energy-Needs-and-Nuclear-Power/#.Uhv6292CimQ.

Nuclear power plants, world-wide, The European Nuclear Society（ENS）.　http：//www.euronuclear.org/info/encyclopedia/n/nuclear-power-plant-world-wide.htm

3 ）Ibid., pp.221-232.
4 ）魏　栢良「IAEA の保障措置制度」『大阪経済法科大学アジア研究所年報』第 2 号、pp.27-31、1991。
5 ）日本原子力産業会議編『原子力年鑑 '86』p.228.
6 ）Andrew Blowers and David Pepper, Nuclear Power in Crisis, NichoIs Publishing Company, pp.272-294, 1987.

NHK 取材班著『原子力　秘められた巨大技術』pp.117-120、1982。
Peter R. Mounfield, World Nuclear Power, Routledge, pp.294-296, 1991.

7 ）Ibid., pp.296-305.
8 ）Fukushima Nuclear Disaster, Congressional Research Service, 7-5700.

CRS Report for Congress, By Mark Holt, Specialist in Energy Policy, Richard J. Campbell, Specialist in Energy Policy, Mary Beth Nikitin, Specialist in Nonproliferation, January 18, 2012.　http：//digital.library.unt.edu/ark：/67531/metadc87170/m 1/1/high_res_d/R41694_2012Jan18.pdf

9 ）Philippe Sands, Chernobyl, Law and Communication, The Research Center for International Law, University of Cambridge, pp.1-47, 1988.
10）A Team of Award-winning Observer Correspondents, Chernobyl ; The End of the Nuclear Dream, A Division of Random House. New York, 1987.
11）Nuclear Law Bulletin, 39, OECD/NEA, p.58, 1987.
12）Ibid., pp.63-65.
13）Nuclear Law Bulletin, 38, OECD/NEA, pp.44-46, 1986.
14）黒鉛減速計水冷却沸騰水型炉。旧ソ連ではアメリカ型の PWR（加圧水型炉）と類似したロシア型加圧水型原子炉（VVER（WWER とも表記）440/v-230 加圧水型炉が多く占める。
15）Blix, Hans, Director-General's Statement to the Board of Governors of the IAEA, 21 May, 1986. 原子炉が異なるタイプで、アメリカおよび日本はそのような実験は不要。
16）Xenon：元素名で、元素記号 Xe、原子番号 54、原子量 131・130、希ガス元素の 1 つ。核分裂生成ガスとして主要なもの。Cf. http：//ja.wikipedia.org/wiki/

17) Blix, Hans, Director-General's Statement to the Board of Governors of the IAEA, 21 May, 1986.
18) Gorbachev, Mikhail, television address. 14 May, 1986.
New York Times, May 15, 1986.
19) 原子力安全委員会編『原子力安全白書』昭和61年度版 pp.2-41。昭和62年度版 pp.44-50。
20) Ibid.
21) The Japan Times, 17, 18 April 1992.
22) Marshall, Sir Walter, Talking about Accidents. Paper to the IAEA International Conference on Nuclear Power Experience, Vienna, September 1987.
23) Le Monde, 7th January 1987 ; New Scientist, 23rd, April 11, 1987.
24) Nuclear Law Bulletin, 38, OECD/NEA, pp.67-69, 1986.
25) The Chernobyl Accident 25 years of Study. Leukemia and Thyroid Research, National Cancer Institute, USA. Gov.　http : //chernobyl.cancer.gov/
26) INFCIRC/333 38, 1986.
Nuclear Law Bulletin, 37, OECD/NEA. pp.37-38, 1986.
原子力安全委員会編『原子力安全白書』昭和61年度版、pp.386-387。
27) 原子力安全委員会編『原子力安全白書』昭和61年度版、pp.48-49。
28) Ibid., p.49.
29) 原子力安全委員会編『原子力安全白書』平成3年度版、p.122。
The IAEA/NEA Incident Reporting System ; Using Operational Experience to Improve Safety.　http : //www.iaea.org/Publications/Booklets/IaeaNea/iaeanea-irs.html
30) David Fischer, Stopping the Spread of Nuclear Weapons, Routledge, 1992, pp.188-194.
31) Edith Brown Weiss 著、岩間　徹訳『将来世代に公正な地球環境を』pp.61-62、日本評論社、1992。
32) Nuclear Law Bulletin, 38, OECD/NEA, p.57, 1986.
33) Ibid. Supplement No.38, pp.1-10.
34) 原子力安全委員会編『原子力安全白書』昭和61年度版、pp.52-53。
35) Semenov, Boris, Information about the accident at Chernobyl ; it's consequences and measures initialed, address to the Board of Governors of IAEA, May 1986.
36) Nuclear Law Bulletin, Supplement No.38, OECD/NEA, 1986, pp.11-22.
37) 原子力安全委員会編『原子力安全白書』昭和62年度版、pp.53-54。
38) The Japan Times, 27 April, 1992.
39) Shaker, Mohamed Ibrahim, The Nuclear Non-Proliferation Treaty, 1, 2, 3, Oceana, 1980.
Licensing and Regulatory Control of Nuclear Installations, Legal Series No.10,

IAEA, 1975.

Convention on the Physical Protection of Nuclear Material, Legal Series No.12, IAEA, 1982.
40) Energy and the Environment : Policy Overview, OECD/IEA, 1989.
41) 山本草二『国際法』有斐閣、p.531、1985。
42) 黒沢満『軍縮国際法の新しい視座』有信堂、pp.123-158、1986。
43) 藤田久一『軍縮の国際法』日本評論社、p.324、1985。
44) Edith Brown Weiss 著、岩間徹訳『将来世代に公正な地球環境を』日本評論社、pp.42、69-118、1992。
45) 寺澤一、山本草二、広部和也編『標準国際法』青林書院、pp.288-292、1989。
46) 繁田泰宏、「自国領域内での原発事故が発生した国の国家責任に関する規則」、『フクシマとチェルノブイリにおける国家責任、-原発事故の国際法的分析-』、東信堂、pp.8-9、2013。

第8章

越境汚染損害賠償条約

1節　問題の所在

　国連および国際機関は、近代産業における危険活動から災害、被害を防止し、その損害を最小限にとどめるため、地球上を一つの共同体とみなし、広くその対策を講じてきた。特に原子力の商業利用活動に伴う大災害の対策、その越境汚染の事前防止策ならびに賠償および補償制度の確立は、1960年代から国際機関をはじめ各国政府間の交渉の議題に頻繁にあげられた代表的な例である。このような越境汚染損害賠償の対策として、現在発効している民事責任の地域間および多国間条約は、原子力損害賠償制度に関連してパリ条約、ウィーン条約などがある。そして他の分野では国際海事機構（IMO）の「油による汚染損害についての民事責任に関する条約＝油汚染損害賠償条約」[1]があり、また国家賠償責任（State Liability）に関する条約では「宇宙物体により生じた損害の国際賠償責任に関する条約＝宇宙損害賠償条約」[2]がある。

　原子力商業利用における活動には、我々の想像をはるかに越える損失を引き起こす可能性が十分ある。各国の原子力への依存率が高くなるにつれ原子力の事故率も必然的に高くなる。そして原発の周辺住民を始め、全世界の人々の不安も増大する一方である[3]。1986年4月26日の旧ソ連のチェルノブイリ原子力発電所4号機で史上最大の事故が発生し[4]、相当量の放射能がヨーロッパ各地で検出されて以来、世界の各原子力保有国は原子力事故対策

171

の確立に万全を期することになった。またその事故の被害状況の膨大さは国際社会の世論を喚起し、原子力事故対策に関する新しい国際条約の成立ならびに既存の国際条約および国際安全基準の修正に拍車をかけるに至っている。特にその対応策の中でも最重要課題である事故後の被害および災害の賠償、また補償対策の確立は緊急を要した。そして 1997 年には、ウィーン条約改正議定書および原子力保有、非保有を問わず各締約国は原子力事故越境損害賠償の基金に分担金拠出の義務を定めた国家の国際責任といえる原子力損害賠償補充基金条約[5]が採択された。この条約により被害者保護の立場に立った原子力損害賠償制度と保険制度が確立され、またその改善に力が注がれることになったのである。

　本論では原子力商業利用における原子力事故 (Nuclear Incident and Accident) の越境汚染の被害及び災害の救済措置、つまり国際民事損害賠償責任措置として適用される主な地域間および多国間条約を検討し、それらの条約の目的、原則、適用対象、その効力などを考察する。またその問題点を指摘し、人命、財産、環境保全の立場からその改善策に若干言及する。さらにそれら国際条約の適用により全世界に存在する原子力に内包される危険性が払拭され、IAEA の主たる目的である「全世界における平和、保健及び繁栄に対する原子力の貢献を促進し、及び増大する」(IAEA 憲章第 2 条) ことができるかを間接的に見ることにする。

　その際の視点は次のようなものである。つまり、核兵器及び化学兵器などの無差別殺傷兵器、また超危険活動として認定されている原子力活動などは、現代科学技術から生まれながらも、そのコントロールならびに事故の完全防止およびその完全救済が不可能なものである。これらに関連する国家活動では、国家の主権がある程度制限されることを認めなければならない。なぜなら近代国際法の「国家主権観念」を貫くかぎり、原子力を含む最先端の科学・技術に起因する災害と損害を効果的に規制、救済し、第三者の人身・財産・安全と環境の保全を維持することは困難だからである。原子力のような現代産業に起因する越境汚染を防止し、その損害の救済を図るためには、従来の国家領域主義を越えて新しい観点からの国家の国際責任の再構築が必要であるとする学説、主張が増えつつある[6]。子孫への共存共生の基盤の継

承を人類の責務とするならば、これ以上の破壊及び破滅を生み出す現代産業活動の危険責任の放置に歯止めをかける必要がある。

　国際法が人類の安全と平和維持をその本旨とするならば、国家の国際賠償責任（The International Liability）制度の確立は、当然のことであろう。

　原子力事故における損害賠償民事責任制度は、国際賠償責任主義の趣旨に沿う制度の確立を促進する役割を果たしているかどうかが問題となる。

2節　民事損害賠償諸条約

1）条約の背景

　民事損害賠償条約の主な原則および制度はアメリカをはじめ各国の国内法とその制度に基づいている。原子力損害賠償制度に関する国内法は、1957年のアメリカを筆頭に1959年にドイツ、そしてヨーロッパの原子力保有国の順に民事責任制度として制定された。その起源は原子力が軍事使用から商業利用に転換される1950年代の後半に遡る。民間の原子力産業界が積極的に原子力の商業利用に参入するにつれ、原子力の需要も増大の一途をたどった。原子力の商業利用は、生活水準の向上というメリットを与える一方、その活動による危険性というデメリットも生じることが予想され、その対策は不可欠であった。そこで原子力商業利用の軸である原発の事故に起因する被害および損害についてのアメリカの原子力委員会の危険予想図の下で、放射能の許容量を含むさまざまな評価基準が設定された。

　一般に、各国の原子力損害賠償法には、原子力活動の危険性に応じていくつかの特徴がある。第一は危険責任主義の採用で、これは一般民事法の「汚染者賠償責任原則」の制度とは異なる点である。原子力商業利用活動は、他の産業活動に含まれる危険性とは異なる天文学的な危険を生み出すという性質を有し、法的には「事業活動の運営管理者」に無過失および厳格責任主義などの原則を徹底すべき諸々の条件が付随している。第二は強制的な損害賠償措置額の設定である。この法定措置額は民間の責任保険と国の補償金で構成される。第三は越境損害賠償の統合である。原子力商業活動は「超危険活動」（ultra-hazardous）として特定され、その災害は越境汚染として他国の安

第Ⅲ部　原子力商業利用の国際管理条約

全を脅かす可能性が高く、地球上の広範囲に被害がおよぶ。したがってその救済および損害賠償を効果的に実施するためには、各国内法の異なる賠償範囲および額などの統合と、国際的に一貫した対策に取り組める協定が必要であった。そこで以下の諸条約はこれら三つのポイントを基本として実定国際法上、国際危険責任主義の新しい機能を発展させたのである。

2）パリ条約の要点

原子力分野の第三者賠償責任に関するパリ条約（The Paris Convention on Third Party Liability in the Field of Nuclear Energy、以下パリ条約という）[7]

パリ条約は OECD の加盟国 18 カ国中（1960 年現在）[8]、オーストリアとルクセンブルクを除く 16 カ国で構成している欧州原子力機関（ENEA、現在の名称は NEA）[9]において 1960 年 7 月 29 日に採択され、1968 年 4 月 1 日に効力が発生した[10]。

本条約は、1962 年、1982 年と 2005 年に補足議定書（Protocols）が採択され、3 度にわたり修正されている。1962 年の補足議定書は 1968 年 4 月 1 日に、1982 年の補足議定書は 1988 年 10 月 7 日にそれぞれ発効した。そして 1997 年 9 月にウィーン条約改正議定書が採択され、修正を目指して締約国の会合が重ねられ採択された 2004 年 2 月の補足議定書[11]は 2015 年 2 月現在未発効である。

a．目的

条約の目的は、各締約国における原子力災害の第三者賠償責任及び保険法を調整すること、ならびに原子力事故の被害者に対する十分かつ公平な賠償と補償制度の基本を定め、原子力平和利用の健全な発達に資するための必要な措置を確立することである（条約前文）。

b．特徴

条約の特徴は二つある。第一は、条約の適用範囲（jurisdiction）である。欧州 27 カ国地域全体の人を適用範囲に取り入れ、その地域の原子力商業活動における損害賠償を適用対象としている（第 13 条、14 条）。第二は、条約の「原子力事故」という定義である。原子力の「事故」の定義を "accident" ではなく "incident" という単語のみとし（第 1 条 a 項 i）、その

適用範囲を拡大すると同時に言語による解釈上の論争を事前に解決している。

核物質の国際輸送の際、公海上および非締約国領域における原子力事故において、低レベルの放射能からの被害は除外されるものの、それ以上の原子力商業活動から生じるすべての"nuclear incident"を対象にし、その事故の適用範囲を拡大したのがこの条約である。

c. 損害賠償責任の性質（Nature of Liability）

条約の基本損害賠償責任は、無過失損害賠償責任と厳格責任（'absolute or strict' liability, with few exonerations）ならびに原子力事業者への責任集中主義（exclusive liability 'channeled' to the operator of the nuclear installation）を採用している（第6条）。原子力事業者は、原則として、人身の損傷・死亡と財産の損害・滅失が原子力事故により生じたことが立証されれば、その損害賠償責任を負うべきものと定めている（第3条）。ただし、国内法により一定の条件の下で、輸送業者が賠償責任を負うことも規定することができる。事業者の求償権行使（a right of recourse）については、故意に損害を引き起こした個人（法人ではなく）または特約による責任負担に合意した場合にのみ認められる（第6条f項）。一般民事上の原則のように被害者に原子力事業者側の故意・過失または施設の瑕疵を立証させることは、被害者の保護に欠けることになる。高度で複雑な現代科学産業において、損害賠償発生要件の立証は極めて困難であり、被害者がその因果関係を立証することはむしろ不可能であるからである。

d. 責任免除（Exonerations）

条約の原子力事業者の損害賠償の免責事由は厳しい。原子力事業者は、戦争行為もしくは反乱ならびに内乱に関する国内法に別段の規定がない場合は、異常大自然災害（a grave natural disaster of an exceptional character）による不可抗力の状況において損害賠償責任は免除される（第9条）。この条約の多数の締約国において、自然災害の発生の予想、その危険における事前防止策を図るという理由で、異常大自然災害の免責事由を国内法で除外している。

e. 責任制限額（Limitation in Amount of Liability）

原子力事業者の損害賠償措置は有限額である。条約の第7条a、b項は、

1事故当たりの責任制限額について、最高有限責任額は 1500 万 SDRs とし、最低有限責任額は 500 万 SDRs と定めている。条約の当事国は国内法で、最高有限責任額を遵守する必要はなく、それを越える措置額を定めることができ、ドイツは無制限額制度を採用し、また他の当事国も条約の最高責任額をはるかに越える責任額を定めている。しかしその最低責任額は遵守義務が課され、原子力事業者はその金額を常時具備することを要求される。現在のパリ条約の当事国の最高責任措置額は、OECD の原子力運営委員会の勧告により 1 億 5000 万 SDRs とされている[12]。

  f. 損害賠償の請求期間（Limitation in Time）

　賠償請求権の消滅時効は、原則として事故の日から 10 年とする。ただし、当事国は国内法で 10 年以上の消滅時効期間を定めることができる。またこの条約は損害および責任ある者を調査できる「事実開示規則」として、損害およびそれについて責任ある者を知った日から 2 年以上の期間を国内法により設定することができる（第 8 条 A、C 項）。核燃料、放射性物質または放射性廃棄物質の盗取、喪失、投棄または放棄による事故については、その日から 20 年を限度とする（同条 b 項）。

  g. 事業者の強制損害賠償措置（Compulsory Financial Security）

　この条約は原子力事故による損害賠償を確保するため、事業者に強制的な賠償措置額、責任制限額、またその方法を設定し、被害者保護策を確立している。事業者は原子力事故における損害を賠償するため、本条約の責任制限賠償額を、保険および他の公的金融保障制度（financial security by the competent public authority）などで維持または確立しなければならない。核物質の国際輸送の際には、原子力事業者は核物質輸送者に損害賠償措置額に関する保証書（insurance）を付与する義務を負う（第 10 条）。

  h. 核物質の輸送中の責任（Special Rules for Transport Cases）

　核物質の国際輸送中の原子力事故における賠償責任は、輸送者ではなく、原則的に荷送人である原子力事業者にある。しかし賠償責任の帰属および移転の時期に関しては、原則として文章による契約主義を採用している。ただし契約がないときは引き取りの時点に損害賠償責任が荷送人である原子力事業者から荷受人である原子力事業者へ移転する（第 4 条 a、b 項）。

i. 裁判管轄（Competent Court）

　原子力損害賠償における裁判管轄権は、原則として事故の発生した当事国にある（第13条 a 項）。ただし原子力事故の発生場所が不確定か、または本条約の非締約国で起きたため事故地が判明しない場合は、責任を負う事業者の締約国の裁判所が管轄権をもつ（同条 b 項）。そしてその判決はいずれの条約当事国においても再審をうけることなく有効である（同条 d 項）。原子力事故の裁判管轄権に疑問がある場合には「ヨーロッパ原子力裁判所（the Tribunal Established by the Convention of 20th December 1957 on the Establishment of a Security Control in the Field of Nuclear Energy」が決定する（第17条）。

　j. 準拠法（The Applicable Law）

　原子力事故における準拠法は、原子力事故の裁判管轄権を持つ当事国の国内法および本条約の規定とされている（第14条 b 項）。本条約およびそれに基づいて適用される国内法は、国籍、住所または居所による差別なく適用されなければならない（同条 a. c 項）

3）ブラッセル補足条約

　ブラッセル補足条約（The Brussels Supplementary Convention to the Paris Convention）[13]は、上記のパリ条約の補足条約で、パリ条約の適用範囲と責任制限額を変更する条約で、1960年7月29日に採択され、1963年1月31日に発効している[14]。この条約は1964年と1982年の議定書の採択により2度にわたり修正されている。さらに1982年の議定書の修正が採択され、1991年8月に発効し、原子力1事故あたりの損害賠償責任額は、パリ条約と本条約の額にさらに上乗せして3億SDRsに変更されている。

　a. 適用範囲（The Scope）

　本条約の適用範囲は、パリ条約および本条約の締約国の領域と制限されている。しかし本条約の締約国の国民（a national）は、いずれの締約国、さらにその船舶および航空機からの原子力災害に対しても保護を受ける（第2条 a 項 ii 号）。裁判管轄権も同様である。本条約の第2条 a 項 ii 号の national の定義は、条約締約国、およびその私人、公・私を問わずすべての企業体を

含む。さらに締約国は国内法で外国人の住民（foreigners resident）をも、その定義の範囲に取り入れることができる[15]。

b. 3段階損害賠償措置額（The Three-Tiered Compensation System）

締約国の原子力1事故当たり最高有限責任額は、3億SDRsである（第3条a項）。原子力事故における損害賠償額を措置する制度は3段階に区分される。第1、パリ条約の原子力事業者の責任制限額の最低有限責任額500万SDRs以上の賠償限度額を確保するため国内法で定めることが義務づけられていること。第2、パリ条約の最高有限責任額1500万SDRsを1億7500万SDRsに引き上げ、その最高有限責任額を原子力施設国と原子力事業者が共同で確保すること。第3、損害賠償措置額が1億7500万SDRsを越えた場合、損害賠償最高措置額は3億SDRsまでにする。損害賠償最高措置額3億SDRsを確保するため、締約国と原子力事業者の最高有限責任額以外の残り1億2500万SDRsに関しては、商業用原子炉を保有している本条約各締約国がそのGNPによる分担金を基礎として共同で拠出して賄う（第3条b項ⅰ、ⅱ、ⅲ号）。また条約は、締約国に損害賠償の最高有限責任額は3億SDRsと定めているが、締約国が国内法で原子力事業者に3億SDRsの最高有限責任額を設定することも許容している。

4）原子力損害の民事責任に関するウィーン条約

このウィーン条約（The Vienna Convention on Civil Liability for Nuclear Damage. 以下ウィーン条約という。）[16]は、1963年5月21日にIAEAにおいて採択され、1977年11月12日に発効した。この条約はOECDを含む国連全加盟国および国連機関を締約国を対象としている多国間条約である。この条約は1986年旧ソ連のチェルノブイリ原子力事故以来、締約国が増加し、2015年2月現在、40カ国（署名国：13カ国）に達している[17]。この条約は1997年9月にウィーン条約改正議定書（以下改正議定書と言う）が採択され、原子力事業者の責任制限額の増大、条約適用範囲拡大および賠償請求権の延長などの改正が行われた[18]。

a. 目的および特徴

条約の目的は、締約国間の法制および社会制度の差異にかかわらず友好親

善に貢献すること、原子力事故による越境災害からの人命、財産、環境および生態系の保護制度の確立と原子力商業利用の健全な発達に寄与することである（前文）。

　原子力事業者の損害賠償責任制限額および無過失責任等、諸原則はパリ条約と同じである。条約は原子力事故の被害対策として原子力事業者の賠償責任限度額の制度を各締約国に義務づけ、その措置の実施制度の確立を目指したものである。条約の特徴は、第一、全世界の原子力施設国を含む国連加盟国および国際機関を適用対象としていること。第二、パリ条約を含む他の第三者損害賠償条約より、実施原則が緩和されたことである。たとえば、原子力事業者に対して損害賠償責任制限最低額 USD 500 万（約 6,000 万 SDRs）のみを設定し、上限の額は締約国の国内法で決定することを許容している。したがって原子力事業者の損害賠償制限責任額は各締約国の自由裁量権に属し、各締約国は、損害賠償責任制限最低額のみを確保する義務を負うのである。しかしチェルノブイリ原子力事故以来、各締約国から損害賠償責任制限額に関する規定の修正が提案され、この条約の改正議定書により損害賠償責任制限額は 3 億 SDRs と大幅に増大したのである[19]。原子力事故による損害の範囲の定義、（第1条1項k号）原子力事業者の厳格責任の明瞭な設定などが特徴としてあげられる（第4条）。

　b. 損害賠償責任の性質

　条約の損害賠償責任の性質はパリ条約と類似している。原子力事故における原子力事業者の損害賠償責任は無過失責任であり、責任集中である（第2条1項）。ただし締約国は、原子力物質の輸送、廃棄物の処理の際における賠償責任を輸送業者および取扱業者に、一定の条件の下で負わせることも国内法で規定することができる（第2条2項）。

　求償権に関しては、被害者の故意または特約がある場合のみ認められている（第10条）。条約は原子力廃棄物処理を含む原子力商業利用の企業活動から生じる原子力事故によるいかなる災害も事故から起因する後発生災害についても、原子力事業者は賠償責任を負う。ただし原子力施設からの放射能災害に関する賠償責任については国内法に委ねられている。本条約の改正議定書には、原子力事故損害概念を人的被害と物質的被害とに二分化した。その

具体的な損害内容、経済的損失、復旧措置費用、所得損失、防災措置費用などの定義は当事国の国内法により規定される（第2条1項〜5項）。

　c. 責任免除

条約の原子力事業者の損害賠償責任は、無過失責任である。しかし原子力事業者は、裁判所が判決によって故意の犯罪による災害と認定すれば、全部または一部の損害賠償責任が免除される（第4条1、2項）。全面免責事由は、戦争、反乱、内乱と異常大自然災害が直接原因で起きた原子力事故である（第4条3項a、b号）。

しかし改正議定書第6条1項には、原子力事業者の戦争、反乱、内乱と原子力事故との直接の因果関係を証明する義務を規定している。

　d. 責任制限額

条約は原子力事業者の責任制限額に対しては責任制限最低額のみを規定している。一事故当たりの最低責任制限額は USD 500 万である（第5条1項）。しかし改正議定書第7条1項により、原子力施設国は原子力事業者と共にパリ条約に定められた最低責任制限額 3 億 SDRs を確保する義務を負うことと修正された。原子力施設国は、その最低責任制限額の確保のため、「段階的確保措置制度」を設置することができる。つまり本改正議定書は 2003 年 10 月 4 日発効しているが、締約国は発効後 15 年以内に 1 億 SDRs の確保とその後残りの 2 億 SDRs を確保するということになっている。

　e. 損害賠償請求期間

損害賠償請求権の消滅時効は、原則として原子力事故の日から 10 年である。ただし国内法により 10 年以上の延長期間を設定することができる（第6条1項）。また原子力事故に起因する損害およびその賠償責任のある者を確認できる"事実開示規則"を 3 年と定めることもできる。核物質の盗取、喪失、投棄または放棄による事故の損害賠償請求期間は 20 年を限度とし設定することができる（同条2、3項）。

改正議定書第8条1項には、原子力事故による人身の損傷・被害事故に関する請求権の消滅時効は 30 年と定められ、放射能被ばくから数十年後の発症、その後遺症で長年に渡り苦痛を与える特有の原子力被ばく者の救済に配慮したと言える。

f. 事業者の損害賠償措置

条約は原子力事業者に責任制限最低額のみを義務として課し、それ以上の賠償額に関しては締約国の裁量権に委ねている。原子力事業者は国内法の規定による賠償制限額、保険および金融保障などの制度をもって「所要資金（The necessary funds）」を確保しなければならない（第7条）。また締約国は、損害賠償措置額が責任制限額を越えた場合の差額を補償しなければならない。

改正議定書9条1項により原子力施設国は、原子力事業者に損害賠償措置額として最低3億SDRsを確保する基金制度を定め、万一の原子力事故の損害賠償額の常備の義務を負っている。

g. 核物質の輸送中の責任、つまり核物質の国内外の輸送中の原子力事故に関する損害賠償責任は、原則的に文書による明白な特約主義を採択している。ただし、契約が存在しない場合は、核物質を引き取った時に、荷送人から荷受人の原子力事業者に賠償責任が移転する（第2条1項 b、c号）。

h. 裁判管轄および準拠法

原子力損害賠償に関連する裁判管轄権は、原則的に原子力事故の発生した締約国の裁判所にある（第11条1項）。ただし締約国領域外の事故および事故地が不明の疑いのある場合は、損害賠償の責任がある事業者のいる原子力施設国の裁判所が有する（同条2項）。本件に関する準拠法は、原則的に本条約による裁判管轄権を有する締約国の国内法と規定されている（第1条1項e号）。締約国は裁判管轄権の行使の際、無差別原則を採用する。本条約および国内法の適用は、国籍、住所、居所によって差別されてはならない（第13条）。

改正議定書第12条には、排他的経済水域（EEZ）における裁判管轄権は事故発生国の締約国の裁判所にある。そして締約国の領域およびEEZ以外、公海での裁判管轄権は原子力施設国（The Installation State of the Operator Liable）の裁判所にあると規定している。

5）共同議定書

この議定書（The Joint Protocol Relating to the Application of the Vienna

Convention and the Paris Convention)[20] は 1988 年 9 月 12 日、パリ条約及びウィーン条約間の抵触または重複する条項の調整と、さらにこの二つの条約の運営上の便宜をはかる目的で、IAEA と NEA の共同外交官会議において採択され、1992 年 4 月 27 日に発効した。2015 年 2 月現在、締約国は 28 カ国（署名 22 カ国）である。

a. 議定書の目的

議定書の目的は、ウィーン条約とパリ条約の間に実施上で存在する障害を除去し、条約に規定している原子力災害の民事責任および事故対策に万全を期することである（前文、第 2 条）。

ウィーン条約は 1977 年に発効したが、パリ条約の締約国の中にはウィーン条約に加入する国は存在しなかった。

ヨーロッパではただ一カ国、ユーゴスラビアが加入し、OECD の諸国に刺激を与えたが、結局他のいずれの国もウィーン条約に加入しない状態が続くことになった。したがって両条約の実施に当たり、抵触が生じるのは必至であった。

特に原子力事業者の賠償金額の差異がひとつの問題となった。ウィーン条約の一事故当たり、原子力事業者責任限度の最低額は USD 500 万（ウィーン条約第 5 条 1 項）と低額であり、そのためパリ条約締約国 14 カ国はウィーン条約への加入に興味を示さなかった。さらにその金額の引き上げを強く要求したのである。

ブラッセル補足条約第 16 条、第 17 条を拡大解釈すると、ブラッセル補足条約とパリ条約の締約国はウィーン条約に加入することができるが[21]、OECD の NEA の運営委員会はウィーン条約への加入の勧告を行わなかった。したがって IAEA 事務局は両条約の諸原則および実施制度などの統一を図るために、OECD の NEA の運営委員会と交渉をはじめた。そして IAEA 事務局と OECD 諸国は原子力事故および補償対策に向けて積極的に動き始めることになったのである[22]。

この議定書の採択の主な動機はチェルノブイリ原子力事故による越境放射能汚染の膨大な被害の収拾対策に起因する。

旧ソ連はこの事故の越境汚染の賠償責任を否認した[23]。原子力事故におけ

第 8 章　越境汚染損害賠償条約

る損害賠償条約の当事国ではないことと、そのような越境損害に関する国家損害賠償制度が国際法は確立されていない、したがって旧ソ連は損害賠償義務を負わないなどを理由にあげ賠償を拒否した[24]。他方ヨーロッパ諸国は、27年経過した今日まで継続する旧ソ連の原子力事故による災害の救済対策に振り回されている。自然環境の放射能汚染は経済的にも大きな打撃を与え、また住民の健康上[25]の問題は今なお深刻である。このような状況の下、IAEA 事務局と OECD の NEA は現存の条約の修正と改正を強いられ、特に旧ソ連の加入を念頭に置き、越境大災害に対応できる国際的な賠償に関する条約、その対策のための制度の構築の結果、採択されたのが本議定書である[26]。

b. 基本原則

共同議定書の基本原則は、パリ条約とウィーン条約において締約国、原子力施設国（Nuclear Installation State）、さらに非締約国間の原子力事故損害賠償法則に関する基本的に異なる定義および解釈について、統一見解をまとめることである[27]。

議定書第 4 条において、両条約の主な原則および定義である地域範囲、核物質の輸送、保険金、賠償及び補償金、自由通過（free transfer）、裁判管轄権、判決の執行力、そして無差別原則と求償権および代位弁済権（recourse and subrogation）の適用の制度を採用できると規定されている。第 2 条の基本損害賠償責任原則は、両条約の規定と同じく原子力事業者の無過失責任および集中責任主義である。また最高責任額は各締約国の国内法に規定する（第 2 条）。

原子力施設国外および核物質の輸送の際の事故には、輸送について責任を有する者の属する国が締結している条約を適用する。ただし特約がない限り、荷送人の属する国が締結している条約が適用される（第 3 条 3 項）。

議定書は原子力事故の越境汚染の損害賠償法制度に非常に重要な影響をおよぼしている。専門家会議において議定書の定義および解釈上の問題さらに国家賠償責任など注目すべき原則に関して活発な議論が展開された[28]。この会議において、注目すべき議題としては、民事賠償責任と国家賠償責任に関する議論である。現存の民事賠償責任は、チェルノブイリのような大原子力

事故を想定していないため、このような事故に対処し切れない。さらにそのような事故対策については、損害賠償金額の決定だけでなく汚染地域からの避難体制や医療体制の確立など民間ベースでは処理できない部分、すなわち公権力の行使の必要な部分が多いなどの主張が大半を占めた。したがって国家賠償責任の原則の下で、新しい条約を採択するか、またパリ、ウィーン両条約の大幅な改正かが主張された。国家賠償責任の根拠として、第一に、国家は自国の法律および管轄権がおよぶ領域における原子力施設の活動について安全確立と事故防止の責任を負っていること。第二に、被害者の迅速、十分および実効的な救済対策を実施するための財源を含む諸措置の執行は国家のみが保持していることなどが挙げられた[29]。ヨーロッパ諸国における越境損害賠償責任制度（The Trans-Boundary Liability）の確立は緊急を要する問題である。2015年2月14日現在、世界で稼働している原子炉は439基以上あるが、その内約200基が、30年以上稼働し、高い危険性を内包している。そのほとんどの原子炉が、ヨーロッパの狭い地域に集中している状況が現在まで続いている。しかし国家賠償責任に基づく越境損害賠償責任の原則は、この議定書に採択されず継続協議事項として処理された。

　議定書の機能は、原則的にパリ、ウィーン両条約の民事損害賠償責任制度の維持と損害賠償責任制限額およびその適用範囲の拡大など、両条約の不十分な側面の強化策を構築することであった。しかしなお解決すべき問題が残されていることが指摘されている。第一は、共同議定書の適用範囲は地理的に全世界を対象にしているものの[30]、その適用範囲の決定は締約国の裁量権に属し、非締約国の領域で起きた事故および損害賠償に関する規定とそれに関する賠償措置額が定められない可能性は十分あり得る[31]。したがって議定書の締約国の住民及びその財産が非締約国の領域で損害を被った場合に、原子力災害に関する補償制度は確立されているものの、非締約国の住民およびその財産の救済制度は、確立されていない。そして第二は、放射性物質の国際輸送の際に起きる事故に対し適用される規定、つまり非締約国の領域を通過する場合の事故、または非締約国の輸送船などの締約国の領域における事故に適用すべき規定が確立されていない点である。

　地球規模の災害をもたらすチェルノブイリ級の事故が起きた場合、国籍な

どを問わず被害者を無差別に救済保護する対策は、この議定書の適用の外にある。議定書の趣旨は、パリ条約とウィーン条約のかけ橋としての役割だけでなく原子力事故から全地球の人命と自然環境を保護する国際的な制度の確立であった。しかしパリ、ウィーン両条約の締約国が持つ諸原則の基準が不統一で、1986年の旧ソ連の原子力事故の教訓を十分に生かすことができなかった。現在稼働している世界の原子炉の老朽化は急速に進んでおり、その事故の可能性は極めて高い。今、この時にも旧ソ連級の原子力事故、さらに日本の福島原子力級事故が発生しても不思議ではない。仮に福島原発級事故がヨーロッパで発生した場合その影響が越境汚染に繋がることは必至である。このような状況において、全地球の人命、生態系および環境を保護するのが原子力の国際管理の本旨であるとすれば、国家責任に基づいた越境汚染禁止制度と、国家賠償責任に基づく、損害賠償制度の確立に向けての新しい条約および Regime が採択されるのが当然であるといえる。

6）原子力損害補完的補償に関する条約（補完補償条約）[32]

補完補償条約（Convention on Supplementary Compensation for Nuclear Damage：CSC）は、1997年9月12日、IAEAで採択され、1997年9月29日に署名のために開放されている。2015年2月末現在、日本、アメリカ、アルゼンチン、モロッコ、ルーマニア、アラブ首長国連邦の6カ国のみが加盟している。世界一の原発国アメリカは2008年に批准したが、条約発効要件（5締約国との原子炉熱出力の合計が40万ユニット（4億KW）以上（第20条））の批准が完了していないため、2014年末までは未発効であった。しかし2015年1月15日に日本が本条約に加入し、条約発効要件が完了、ついに条約が発効に至った[33]。本条約は、条約発効要件完了の3ヶ月後に当たる2015年4月15日に正式に発効される（第20条1項）。これによって韓国も中国も批准に向け国内手続きを急ぐものと思われる。

補完補償条約は、原子力の事故で賠償額が一定額を超す場合、条約締約国が資金を出し合って支え合うしくみになっているなど他のパリ条約（改正パリ条約を含む）、ウィーン条約（改正ウィーン条約を含む）とは異なる制度を定めている。またパリ条約加盟国、ウィーン条約加盟国、あるいは両条約

185

に加盟していなくても、国内法が賠償責任額など一定の要件を満たしている国は加盟することができるのである（第18条）。

補完補償条約は、原子力損害の賠償にあてる資金措置として、少なくとも3億SDRの賠償（具体額については、各加盟国から寄託先に通知）については、賠償責任を有する事業者の原子力施設が立地する加盟国が保証するものとし（第3条1項a）、それを超える額については、各加盟国が、原子力施設の設備容量及び国連分担金の率によって定められた一定の比率に応じて資金の拠出を求められる制度（第3条1項b）を採用している。

a. 補完補償条約の特徴

1）締約国間の拠出金：締約国の国内法による賠償措置額を超える賠償負担の一部を締約国間の拠出金により補充する制度。巨額の損害賠償措置額などの確保に困難を予期しているアジア諸国も含め、他の発展途上国など広く加盟してくる可能性がある。

2）免責事由：原子力事業者の賠償責任の免責事由について、「異常に巨大な天災地変」が定められていること。アメリカと日本を含め巨大な天災地変の免責事由条項を適用している国の原子力損害賠償法との一貫性がある。しかし"異常に巨大な"という定義が明瞭ではなく、原子力事業者および担当行政機関による恣意的な解釈の懸念が残る。

3）アメリカとの密接な関係維持：アメリカと原子力協定の下で原子力事業を行っている国、日本、韓国のような場合は各締約国によって拠出される「公的基金」（public funds；補完基金）の配分などで密接な関係が維持できる。つまりアメリカから相当の公的基金の配分を受ける可能性が高い。しかし反面、アメリカをはじめ他の締約国の原子力事故に拠出金の負担を負うというデメリットもある。

b. 補完補償条約の主な原則

1）原子力事業者への責任集中

原子力事業者への責任集中はパリ条約、ウィーン条約の原則と同一である。原子力事業者が被告になり責任を負担する原則である。本来責任を負うべきものが原子力事業者以外にあったとしても原子力事業者のみが賠償責任を負いその他の者は責任を負わないということである。

つまり原子炉メーカーは責任を問われないとするもので、例えば日本のメーカーが海外に原子炉など設備を輸出する場合、輸出先国が補完補償条約の締約国であれば、当該国で原子力事故が発生した場合、その原子力事故の責任が免除される。

2）責任の性質：原子力事業者の無過失責任制度を採用している。一般の不法行為の原則は過失責任主義で過失がなければ責任がない。また被害者は加害者の過失を証明しなければならず、原子力の特殊性、裁判の長期化、証拠不十分により被害者が損害賠償を得るためにはきわめて過重な負担がかかる。そこで原子力事業者に過失がなくても損害賠償を負担させることで、被害者の賠償請求権の行使が容易になる。被害者の過重な負担を軽減する制度である。

3）条約適用範囲：基本的に締結国の領域内で生じた原子力損害に対して適用。非締結国の領域で生じた原子力の損害には適用しない。

4）拠出金：原子力の損害が3億SDR（特別引出権）または締結国がIAEAに登録した以上の額を超える場合に超過損害分について全締結国が一定のルールで拠出金を分担する。

5）裁判管轄権：裁判管轄権の集中原則を採用している。その領域で原子力事故が発生した場合、事故発生国の裁判所に管轄権がある。例えば日本の領域内で原子力事故が起き、他の締約国で損害が発生した場合、日本の裁判所でのみ裁判を行うことができる。専属締結国の領域または事故を特定できない場合は原子力施設国の裁判所に専属する。

6）賠償責任限度額：原子力事故の発生時に、一事故あたり責任限度額を原則3億SDR（＝約513億円に相当）が賠償責任限度額。但し、例外的経過措置として最長10年間、1億5万SDRを超えた場合、すべての加盟国により拠出された補完基金を用い、より多くの補償額を被害者に対して提供するというもので、世界規模での原子力損害賠償の枠組み構築を目指している。

7）除斥期間：補完補償条約は、原子力事故の日から10年である。ただし国の賠償措置制度が10年より長い期間と整備されていればその期間でも可能である。

第Ⅲ部　原子力商業利用の国際管理条約

8) 免責事由：戦闘行為、敵対行為、内戦、または反乱、異常に巨大な天災地変による原子力損害の責任は免責とされており、これが有責とされているパリ条約、ウィーン条約と大きく異なっている。

補完補償条約は課題もある。事故発生時の拠出金（約50億円）の支出は大きな負担になり得る。他の締約国において損害が発生した場合も、拠出金を負担する義務が生じるため、拠出金の扱いをめぐる枠組み、つまり負担主

国際条約の状況一覧
http://www.mext.go.jp/b_menu/shingi/chousa/kaihatu/007/shiryo/08061105/002.pdf

体、負担方法等について、十分な制度の確立が問われる。また少額賠償措置に係る公的資金の確保も問題になり得る。各締約国内法上の賠償措置額が条約上の最低基準（3 億 SDR）以下である研究炉、ウラン燃料加工施設等の施設については、最低基準額との差額を埋める公的資金の確保が求められているため、その措置のあり方につき、工夫する必要もある。そして締約国の中、被害国となった際の自国での裁判を受ける権利が制限される。例えば韓国の原子力事故で日本が被害を被った場合、韓国の裁判所の管轄下に置かれることになる。自国民保護の原則から考えると容認しがたい課題でもある。

3 節　核物質海上輸送責任条約

　この条約（The Convention Relating to Civil Liability in the Field of Maritime Carriage of Nuclear Material）[34]はパリ条約およびウィーン条約、さらに海上輸送関連条約における核物質の国際輸送に関する異なる制度を整備し、海上損害賠償制度の一貫性を確立し、効果的な運営を図るため、IAEA、OECD の NEA および IMO などの国際機関が交渉を重ね、1971 年 12 月に採択され、1975 年 7 月 15 日に発効した。この条約の 2014 年末現在の締約国はドイツ、フランスをはじめヨーロッパ諸国が中心で 17 カ国であり、その適用範囲はヨーロッパ地域にとどまっている。

　パリ、ウィーン両条約は、核物質の国際輸送において他の海上輸送条約の適用も認めている。したがって海上原子力事故の際に、一つの事故に、損害賠償制限額ならびに賠償責任所在が異なる多数の条約が同時に採用される可能性があった。その混乱を排除するため、新しい条約の採択の必要性があった。条約第 1 条には、核物質の海上輸送中の原子力事故の損害賠償責任は原子力事業者の無過失責任および集中責任と定めている。すなわち海上での損害賠償責任の所在関係を明白に規定したのである。パリ、ウィーン両条約を含む諸海上条約では賠償責任の所在、賠償責任額、裁判管轄権などの規定がまちまちで、原子力事故に対する一貫した対策は望めない。たとえばパリ、ウィーン両条約では賠償責任者は原子力事業者と規定しているが、他の海上輸送関連条約は船主か船の旗国にあると規定している[35]。この条約の採択に

より核物質の海上輸送における第三者損害賠償制度が一応整備されたといえる。

4節　原子力船運航者責任条約

1) 基本原則

　この条約（The Convention on the Liability of Operator of Nuclear Ship）[36]は、その適用範囲を「世界のいかなる場所においても」とし、核燃料、放射性生成物および廃棄物における原子力事故の損害賠償責任は原子力船の旗国に厳格責任があると定め、1962年5月25日のブラッセルの自主参加会議において採択された。この条約の加入国は1996年12月末現在ポルトガル、オランダ、ザイール（現コンゴ民主共和国）およびマダガスカル民主共和国の4カ国にとどまり2014年8月現在でも未発効である[37]。条約への未加入の理由としては、次の三つがあげられる。第一、原子力船を商業用の船として運営することば現在も将来も希であること。第二、この条約は軍艦も適用範囲の対象としているため（第1条1項）、原子力軍艦保有国が条約の当事国になることを拒否したこと。第三は、賠償責任制限額が時代錯誤の3億金フランと定めていることである。現在はほとんどの原子力船は国家の直接管理下で運営され、軍艦と同様の活動をしており、そのため、この条約への加入を今後も回避すると思われる。

　条約の基本原則は、パリ、ウィーン両条約の原則とほとんど同じである。たとえば民事賠償責任、原子力船運航者の無過失責任と集中責任（第2条1項）、損害賠償責任制限額、損害賠償請求期間および強制損害賠償措置額などの制度は両条約と同様である。この条約の免責事由は、「戦争、敵対行為、内乱または反乱に直接起因する原子力事故についてのみに適用される（第8条）。そして原子力船の許可国は原子力船運航者の損害賠償措置額の不足額を補償する義務を負う（第3条2項）[38]。また条約の裁判管轄権の行使にあたって、原子力船の許可国の裁判所と被害が継続している条約当事国の裁判所のいずれかを選択できる（第11条、12条）ことが特徴としてあげられる。

2) 条約の特徴

まず原子力災害補償の基本的立場として、他の一般の災害補償と区別して考える必要性がある。なぜなら原子力事業それ自体が超危険活動であること、また原子力事故は、その原因が過失に基づくということの立証がかなり困難であり、そしてその災害および被害の範囲が広く、その上、長い年月にわたり被害をおよぼすこと[39]が他の一般の災害と異なるからである。

上記のような特質を有する原子力災害から人命は勿論、財産を保護するためには、民事責任として特例を設けなければならなかった。そしてこの責任を実質的に確保するための賠償措置資金は、原則として強制的な原子力責任保険制度の確立によって担い、さらにその限度を上回る補償額については国が負担するという国家補償制度を設けたのである。

しかし原子力商業利用の促進を国家の重要な任務とする立場をとる国にとって、上記のような厳しい責任制度では、原子力産業自体が成り立たなくなることが憂慮された。それらの国は原子力事業の健全な発達の促進と住民の安全確保という両方の必要をいかにして好ましい形で調和させ、国の重要任務を達成するかが課題であった。そこで原子力事業者（原子力船運航者）に対する責任および時効の制限を明確にする必要性が生じたのである。そして無過失責任とはいいながら、一定の事由に限っては免責事項を設けることとなった。

被害者にとっては、原子力事業者の責任制限制度により、一定以上の補償金が受けられない場合や、責任限度額が比較的低い他の海事国際条約または海法の定めと重複する原子力事故による被害においては、補償金が減少する場合がおこりうる。従って原子力事業者が負う責任限度額を越え、保険によって補償されない部分に対し、何らかの対策を構じて被害者および事業者を保護する必要性がある。そこで国の保証措置が絶対に必要になってくる。締約国は国際条約に規定された賠償金額を念頭におき、国内企業の財政状況を見きわめ、国が負担すべき金額を設定するのである。つまり原子力事故による被害および災害に対する国家補償である。言い換えると、原子力事故の被害および災害に関する賠償と補償対策は原子力事業者の民事責任、保険、国家補償制度が絡み合った三位一体制度であると言える。原子力事故は他の産

業事故と比べ、災害の度合とその範囲がきわめて深刻かつ広汎であるから、国を含む三位一体制度で対処しなければその賠償責任の履行は困難なのである。

5節　民事損害賠償条約の諸原則

　原子力産業の開発および発展の促進を目的とする国にとっては、上記のような相互関連システムの確立が必要であり、現在多数の国がその三位一体制度を採用している[40]。その補償額は国によって異なるが、事業者、保険、国家の負担額を軽減するため、第三者の利益の保護に必要な補償額を抑制する国が多いことが懸念される。国家の義務は、条約上の民事責任を制定することである。また条約に定めた企業責任の共通基準が執行できるように国内法の体制を確立することである。さらに国家は、混合責任を負い、事業者の損害賠償責任制限額を越えた損害賠償措置額を補償しなければならない。この責任は、国家が原子力施設を許可したことから補償義務を負う原則である。したがって原子力損害賠償諸条約の当事国は、原子力商業活動から自国の住民の安全および財産を保護するだけでなく、その原子力施設の事故防止策を確立する義務を負っている。原子力産業政策および災害防止対策は、原子力事業全般において、住民の安全およびその利益を保護する見地に立脚して策定されなければならない。

　以下には、原子力事故の損害賠償に関連する主な原則を考慮しつつ各条約間の相違点と類似点、そして問題点を指摘したい。

1)　主な原則

　上記の各節で述べた諸条約は、原子力事業者が負うべき民事上の不法行為賠償責任に関し、以下の八つの特別責任を課している。

1　無過失責任負担の原則
2　集中責任負担の原則
3　責任制限金額および時効における原則
4　強制的な賠償措置保障の原則

第 8 章 越境汚染損害賠償条約

　　5　責任免除の制限原則
　　6　損害賠償の国家補償の原則
　　7　求償権の制限原則
　　8　無差別原則
　これら八つの原則は従来の民事責任と比較するとかなり厳しい制度といえる。なぜ上記の諸条約がこのような厳しい内容で対処する必要性があったのかを具体的に見ることにする。またパリ条約およびウィーン条約を中心に検討しながら必要に応じ、ブラッセル補足条約および共同議定書、またウィーン条約改正議定書にも触れることにする。

2) 賠償責任の性質

　従来の民事賠償制度の原則である過失責任主義に対して、「無過失責任主義、あるいは厳格責任主義」（パリ条約約第 3 条 a 項、ウィーン条約第 2 条 1、5 項）を原子力事故の災害対策において採用すること[41]には各国とも異論はなかった。

　それには以下の三つの理由が挙げられる。

　第 1 に、近代産業の最先端に立ち、さらに複合産業である原子力産業自体が巨大な危険性を内包していること。第二に、原子力災害の過失の有無、つまりその原因の究明が現代科学をもってしてもなお不確実であり、したがって第三者保護の立場を重視するためには無過失責任原則が望ましいこと。第三に、災害の規模の広汎さと、長期にわたる被害期間に対処するためには責任の限界を定めて無過失主義を採用するのが補償対策上便利であることである。

　つまり原子力事故の際、第三者保護の立場から、賠償責任を明確に設定し、その上で責任を集中させることにしているのである。さらに被害者による損害賠償請求権の立証を容易にし、被害者の保護に万全を期することにより人々の原子力商業利用に関する不安感を除去しようとする思惑もあったのではないかと思われる。

193

3) 賠償責任の集中

　上記の諸条約において、賠償責任者は「原子力施設の所有及び運営者に責任を集中」し（パリ条約第6条a、b項、ウィーン条約第2条）、原子炉の設計や製造者、核燃料を含む資機材の供給者に対しては免責することとしている。

　責任集中の原則の採用により[42]、一層第三者保護の立場が強化されたといえる。

　具体的には第一に、被害者には「誰に責任があるかを究明する必要がなく」、原子力施設の所有者および運営者を相手に直接損害賠償請求を可能とすることで、被害者の保護を重視した。

　第二は、核燃料を含む諸機材などの供給者に無責任主義が適用されることになっている点である。原子力運営過程における諸機材の供給者にとって原子力産業の持つきわめて危険性が高いという特質は、供給を請け負い難くさせる。しかし原子力事業者に対する責任集中制度の採用により供給者の負担をなくすことで、原子力産業の構築と運営における障壁のひとつを除去したのである。

　第三に、損害賠償措置額の整備として、不明瞭である賠償措置額やその責任者選定を一元化することである。これはいわゆる保険の積み重ね（pyramiding of insurance）を回避するためである。原子力事業の供給者、つまり設計、建設、変更、修理または運営に関連して役務、資材、プラントを提供したすべての者が保険の責任保険契約者である場合、賠償責任者の選定に混乱が生じ、被害者の請求権の行使に支障が生じる。さらに、賠償責任者は複雑な賠償責任所在を理由に不当に責任賠償から逃れる恐れもあるからである[43]。

　賠償責任を原子力事業者に集中し、集中した責任を保険が、さらに国が肩代わりする制度は一見合理的であると思われる。しかし供給者への責任免除は重大な危険性を内包している。なぜなら原子力事業に核燃料を含む資・機材および労働者などの供給者は原子力産業の運営に重大な役割を果たしているので、供給者の役割の遂行次第によっては原子力事故の原因ともなりかねない。たとえば原子炉の製作および製造の過程の瑕疵、また核燃料物質の加

工の際の過失が原因となる事故も有り得るのである。したがって原子力事業者としても、供給者の任務遂行の達成度については重大な利害を伴うことになる。そこで条約では「供給者の故意がある時、または特約で規定したときのみ」という条件付きで、求償権を認めている（パリ条約第6条f項i、ⅱ、ウィーン条約第10条）。責任集中と求償権に関しては、原子力関連産業の地位の安定を図る趣旨のものであって、原子力被害者の保護の立場からみると損害賠償措置金額の増減にはなんら変化がないので、どちらを採択しても妥当と思われる。

4）賠償責任の免責事由

　厳格責任原則、さらに絶対責任原則を原子力事業者に適用することに議論の余地はない。「潜在的に危険性を有する社会活動を営む者は、その活動の過程または結果によって他人に損害を与えた場合、単に従来の意味での過失がなくとも責任を負わねばならない」という原則[44]（Liability for endangerment, Gefahrdungshaftung、（ドイツ法）、Responsabilite de ridque、（フランス法）などの危険責任原則）がOECD諸国において確立されており、第三者保護の立場から考えるときわめて妥当であると思われる。

　しかし不可抗力による災害まで責任を負うとすると、原子力事業者への負担の偏重により原子力商業利用に支障が生じ得る。そのような状況をふまえて、条約においては戦争行為もしくは戦乱、または異常大自然災害の不可抗力を原因とする（国内法に別段の定めがある場合は除く）原子力事故のみは、原子力事業者免責（パリ条約第9条、ウィーン条約第4条3項a、b）に該当するとしている。この免責事項に関する決定は、締約国の裁量権に属し、またパリ条約においては、OECDのNEAの運営委員会の解釈に委ねられたため[45]、内乱、暴動あるいは天災などの不可抗力条項の定義を幅広く解釈し、免責対象が拡大される可能性は十分あった。そのような状況を防止するため、ウィーン条約改正議定書には、原子力事業者にその因果関係の証明の確保という規定を定め、免責事由の適用基準を厳格化した。アメリカのように「戦争状態」以外は認めない国もあるが、日本のように「異常に巨大な天災地変、または社会動乱（原賠法第3条）」まで免責事項の対象としている国

もあれば、あるいは「免責規定」を定めていないドイツのような国もある[46]。

しかし第三者保護の立場から考えると漠然とした不可抗力条項を置くのではなく、より具体的に不可抗力の定義を規定すべきである。天災においても現代の科学技術をもってある程度予見でき、またその事故の防止ができる場合は、あえて免責にする必要はない。たとえば地震の場合でも、一定の震度の区分を基準として規定すべきものと考える。

大地震、大噴火、大風水害の天災などの基準設定の際、明確な科学的根拠に基づいた数値を定め免責事項とすべきである。日本の関東大震災を例にあげると、巨大な災害ではあっても、それが"異常に巨大か"を規定することは容易ではない。したがって不可抗力による免責が容易に認められると、被害者保護という条約の本旨が損なわれる可能性がある。改善策として、「現在の科学技術で原子力事故の事前の防止およびその救済が可能であり、さらに経済的にその事故の災害補償が可能である場合」は免責条項から除去すべきである。

5）賠償の対象範囲

第三者を対象とした賠償金支払の範囲についてであるが、まず自然人に対しては身体傷害、病気および死亡である。また財産に対しては滅失、損害および利用の喪失である。しかし精神的慰謝料および自然や生物に対する損害、ならびに環境汚染については、条約においてまったく触れられていなかった。精神的慰謝料は勿論、環境汚染による生態系への被害は、日常生活に直接影響を及ぼすので、その対策は急務であった。1992年に発効した共同議定書では、経済的損失、環境保全、防災、復旧措置などの費用を賠償対象範囲に取り入れ、旧ソ連の原子力事故以来の課題を一応解決する規定を定めた。しかしこの賠償適用範囲は締約国の裁量権に属しているので、その履行は有名無実に終わる可能性も否定できない。

今一つ注目すべき点は、原子力商業利用事業所で労働する従業員らが賠償の対象範囲から除外されたことである。賠償の主目的が第三者の保護を図ることにあるという法の強い要請は理解できる。しかしその要請により原子力施設の従業員の保護を損なうことになるとすれば、至急にその対策を確立す

る必要がある。

　パリ条約第2条は、その適用範囲から、非締約国の領土において発生した原子力事故およびそれによる損害を除外している。しかし原子力事故による国境を越えた損害は、国際私法の準拠法原則により、管轄権を持つ裁判所のある国の国内法を用いることができる（パリ条約第14条b項、ウィーン条約第1条1項e）。つまり締約国の領域内の原子力事故により、他国の人および財産に損害を与えた場合、原子力事業者は、締約国の法律または他国の法律を適用して、他国の被害者に損害を賠償しなければならない。この点に関しては従来の国際法の原則、すなわち厳格な領域性原則を原則的に採用しながらも、特殊性を持つ原子力事故から公衆を保護するという立場から、特例措置をとるように図ったのである。

　しかし問題は、各国内法において非締約国の国民が締約国の領域内で被った損害は、賠償の外に置かれていることにある。これについてはパリ条約第14条a、c項、ウィーン条約第13条の無差別適用条項、「すべての締約国の国民はどの締約国の原子力災害に対しても保護を受ける」（ブラッセル補足条約第2条a項2号も同じ趣旨）、などといった規定を設けるか、これらの条項を拡大解釈し、非締約国の人命および財産を保護しなければならない。

　国際司法裁判所の「コルフ海峡事件」[47]の判決は、国際法の原則として「国家は外国領域に被害がおよぶ可能性がある諸活動を許可または黙認してはならない」としている。また「トレイル熔鉱所事件」の米・英（カナダ）間の国際仲裁裁判所の確定判定は、「その領域内において私企業による重大な有害なガスの排出を黙認している国は、国際法上の義務の履行について、「相当の注意」の欠如により、国際責任を負わなければならない」、という趣旨の判決もある[48]。すなわち損害を被った者が、その条約の当事国であるか非当事国であるかを問わず、その不法行為による災害については賠償する義務があるということである。したがって損害を被ったすべての第三者を賠償の対象にすべきである。

6）**国家補償**

　保険は被保険者の法律上負った賠償責任を保険者が肩代わりする手段であ

るから、原子力事故による損害も、被保険者の法律上の責任を保険者が全額を賄う。(パリ条約第7条a、b項、1,500万SDRs、ただし、一事故当り500万SDRsを下まわらない範囲で金額を国内法により決定し得る)[49]。

　ブラッセル補足条約第3条は一事故当たり3億SDRsを肩代わりすることとしている。しかし民間保険には営業採算上一定の限度があり、一国の保険会社の資力のみに全賠償措置額を負わせることは、保険会社側の経済的負担が増大することになり賠償責任の措置が不可能になる。また保険の制度は第三者保護の立場からみると、被保険者の故意、告知義務違反等により保険金が支払われない場合もありうるという問題がある。したがって保険以外の方法で賠償資力を備える必要が生じてくる。すなわち国家補償である。

　国家補償制度は賠償措置額を速やかに拠出し、被害者およびその財産を保護するための対策である。国家は原子力災害の性質および規模上の諸問題、つまり事故当初は勿論、後発生障害や放射能汚染による被害にも対処しなければならない[50]。このような立場からパリ条約第15条a項には「締約国は賠償金額を増加するため必要な措置をとる」こと、またウィーン条約第7条1項には「責任制限額と賠償措置額の差額を補償する」と定め、国家補償責任（ブラッセル補足条約第7条）に関する条項を制定し、国内および国際間の原子力災害の賠償および防止対策を確立している。アメリカをはじめとする原子力開発先進国は国家補償制度を採用し、公衆を保護する立場をとっている。しかし補償額はまちまちで、たとえば日本は賠償措置金額の1,200億円以上の損害については「必要があれば」国会の議決により政府が援助する（原賠法第7条第1項）こととし、アメリカの責任制限額はUSD 72億5,600万（責任保険契約＋遡及賦課方式（大型発電炉（電気出力10万KW）基準、5年毎の改正）の合計額）以上としている[51]。

7) 核物質の国際輸送責任

　放射性物質の国際輸送の際の原子力事故による損害賠償に適用できる規定としては、ウィーン条約第2条1項bの「輸送責任負担原理」である。つまり荷送人たる原子力事業者は、荷造が輸送安全規則に従うことを担保する責任があるから、運送中の事故について責任を負うという原理で、荷受人引

き取りの時点でその責任が終了する。一方その第2条1項b-iには「自己の原子力施設に発送される核物質に係る事故で、その核物質を引き受ける以前に生じた事故責任、核物質の原子力事故に関する責任を文書による契約に従って他の原子力施設の運営者から引き受けた時」という契約上の賠償責任を定めている。つまり荷送者側の責任をいくらか弱めたことになる。そして契約のない場合は核物質を引き取った時から損害賠償責任が発生することにしているが、その「引き取った時」は誰が何処でどのような手続きが「その時期」にあたるのか。またその範囲が曖昧で、明確さに欠ける。

またパリ条約においては「荷送人側の原子力事業者」の核燃料包装、積み付け責任を重視して、輸送中の責任集中を図っている（第4条a、b項）。

放射性物質の国際輸送賠償責任に関する現状はウィーン条約の規定を採用する国が多く、放射性物質の発送国と引き受け国の両国間の協定によって取り扱われている。しかし被害者たる第三者保護の立場から考えると「十分な補償額及び措置制度」が明確化された規定が望ましい。また輸送の際の責任も明記し、事故対策およびその後の補償対策において迅速かつ国際的に均一な対応の確立が必要である[52]。

放射性物質の輸送時の船主は、原則的には責任を負わないが、契約上、つまり国内法や両国間の協定の規定によって決定される。また求償権においても同様である[53]。

原子力事業者間の核燃料物質などの運搬は特約によりその条件は異なるが、荷送人側の原子力事業者の工場または事業所における輸送機器への積み込み作業終了の時から、荷受人側の原子力事業者の工場または事業所における輸送機器からの積みおろし作業開始の時までの間を指定する場合が多い[54]。万一原子力事故の損害が発生した場合、被害者はいずれの原子力事業者に対して損害賠償請求をするかを決める必要があるので、その損害賠償措置義務を負う原子力事業者を明記しなければならない。

6節　損害賠償条約の課題

IAEAは「原子力平和利用を促進、増大するように努力する」義務を負

い、核物質の輸送、その加工および使用、さらにその廃棄物の処理を含む、すべての原子力商業活動の際の充分な安全性とそのための安全措置を確保することがその重要任務の一つである。現在まで、IAEA は原子力商業活動における安全措置として多国間条約を含む様々な勧告的意見を原子力保有国に提供している。IAEA は原子力開発には相当の影響力を発揮したといえるが、しかし原子力生産過程の核燃料の廃棄物の最終的な処理問題を含むその事故対策については十分とはいい難い。原子力事故対策としては、本書の3章と、4章で述べた条約および諸原則の適用により、その安全措置制度として一応履行されている。しかし事故対策を見ると、核燃料を含む放射性物質の流通の安全対策面などの不備は歴然として残っており、この状況が続けば、原子力産業の促進にも大きな支障を生じるであろう。

　これまで述べてきたように、核物質の国際流通を含む原子力事故の民事損害賠償制度、およびその対策を構築するため地域間および多国間条約が締結され、実施されている。しかし原子力事故の災害から、越境放射性物質の被害を含め、財産の損失、被害者の人命を救済し、かつ自然環境と生態系を維持するためには、さらに改善すべき点が多いといえる。特に以下の八つの点が指摘できる。

1）条約の地理的適用範囲の拡大

　条約は通常締約国のみに適用される。したがって第2節の諸条約はその当事国の領域内の人命、財産の被害および損失救済に対し主に効力を有する。しかし条約はその条約の利益の履行対象範囲に非締約国を含むことは禁じていない。

　ウィーン条約は原則的に、地理的適用範囲に関する条項は規定していないが、改正議定書第3条1項には、条約当事国の領域内外を問わず、さらに公海上で被った人命、財産における損失は条約適用範囲の対象であるという原則を定めている。しかし同条2、3、4項に非締約国の被害者の人命および財産の保護、そして全被害者を公平に救済するための条約適用範囲は、原子力施設国の裁量権に委ねると定め、すべて人命を含め財産の公平な賠償は今後の各国の立法権に委ねられている。実はこのような案が共同議定書の交渉段

階で提示された。しかしその実は、「"何の見返りもなく盲目的に補償を提供すること"」はできないという理由で反対する国家により採用されなかった。つまり締約国の「"強制的な損害賠償責任制限額の賠償資力確保"」に非締約国は、なんら金銭的負担をしていない。したがって非締約国の被害者に損害賠償義務はないという議論であった[55]。しかし非締約国の領域または排他的経済水域を含む地理的適用範囲に関しては原子力施設国の裁量権に委ねられることではなく、全被害者を公正に救済するという見地から条約の地理的適用範囲を明文化すべきであると思われる。

現在、原子力商業利用を推進する各国は、原子力損害賠償地理的責任範囲は原則的に自国領域内の事故のみを対象としている。原子力災害から全人命、財産および環境を保護するためには条約の地理的適用範囲の拡大は必然である。

2) 軍事施設の適用

軍事使用目的の原子力施設の事故に関する賠償責任はパリおよびウィーン両条約においても規定されていない。しかしパリ条約の解釈において、二つの主張が対立している。軍事施設に関する規定が明文化されていないのでパリ条約の適用範囲であるという主張、明文化されていないから適用外であるという主張である。現在、軍艦を適用対象としているただ一つの民事損害賠償条約である「原子力船運航者責任条約」においては、原子力軍艦も等しく適用を受けることになっている。しかしこの理由のため2014年末現在まで未発効のままである。

軍事施設の適用範囲に関する問題は共同議定書の交渉段階で議題に上がり、その結果に興味を寄せた原子力商業利用国もあった[56]。しかし原子力軍事使用国は国内の私法および民事賠償法には「いかなる軍事施設および機器」も適用されないと主張し、その案を排除した。原子力利用の国際会議の議題で常に争点の種であったこの問題が遂に、共同議定書において「条約の適用外」という規定を定め決着がついた。共同議定書の最終交渉段階の第16回常任委員会までの案には、軍事原子力施設は条約の適用対象とする規定があった。しかし常任委員会の最終交渉過程において、原子力軍事使用国の主

張で軍事施設は条約の適用外とする条項に修正された（第3条1、b項）。条約の適用範囲外にある原子力軍事使用施設は民間の商業利用施設よりはるかに大きい事故が起きる可能性がある。プルトニウムを含む高濃度の核物質を生産し、核兵器を製造するからである。その災害から人命を含む財産および環境を保全するためには、原子力軍事施設を運営している国家も適用範囲に入れ、その賠償責任を負わせるべきである。

3）損害賠借責任制限額の引き上げ

ウィーン条約においては原子力事業者に一事故あたり500万USDを下回らない額まで責任の制限を定めている。しかしチェルノブイリ原子力事故の対策以来、現在の損害賠償責任制限額では不十分であるという認識が共同議定書の交渉段階での委員会において一致した。その不足分を補うため、パリ条約の7億ユーロという損害賠償責任制限額まで拡大する必要が生じ、OECDの原子力常任委員会からの強い勧告の下採択された。しかし現在のこの金額で十分に賄うことができるかどうかは疑問である。2011年福島原発事故の規模による被害状況の差や、原子炉の熱出力による賠償額の算定方式の違いなど、さまざまな状況が想定しえるため、統一した見解に達することは困難である[57]。2004年パリ条約改正において損害賠償責任制限額は7億ユーロと修正され、ブラッセル補足条約の額を追認する形で大幅に引き上げされた。しかしウィーン条約における現在の損害賠償責任制限額でもチェルノブイリ級、また福島原発事故に対処するには不十分である。チェルノブイリ級の事故後の各国の被害状況、福島原発事故後の被害の対応策が2年以上経った現段階でも5兆円以上といわれていることから明らかにされている。現在の制度を見直し、少なくともアメリカの1989年の責任制限額水準の72億5600万USDと同様の金額に引き上げる制度の確立が望まれる。

4）損害賠償措置額の時勢への対応

損害賠償措置額は消費者市場にあった金額に変更すべきである。市場原理により物価は変動する。したがって損害賠償措置の金額も賠償時期に沿った改善が必要となる。しかし現在の条約は改善策を定めたものの、その履行の

際、現実に即した制度とはいい難い。条約において賠償責任制限額の変更には、当事国の三分の一以上の要請の下、過半数以上の参加のなかで三分の二以上の賛成で可決されると定めている。また、たとえばその金額が修正されたと仮定しても、その発効までには相当の時間を要する[58]。損害賠償措置額が賠償時期に相応しい金額となり、原子力事故の損害に正当な賠償を確立するためには、五年間に一度物価などを勘案し、見直しを行うアメリカの制度のような適切な規定を定めることが肝要である。

5）原子力事故の定義の拡大

　原子力民事損害賠償条約において「原子力事故」という明文の解釈は条約の適用範囲に最も重要な影響をおよぼす。条約の損害賠償適用対象は「人身の損傷・死亡と財産の損害・滅失であり、またそれらが原子力事故により生じた旨が立証されれば」、となっている。原子力事故の定義はパリ条約改正議定書第 2 条 2 項において拡大された。原子力事故による環境汚染の復旧、その事故の前後における取るべき防止および処理対策、さらに経済損失は賠償対象および範囲に属する。しかしこの拡大された定義は締約国の裁判所および立法裁量権に委ねられている。

　チェルノブイリ原発事故、また福島原発事故がもたらした放射能による環境汚染の被害および損害の範囲からも分かるように、放射能による直接の被害と損害のみではなく、間接的な被害および損害もまた甚大である。たとえば空気、土地、川、海などへの放射能汚染により農作物および畜産物、そして水産物が廃棄処分され、さらに汚染地域への観光および旅行などの取り止めによる観光産業への損害もある。忘れてはならない課題は原子力事故後の汚染地域からの緊急避難の際の対策である[59]。避難民の定着地を含む生活の維持のため諸制度の整備にかかる費用は想像を絶する。このような損害および被害を賠償するためには原子力事故の賠償範囲の拡大と賠償額の大幅な引き上げは緊急課題である。その改善策として原子力事故の定義と原子力事故の賠償適用範囲を明文化し、各締約国の裁量権による異なる諸措置を調整する制度を確立し、被災者保護を全うすることが肝要である。

6) 損害賠償の対象優先順位の確立

原子力事故の災害の広範さとその内容の複雑さを考えると、第三者の被害および損害をその状況に応じて公正かつ平等に補償する必要がある。ウィーン条約改正議定書第10条においては、死亡および身体傷害に関する損害賠償を優先的に処理すると定めている。これは人命尊重という立場からは若干の改善措置であると考えられる。しかしそれ以外の損害賠償は、各締約国の条約執行の度合いに任されている。条約の公正な配分は締約国の原子力事故の管轄権を有する裁判所に委ねられている。しかし原子力事故は越境汚染を引き起こす性質を有するため、被害者が多数の国におよぶことは必至である。さらに国内事故のみと想定しても、被害者は数十万に上るであろうし、しかもその被害の内容は千差万別である。このような状況で被害者の公平かつ公正な補償を確立するためには、現在の条約上の条項を修正し、損害賠償における合理的な優先順位の制度を規定すべきである。

7) 原子力事業者の責任免除の制限

原子力事故の災害から人命、財産、環境保全を貫徹するには、原子力事業者および国家の責任を厳格に適用すると同時に免責事由を制限する必要がある。条約には、戦乱と異常自然災害を免責事由として適用する場合に、免責事項と原子力事故との直接関連性を立証する規定を定めている。免責事由の立証規定は国内法で定めることになり、その定義は国により異なる可能性はある。たとえば日・韓両国の定義を比較すると、日本は「社会的動乱、異常に巨大な天災地変」、韓国は「戦争、異常に巨大天災地変、これに準じる事故」と規定している[60]。原子力事故の越境汚染を引き起こす可能性を直視した場合、異なる免責事由の適用は被害者の公正な救済の原則に抵触する可能性を生む。また現在の条約上、曖昧にされているテロに関する規定を定め、原子力事業者の免責事由から除外すべきである。たとえば日本の場合、テロ活動が社会的動乱に含まれると解釈される余地もある。

8) 賠償請求権の時効の延長

条約上の損害賠償請求権の消滅時効期間は、原則として事故の日から10

年、損害および責任ある者を知った日から3年（パリ条約は2年）、核物質の盗取、喪失、投棄また放置については、その日から20年を限度と定めている。それ以上の期間延長に関しては国内法の規定に委ねられている。したがって各国の請求権の消滅時効期間は様々である。たとえばアメリカは「障害覚知後3年間」であり、フランスは「損害および責任ある者を知った日から3年、ただし事故の日から15年を限度とする。」と規定している[61]。原子力事故から発生する放射能の被害は現在の医学を用いても未知の問題が多く、放射能からの症状を呈する期間を一律に決定することは不可能である。たとえば原子力放射能による白血病などはその症状を呈する期間は数年から数十年と推定されている。このような被害者を救済するためには、アメリカのように上限枠を設けないで、ただ「障害覚知後3年間」という条項を採用すべきである。またさらに原子力の特性上、原子炉の運転により常に放射される「通常の軽い放射能」からの被害に関しては、現在国際法上も国内法上においても適用される規定がない。したがって放射能からの災害に対しては救済する措置がない状態である。原子力事業の運営による事故の対策だけでなく、その運営上、必然ともいえる日常の放射能対策も急務である。

7節　まとめ

　原子力商業活動における国際管理制度の確立は他の近代産業では見られないほど厳しい環境の下に置かれている。
　原子力産業は軍事使用にも商業利用にも活用でき、両者は強い関連性を有する。軍事使用の恐怖は言語に絶するが、商業利用の際に生成される放射性物質による被害は常に発生する可能性がある。原子力の活用に必然的に付随する危険性を緩和および除外するため、国連をはじめ国際社会が様々な制度の構築に力を注いできた。本論では原子力商業活動における災害の一部分である越境損害事故対策を中心に論じてきた。原子力事業は超危険活動であるという認識の下で国際諸条約は従来の民事上の責任制度より一層厳しい責任制度を定め、その履行を強化している。しかし原子力商業利用の確保とその促進を重要任務とする国家はこれらの条約の趣旨、つまり第三者に対する十

分な補償制度の確立には消極的である。

　2、3、4節においては民事損害賠償を扱う7つの条約とウィーン条約改正議定書の要点を述べた。各条約の補償を含む賠償制度の原則は、若干の相違点はあるもののほとんどの制度は類似点が多い。現在の原子力事故に関する民事損害賠償条約としては、OECDを中心とした「パリ地域間条約」と、IAEAを中心とした「ウィーン多国間条約」、そして「補完条約（CSC）」の3つの条約体制がある。そしてパリ条約とウィーン条約の統合をはかり、その適用範囲を国連全加盟国とした「共同議定書」は所定の目的を果たし得ず、若干の合意のみで採択された。1997年に採択されたウィーン条約改正議定書において国際的救済の観点から一歩前進の原則が明文化されているものの、各国は自国の利害にこだわり、国際的な観点から人命、財産、環境を守るという基本概念を欠如させていたのである。

　4および5において各条約の重要な原則を論じると同時に若干の問題点も指摘した。原子力損害賠償の賠償責任の所在に関しては過失責任主義を採らず、無過失責任主義の採用により、被害者の請求権行使の際、その立証を容易にした点は評価できる[62]。ただ原子力商業利用に対する人々の不安を抹消しようとする意図が潜在しているのではないかという懸念が残る。

　責任集中においては原子力事業者主義を採用し、賠償の際、被害者への賠償金額の確保を徹底しており、第三者保護面においては好ましいと思われる。しかし原子力事業活動に必要な材料および機器などを提供し、さらに労働力をも供与する供給者側には求償権も認められず（故意及び特約ある場合は除く）、賠償責任から免責されている点は無視できない。危険産業の安全運営は関連する全員の一致した安全管理の規律とその実践行動により確保される。とすれば供給者も重大な任務を負うべきではないかと考える。このような条約内容の背景にはアメリカを初め、原子力技術および機器の開発国がその商品の円満な流通を図ると同時に、その責任から逃れようとする意図があるのではないかという強い疑問を抱かせる[63]。

　賠償免責事由には不可抗力条項を採用し、原子力事業者に対し厳格責任原則からの負担の偏重を軽減し、原子力活動推進の際の支障の壁をなくしたのである。しかしその不可抗力に関する定義はなく、国家の自由裁量という委

第 8 章　越境汚染損害賠償条約

　　　Liability and Compensation for Nuclear Damage, (Nuclear Energy Agency (NEA/OECD), 1994), p.14.
2) Ibid., p.10. 山本、前掲書、p.149.
3)『原子力年鑑 96』（日本原子力産業会議、1996 年）、p.251.
　　　Nuclear Energy Data, (NEA/OECD, 1996), p.40.
　　　Newsletter, (NEA/OECD, 1998), p.28.
4)　魏　栢良「国境を超えた原子力事故対策」『大阪経済法科大学アジア研究所年報』第 3 号 1992 年、p.35.
5) Nuclear Law Bulletin, No.61, (NEA/OECD) pp.25-38.
　　　US Ratification of Nuclear Liability Treaty Sets "New Dynamic".
　　　Convention Would Hold Operators Liable for Possible Accident Victims, Staff Report 23 May 2008　http : //www.iaea.org/NewsCenter/News/2008/liabilitytreaty.html
6) 安藤仁介「国際法における国家責任」『基本法学国家責任』（岩波書店、1984 年）、p.128.
7) Liability and Compensation for Nuclear Damage, op. cit., pp.43-55.
8)『原子力年鑑 93』（日本原子力産業会議、1993 年）p.501.
9) 同上、p.502.
10) Philippe Sands, ed. Chernobyl : Law and Communication, (Grotius Publications Limited, 1988), p.52.
　　　https : //www.oecd-nea.org/law/paris-convention-ratification.html
11) Liability and Compensation for Nuclear Damage, op. cit., p.46.
12) Ibid., p.61.
　　　特別引出権（SDR）：加盟国の準備資産を補完する手段として、IMF が 1969 年に創設した国際準備資産である。SDR の価値は主要 4 大国・地域の国際通貨バスケットに基づいて決められ、自由利用可能通貨との交換が可能である。2009 年 8 月 28 日に SDR の一般配分が、そして同年 9 月 9 日には特別配分が行われたことにより、SDR の総額は 214 億 SDR から約 2,040 億 SDR（2014 年 3 月 12 日時点のレートで約 3,160 億ドル）へと増加した。
　　　国際通貨基金 web.　https : //www.imf.org/external/japanese/np/exr/facts/sdrj.htm
13) Ibid., pp.52-56. Nuclear Law Bulletin, No.24, (NEA/OECD, 1979), p.24.
14) Philippe Sands, op. cit., p.67.　https : //www.oecd-nea.org/law/nlbrussels.html
15) Liability and Compensation for Nuclear Damage, op. cit., p.54.
16) Ibid., pp.56-59. 科学技術庁原子力局監修『原子力損害賠償制度』（通商産業研究社、1991 年）、pp.19-20.
17) Vienna Convention on Civil Liability for Nuclear Damage, International Conventions and Legal Agreements, IAEA.
　　　http : //www.iaea.org/Publications/Documents/Conventions/liability_status.pdf

第Ⅲ部　原子力商業利用の国際管理条約

18) Ibid., No.61, pp.7-24.
19) Ibid., pp.15-16.
20) Liability and Compensation for Nuclear Damage, op. cit., pp.93-97.
科学技術庁原子力局監修、前掲書、pp.239-241.
Joint Protocol Relating to the Application of the Vienna Convention and the Paris Convention. International Atomic Energy Agency, Information Circular.
http : //www.iaea.org/Publications/Documents/Infcircs/Others/inf402.shtml
https : //www.iaea.org/Publications/Documents/Conventions/jointprot_status.pdf
21) Nuclear Law Bulletin, No.42,（NEA/OECD）, pp.53-56.
22) G. Avossa, "Evolution of Civil Liability for Nuclear Operators", 17 op. cit., pp.1-64.
23) Nuclear Law Bulletin, No.61,（NEA/OECD）, p.8.
24) Liability and Compensation for Nuclear Damage, op. cit., p.93.
25) The NEA Committee, "Chernobyl, Ten Years on Radiological and Health Impact",（NEA/OECD, 1995）, pp.56-76.
チェルノブイリ原発事故から22年、追悼式典：ウクライナだけで230万人が「後遺症に苦しんで」おり、事故当時子どもや若者だった約4400人が被ばく者に典型的な甲状腺がんの手術を受けている。
http : //www.afpbb.com/article/disaster-accidents-crime/accidents/2383828/2870065
26) Nuclear Law Bulletin, No.61,（NEA/OECD, 1998）, pp.8-9.
27) Monaco Symposium,（NEA/OECD, 1969）, p.42.
28) O. Von Busekist, Haftungsprobleme in Verhaltnis Zwischen Vertragsstaaten des Pariser nit des Wiener in Pelzen, 1987, p.271.
29) Liability and Compensation for Nuclear Damage, op. cit., p.94.
30) 共同議定書第3条。
31) Nuclear Law Bulletin, No.61,（NEA/OECD, 1998）, p.11.
32) Convention on Supplementary Compensation for Nuclear, International Conventions and Legal Agreements, IAEA Publication, IAEA
http : //www.iaea.org/Publications/Documents/Conventions/supcomp.html
田邊朋行、「アジア地域における原子力損害賠償国際枠組構築と我が国の法制度上の課題」、電力経済研究　No.51 2004. 4
http : //www.denken.or.jp/jp/serc/periodicals/pdf/periodicals51_01.pdf
33) Convention on Supplementary Compensation for Nuclear Damage.
https : //www.iaea.org/sites/default/files/supcomp_status_15012015.pdf
34) Convention relating to Civil Liability in the Field of Maritime Carriage of Nuclear Material（NUCLEAR）. List of Conventions. International Maritime Organization : IMO
http : //www.imo.org/About/Conventions/ListOfConventions/Pages/Convention-relating-to-Civil-Liability-in-the-Field-of-Maritime-Carriage-of-Nuclear-Material

- (NUCLEAR). aspx

CONVENTION RELATING TO CIVIL LIABILITY IN THE FIELD OF MARITIME

CARRIAGE OF NUCLEAR MATERIAL, 1971 (NUCLEAR 1971). Status of Conventions. International Maritime Organization : IMO http : //www.imo.org/About/Conventions/StatusOfConventions/Documents/Status%20-%202013.pdf

35) Liability and Compensation for Nuclear Damage, op. cit., p.60.

Mohamed M. ElBaradei, edt., The International Law of Nuclear Energy, (Martinus Mijhofi Publishers, 1993), p.1383.

36) Liability and Compensation for Nuclear Damage, op. cit., p.61.
37) Mohamed M. ElBaradei, op. cit., p.1373.
38) 星野英一「原子力損害賠償に関する二つの条約案」『ジュリスト』236号、1961年、p.44.
39) Patric M. Living with the Nuclear Radiation, (Hurley, 1982), p.94.
40) 科学技術庁原子力局監修、前掲書、pp.230-235.
41) Nuclear Legislation, (NEA/OECD, 1976), pp.11-15.

IAEA, Experience and Trends in Nuclear Law, (IAEA, 1972), p.72.

42) Nuclear Legislation, op. cit., pp.12-14.
43) 山本、前掲書、p.215.
44) 1968年イギリスにおけるライセンス対フレッチャーの判決。危険な施設、企業、そして、社会に対し危険を造成する者は、その活動から発生する損害に対し、常に賠償責任を負う。無過失責任原則を認定させるための唯一の有力な論拠になる原則である。

Quentin-Baxter, International Law Commission, "Special Rapporteur's Schematic Outline Annexed to Fourth Report on International liability for Injurious Consequences Arising Out of Acts Not Prohibited by International Law", (Ybk ILC. 1983, Vol.2, (part one), p.238.

45) Official Journal of the European Communities, 1965, p.2995.
46) 科学技術庁原子力局監修、前掲書、p.231.
47) ICJ Report, 1949, p.22.

波多野里望、東 寿太郎、『国際判例研究 国家責任』(三省堂、1990年) p.786.

48) 山本、前掲書、p.121.

青木節子、「コルフ海峡事件」、『国際法基本判例 50』、(三省堂、2014年) pp.70-73.

49) 科学技術庁原子力局監修、前掲書、p.237.
50) 同上、pp.231-233.

51) 同上、p.15.
52) 星野英一「原子力船の運行者の責任に関する条約について」『海法会議誌復刊』10号、1965年、pp.45-49、山本、前掲書、pp.216-217.
53) Maritime Carriage of Nuclear Materials. "Proceeding of A Symposium on Maritime Carriage of Nuclear Materials Jointly Organized by IAEA and NEA/OECD", (IAEA, Vienna, 1973), pp.27-33.
54) 科学技術庁原子力局監修、前掲書、pp.18-19.
55) Liability and Compensation for Nuclear Damage, op. cit., p.124.
56) Ibid., p.125.
57) Ibid., p.124.
58) Ibid., p.126.
59) The NEA Committee, op. cit., pp.27-50.
60) Liability and Compensation for Nuclear Damage, op. cit., p.131.
61) 科学技術庁原子力局監修、前掲書、p.235.
62) 谷川 久「核物質海上運送民事責任の成立」『ジュリスト』499号、1972年、p.105.
63) 杉村敬一郎「核燃料の国際輸送に伴う賠償責任の諸問題」『損害保険研究』27巻3号、pp.94-95.
64) 松井芳郎「原子力平和利用と国際法」『法律時報』50巻7号、pp.46、58-59.
65) 山本、前掲書、pp.22-23.

第IV部

原子力商業利用の国際管理
Regimes の限界

第9章

問われる原子力の国際管理 Regime
－核の闇取引－

1 節　概要

　パキスタンの「核兵器の父」として広く知られた、アブドル・カディール・カーン（Abdul Qadeer Khan 博士、（以下カーン博士と称す）に率いられた国際的な核の闇取引のネットワークとその暗躍について不穏な様相の露見までには約30年間という長い年月が消費された。1970年代以来2000年度までにカーン博士の活動にメスを入れ、除去するに至らなかったことは、現在の「核の国際管理 Regime」がどれくらい弱体であるかを示している[1]。
　カーン博士は、4つの大陸にまたがる仲間の支援の下、最先端の技術を具現している情報網および選抜きの熟練者で構成している多数国家間また地域間の厳格な制度を持つ拡散防止 Regime を回避し、闇の組織間で20年間以上にわたり核関連物質の闇取引を実行してきた。厳格な制度網をどのように潜り抜け、広範囲に大陸間の取引を展開していたかは国際社会の関心事である[2]。またイラン、イラク、リビアおよび北朝鮮を含む「アメリカと対立している主な国」へ核兵器を生産するために必要とされる関連設備および専門知識を供与し続けていたことは更なる関心事である。アメリカをはじめ核拡散防止 Regime 関連諸機関や国家は1970年代から1990年代にわたって、このカーン博士のネットワークを察知し、除去することができなかったことがいま問われている。
　2000年以来、アメリカの情報機関は、カーン博士のネットワーク活動に

ついて部分的に調査活動を開始し、しだいに全体を把握しつつある。決定的な証拠は 2003 年 10 月、ドイツ船籍である BBC 丸から中国におけるリビアの秘密核兵器プログラムに利用されるはずであったウラン濃縮ガス遠心分離機器材の劇的な差し押えである[3]。その後多くの意外な新事実、カーン博士を含むその関係者および運用の仕組みなどが明らかになり、そのネットワークに調査の手が伸びることになったのである。さらにリビアの核兵器の放棄宣言後はカーン博士のネットワーク活動が具体的に解明され、カーン博士自身を含む側近の多くが逮捕され、調査が進展し、その陰謀の全貌が現れることになった[4]。

　カーン博士の核の闇取引ネットワークは、核拡散防止 Regime、そして国際平和および安定への確立を目指している国際社会の NGO の努力に莫大な衝撃をもたらしたことは言うまでもない。

　現在の国際的な核管理 Regime の活動はこれまで、十分に有効で、効果的に問題に対処して来たとは言い難い。カーン博士のネットワークに関する意外な新事実は、国際的な核管理 Regime の大きな穴を提示すると同時にその斬新な改革の必要性を示唆していると思われる。

　再度このような核の闇取引が暗躍する機会を根絶するため、現存の国際的な核不拡散体制よりさらに全体的な視野からの効率的な改革は緊急を要するといえる。また新しいネットワークの出現を阻止し、かつそれらが発生する場合、それらを速やかに察知、除去するための効果的な制度づくりが絶対に必要であるといえる。

　国連をはじめ各国は、その加盟および同盟国の支援の下、新しく核密輸入の民需産業へのアクセスを阻止する制度の構築、またテーマ別の柔軟な外交、関連情報探知、拡散防止、輸出管理における実践的な協力政策、そして国際平和と安定に立脚した厳正な法の執行体制の構築、つまり国際法規を遵守する強力な Regime の創立を提唱する。

　本章では、カーン博士の核の闇取引の体制と核の国際管理 Regime について論述する。核の闇取引の体制については、カーン博士の核関連研究活動の把握と核物資の波及による影響について若干記述する。また現在の核の国際管理 Regime については、原子力商業利用から軍事使用への転換防止に関連

第9章　問われる原子力の国際管理 Regime－核の闇取引－

する体制と若干の科学的なプロセスについて記述する。この核の国際管理 Regime の全体を把握するため、核の国際的な管理における主な制度を網羅する。核の国際管理 Regime は国連を含む国際機関とアメリカをはじめ主要国家が厳格に対処している。特にアメリカのイニシアチブによる核の国際管理 Regime の中で、核の闇取引は暗躍している。このことを明らかにし、Regime 関連諸国が国際的な取決を誠実に果たしているかどうかを問いたい。そして核の国際管理制度の規範である協定および条約における盲点と問題点を提示し、その改善策について論じたい。

2 節　核闇取引の現状

　2004 年、パキスタンの「核開発の父」カーン博士を頂点とする国際的な核の闇取引が摘発され、核の闇取引の実体が国際社会に明らかになった。首謀者のカーン博士が 2005 年 2 月に拘束された後、アメリカ、ドイツ、南アフリカ、マレーシアが、ネットワーク関係者を次々に逮捕したのである[5]。しかしその全実態はまだまだ秘密のベールに覆われ、核を巡る国際情勢の混迷は深まる一方である。核の闇取引のネットワークがさらに地下組織化し、暗躍を続けている兆候が確認されるなど[6]、原子力の平和利用と軍事使用に新たな衝撃と脅威を提示し、その国際安全管理対応策が問われている。2005 年 5 月にニューヨークで開催された核拡散防止条約（以下 NPT と称す）再検討会議では、核の闇取引への対応が主要議題として検討された経緯もある[7]。

　核の闇取引の問題は国連をはじめ EU などの国際機構とアメリカおよびロシアなど主要国家が抱えている最大の課題である。

　北朝鮮またイランの核開発ネットワーク集団とも絡む核の闇取引の実態、つまり国際社会に暗躍している闇のネットワークは、国際社会に不安と脅威、そして核兵器を伴うテロや紛争までも想定しうる現実感を増大させている。

　2001 年 9 月 11 日アメリカの同時多発テロ以来、国内外の治安、軍事、政治など様々な面において大幅な変革が進行している。アメリカをはじめロシ

217

アおよびイギリスなど主要国はテロリストと核の闇取引との接点を遮断する名目の下、国連を含め関連国際機関にその変革を強く要求している。

国際テロリズムとの闘いにおける国連をはじめ各国際地域機構と各国政府さらに国際社会の協力体制は先例のない急速な展開を遂げている。

日本を含め ASEAN 諸国も例外ではない。ASEAN もテロ対策の共同宣言を 2004 年 11 月、ラオスのビエンチャンにおいて、採択した[8]。その若干の要点は以下の通りである。

「宣言の目的はテロリズムとの闘いにおける努力の有効性を向上させることとその協力をすることである。参加国はテロリストを裁きにかけるための引渡及び刑事事案における共助をつうじたものを含め、テロリスト及びテロ組織の活動に関する情報交換及び法執行機関間の協力を強化すること。全てのテロリズム防止関連条約の早期締結及び実施、並びに、国連安全保障理事会決議第 1267 号、第 1269 号、第 1373 号、第 1390 号、第 1455 号、第 1456 号、第 1540 号を含む国際テロリズムに関する全ての関連国連決議の完全な遵守を国連憲章第 25 条に則って確保すること。テロリスト及びテロ組織への資金供与、並びに違法送金など代替送金手段の使用に対する対策及び予防のために必要な措置を強化すること。テロリストが活動を隠蔽するために慈善組織及び集団を利用しないように適切な措置を実施すること。テロリストの移動を防止するために出入国管理を強化し、国境及び出入国管理に対する挑戦に対処するための支援を行うこと。アセアン地域交通大臣会合の枠組みにおいて、航空保安、海上安全保障、コンテナ保安を含む交通保安を強化するための協力を発展させること。訓練及び教育、職員、分析担当者、及び現場の要員間の協議、専門家の派遣、セミナー及び会議、並びに共同プロジェクトをつうじ能力構築を適宜強化すること。」など広範な分野、つまり 7 つの国連安全保障理事会決議を中心に政策から実施まで、そしてその協力体制の構築までも対応している。

さらに国際場裡においてテロリズムとの闘いにおける多国間の協力を確立するため、以下の努力義務を提示している。

「貧困、経済社会格差及び不公正の削減、並びに特に発展途上地域における発展途上の集団及び人々の生活水準向上の促進を目的とした開発プロジェ

第 9 章　問われる原子力の国際管理 Regime－核の闇取引－

クトを引き続き支持すること。あらゆる形態及び主張によるテロリズムのあらゆる行為、方法、及び実行を、行われた場所及び行った者の如何を問わず、犯罪として、かつ正当化することができないものとして無条件に非難することを再確認し、テロリズムの脅威は国際社会の安全に対する懸念であることを認識し、地域の平和、安全、安定及び繁栄に対するテロリストによる脅威に対処することを決意し、テロリズムを、如何なる宗教、人種、国籍と関連付けようとする如何なる試みも拒否すること。」などを定め、テロリストを根絶するためソフト面からも協力体制を展開している。

　国際社会の緊急課題である核の闇取引とその関連および周辺分野における安全管理に人類の英知を結集する時であるといえる。もちろん核の闇取引を根絶するためには、国際社会は「核と闘う強力な制度」と「その実現のための献身的な協力体制」の構築が必然であるという認識を共有することも絶対的に必要である。

　核の闇取引を完全に除去するためには、関連諸国および集団との絡み合う利害関係の全貌、その潜在的原因への対処をも含む包括的アプローチが必要であると思われる。

1）カーン（Khan）博士

　パキスタンの「核開発の父」カーン博士拘束以来、アメリカだけでなく、パキスタン、イラン、アジアを含む国際社会全体において、核の闇取引は恐怖であることに疑いの余地はない。

　カーン博士の核開発器材であるパキスタンの「ウラン遠心分離器改良機材」は闇のネットワークを通じて流通が続けられていると見られている。国連およびアメリカは、カーン博士の闇のネットワークの触手を伸ばす取引を察知し、その手口を除去することを最優先課題として対処すべき必然性が生じている[9]。

　カーン博士は 1935 年イギリス支配下のインドモスレムの家庭で生まれ、パキスタン独立後の 1952 年に同国に移住した原子物理科学者である。パキスタンでカラチ大学工学部卒業後、西ドイツとベルギーに留学し、1972 年にベルギーのルーバン・カトリック（Leuven Katholieke）大学で学位を取得

した。その後、1970年にイギリス、西ドイツおよびオランダがユーロッパ原子炉の核燃料を供給するため共同で創立したオランダのウランの増殖工場 URENCO の関連企業であるアムステルダムの物理学研究所 FDO に勤め、1976年にパキスタンに帰国した。カーン博士は URENCO の FDO 物理研究所で U-238 から U-235 を分離する技術および関連情報をマスターしたといわれている。そして核兵器クラスウラン235を生産する遠心分離器材および機材に関する情報をパキスタンに提供したと見られている。帰国後はパキスタンの首相ズルフィカル・アリ・ブット（Zulfikar Ali Bhutto）の支援の下、核開発に従事し、核兵器製造関連機材の完成に没頭した。

1974年5月、インドの核実験の成功はパキスタンに大きな脅威となり、国家および国民が総動員され、その対応策に乗り出していた。そのような状況の下、カーン博士はパキスタンの念願であった核実験を成功に導いた立役者となり、その名声はパキスタン全土に響き、パキスタン人の英雄として「核開発の父」という称号を授かることになったのである[10]。

一方、そのカーン博士の核実験の成功の名声は国連をはじめ国際社会に、とくに NPT および IAEA の原子力の管理体制と OECD の NEA など地域機構に大きな衝撃と脅威を抱かせたのである。

カーン博士は1976年以降20年間以上にわたり、イスラマバード郊外のカフタのカーン博士研究所（Dr. A. Q. Khan Research Laboratories、以下 KRL と称す）を拠点に核開発関連機材、技術を開発し、その機材を不法に密輸する国際的なネットワークを構築し、北朝鮮、イラン、リビアなどに遠心分離器や核兵器製造技術を密売した容疑者として法の裁きを受けている。カーン博士の闇ネットワークはアジア、アフリカ、中東、欧州など世界各地に張り巡らされ、三十カ国以上の政府や企業・個人と関与した疑惑が抱かれている。

2）核の闇ネットワーク

カーン博士のウラン高濃縮関連技術を含む核開発の機材、そしてその運搬手段であるミサイル機材の多量開発に対しアメリカはその対策に奔走し始めた。さらにその核開発機材を含む関連技術の闇取引での活発な流通に驚き、

第 9 章　問われる原子力の国際管理 Regime－核の闇取引－

アメリカ政府は 1999 年にパキスタンに経済制裁を実施すると同時にインドに対しても同じ制裁の措置を取ったのである。またアメリカは中国のパキスタン核開発の協力についても強烈に批判したのである[11]。

　パキスタン政府は国家の英雄だったカーン博士の調査には、なかなか腰を上げなかった。しかし核関連の機材の闇取引での流通はパキスタン政府も望むことではなかった。他国への核開発の拡散は自国の戦力に影響する懸念があるからである。そしてアメリカをはじめ国際社会から批判を浴びることもあり、パキスタン政府は 2001 年 3 月にカーン博士を KRL 研究所長から解任した。しかしパキスタン将軍パルヴェーズ・ムシャラフ（Pervez Mhusarraf）は内外のイスラム宗教家および民族主義者から強い非難を浴び、カーン博士を大臣級の科学技術特別補佐官として登用し、民衆の非難をかわしたのである[12]。

　2001 年 9 月 11 日、アメリカの同時多発テロ以来、アメリカをはじめ国際社会はテロリストの根絶に全力を投球しはじめ、新たに厳格な制度が多方面に登場することになった。カーン博士を含む闇のネットワークも例外ではなく、厳しい監視の下、テロリストとの関連性について調査の対象になった。とくに 2001 年 10 月からはカーンとテロ集団アルカイダ（Al-Qaeda）との核関連物資の取引の疑惑について内外からの調査の圧力が強まり、パキスタン政府もその対応に行動を起こすことになった。ついにパキスタン政府はカーン博士の側近科学者 3 人を拘束し、オサマ・ビン・ラディン（Osama bin Laden）との接触についての情報を確認した。その後、アメリカはカーン博士の核開発疑惑とその拡散の対象国、つまり北朝鮮およびイラクとの関連性に関する情報を提示しながらパキスタン政府にカーン博士の拘束とその調査の責任を追及しはじめた。さらに 2003 年 8 月には、カーン博士が 1989 年にイランに核関連技術を売ったことが判明し、その事実がその後 IAEA および EU など国際機関がイランの核関連疑惑を調査する動機となるのである[13]。

　カーン博士と核拡散およびテロリストとの関連の疑惑が深まる中、パキスタン政府は彼を拘束することなくアメリカをはじめ国際社会からの関連情報を否定する戦略に転じたのである。しかし 2003 年 11 月 19 日にリビア政府

第Ⅳ部　原子力商業利用の国際管理 Regimes の限界

から驚くべき事実が公表される[14]。リビアの核開発にカーン博士のネットワークを含む他の核の闇取引で必要機材が調達されたことを明らかにしたのである。パキスタン政府はようやくカーン博士の核関連活動について公式に調査を始めた。2004 年 1 月、カーン博士および側近幹部と軍の将軍らが 80 年代から 90 年代までの数百万ドルの核関連不正取引について認め、カーン博士は大統領補佐官を解任され関係者の処罰が行われた。ついにパキスタン政府はアメリカの強い圧力に屈し、カーン博士らについて公開調査を開始したのである。

　アメリカ核関連担当官がリビアを訪問し、ウラン濃縮技術・機材がイランと同じ物であることが判明した[15]。その結果、その両核施設とパキスタンとの関連性がさらに深まった。その後 IAEA が、核兵器開発疑惑の対象になっていたイランのウラン濃縮技術・機材がパキスタンのものと瓜二つだったことを確認し、カーン博士の活動について本格的な調査に乗り出したのである。

　しかしカーン博士関連の核の闇ネットワーク関係者が摘発され、その他、核の闇取引の解明に若干の進展はあるものの、核の闇取引は依然として行われていると見られている。

　「カーン博士の核の闇取引が将来組織を再構築しないとか、他のネットワークが存在しないなどということは保証できない」と国連核査察官を務め、2014 年 8 月現在アメリカの科学国際安全保障研究所（The Institute for Science and International Security（ISIS））の所長デイヴィド・アルブライト（David Albright）氏は懸念を表している[16]。さらにカーネギー国際平和財団（The Carnegie Endowment for International Peace（CEIP））のジョセフ・シリンショーネ（Joseph Cirincione）拡散防止部長も、「ネットワークはまだ壊滅しておらず、静かになり地下により深く潜っただけの話だ」という[17]。そして NPT 体制を補完するため 1970 年代に結成され 44 国が加盟する原子力供給国グループ（The Nuclear Suppliers Group（NSG））が 2005 年度にオスロで行った会合においても、核の闇取引の存続が議題となりその対策に協力体制を強化することにした[18]。パキスタンが核兵器体系を刷新する資金を確保し、遠心分離器改良用強化アルミニウムなどの機材を核の闇取引を活用して調達し続け

第 9 章　問われる原子力の国際管理 Regime－核の闇取引－

ている事実が明らかになったからだ。核の闇取引はまだ横行し続けており、カーン・ネットワーク関係者以外の新しい仲介業者がそこに関与してきていると指摘している。

　上記に指摘した通り、核の闇取引の活動は、現存の核の国際管理 Regime の究極的な目標である「核不拡散体制の構築」の根底を揺さぶり、さらにその制度に穴を掘り続けている。そしてその核使用の可能性の恐怖をも増幅させているといえる。悲惨な核の惨害から逃れるため、現存の核の国際管理 Regime 体制の穴埋めに効果的な対応策の確立が喫緊の課題として提示されている。この効果的な対応策の確立は絶対に国際的な協力体制の構築の下で行わなければならないと思われる。核の闇取引のカーン・ネットワークは世界各地域にリンクされ、活動しているからである。

3 節　危険地域

1）東アジア

a. 北朝鮮

　パキスタンのムシャラフ大統領は 2005 年 8 月 24 日、「90 年代初めから北朝鮮に高濃縮ウラン製造に使われる遠心分離器本体や関連部品、設計図を送っていた」と述べた[19]。核疑惑に関連する情報が錯綜する中、カーン博士による北朝鮮への核技術移転を公的に明確に認めたのは初めてである。大統領の発言により北朝鮮もカーン博士の核ネットワークを活用して核兵器を開発したことが判明し、2014 年 8 月現在、中断中の 6 カ国協議に相当な影響を及ぼしていると思われる。

　北朝鮮の核問題をめぐる 6 者協議で米国代表を務めるクリストファー・ヒル（Christopher Hill）国務次官補は 2005 年 8 月 17 日、ワシントンで講演し、6 者協議が 8 月末に再開した場合、議長国の中国が合意文書の第 5 次草案を提示する可能性があるとの見通しを示した。そのうえで「本当に決着することを期待している」と強調し、また朝鮮半島の非核化に向けた第一歩として、北朝鮮と原則的な部分で合意することへの期待感を表明した[20]。

　北朝鮮の核開発の防止と朝鮮半島の非核化の 6 者協議は、原子力平和利用

第Ⅳ部　原子力商業利用の国際管理 Regimes の限界

および軍事使用をも含め、国際的な軍事戦略上の問題も絡み、現在国際的に注目の的になっている。6者協議は、2003年8月に開始した北朝鮮の核兵器開発問題を外交交渉で解決することを目指す国際的な枠組みである。第一回会合は2003年8月27日〜29日まで中国北京で開催され、2007年3月19日から21日までの第六回会合まで中国北京で開催された。それ以降、北朝鮮のミサイル発射実験、核実験の実施、韓国哨戒艦沈没事件、瀬戸際外交などを繰り返しているため現在は中断している。

　6者協議の開催の中、朝鮮半島の非核化の促進に沿った会合もあった。2005年7月下旬から8月初旬にかけて開かれた第四回6者協議で中国が参加国に示した合意文書の草案に対し、「第1次草案は問題が多かった。米国と北朝鮮のどちらも反対した」ことと、その後に中国が練り上げた第4次草案については「非常によい出来だと感じた」と振り返って述べ、北朝鮮を除く各国とも満足していたとの見解を改めて強調した[21]。

　しかし、北朝鮮が平和利用の核を保有する権利を主張していることを踏まえ、クリストファー・ヒル次官補は「中国はたぶん草案を作り直したいのではないかと思う」とし、「まだわからないが、たぶん第5次草案を出してくるだろう」と語り、現在の北朝鮮を含む朝鮮半島の核の管理問題の6者協議の進捗状況を明らかにすると同時に国際関係の複雑さの絡み合いにも言及している[22]。

　上記の問題に加え核の闇取引ネットワークへの北朝鮮の関わりに関する疑惑は朝鮮半島の核問題にさらなる緊張を増加させている。

　朝日新聞は2004年5月28日、リビアの核問題に関する国際原子力機関（IAEA）のエルバラダイ（Mohamed ElBarade）事務局長の報告を入手し、リビアが2000〜01年に「ある国」から濃縮ウランの原料となる六フッ化ウラン約1.7トンを購入していたとの記事を掲載した。IAEA筋は「ある国」とは北朝鮮を指すことを認めたが、リビア側はパキスタンからの調達を示唆しており、最終確認はできていないと報じた。

　アメリカのニューヨーク・タイムズ紙は2004年5月22日、北朝鮮がリビアに六フッ化ウランを売却したと報じていた。六フッ化ウランが北朝鮮からのものであれば、北朝鮮が濃縮ウランを使った核計画を進めていた重要な証

第 9 章　問われる原子力の国際管理 Regime－核の闇取引－

拠となる。

　ただ IAEA 筋によると、リビアの六フッ化ウランの調達先は北朝鮮であるとの主張はもともとパキスタン側によるものという。一方、リビアは「遠心分離器などと同様、闇取引を通じて調達した」と述べ、パキスタンからの入手を示唆している。両者の言い分は食い違っていることも疑惑を深める要因となっている。

　IAEA 筋は、リビアで見つかった六フッ化ウランが北朝鮮から来たと検証するためには、北朝鮮の核施設でのサンプル採取が必要としている。北朝鮮からは IAEA の査察官が追放されているため、IAEA 筋は「六フッ化ウランの由来について最終的な確認はできない」と語った[23]。

　このほか報告書と IAEA 筋の情報を総合すると、リビアで発見された遠心分離器から高濃縮・低濃縮のウランが検出された。パキスタンで使用されていた遠心分離器から検出されるウランの特徴と似ているという。

　2014 年 4 月 29 日の共同通信によると、4 月 28 日、「国連で開幕した NPT 再検討会議の準備委員会で、加盟各国や国連高官の演説が行われ、4 度目の核実験をちらつかせる北朝鮮に対する非難や、北朝鮮の NPT 復帰を求める声が相次いだ」と応じるなど、北朝鮮の核開発の疑惑は深まる一方である。

　b.　その他地域

　北朝鮮が核開発を推進していることによって近隣諸国による同様の推進策を誘発する危険を心配する見方も増えつつあるといえる。

　日本は核エネルギーを長く利用している。潜在的に核兵器を開発する能力を持っていることには疑いの余地はない。パキスタンのムシャラフ（Pervez Musharraf）大統領は「カーン博士がわれわれに語ったことは日本を含めすべての関係機関に提供している」という調査内容を明らかにした[24]。この発言を信じれば、日本もカーン博士の核の闇ネットワークと取引を行ない核開発に手を染めたことになる。

　また日本はプルトニウムの保有量が 2014 年 6 月現在、45 トンになり、これは核爆弾 5500 発分に相当すると 2014 年 6 月 8 日、新華社通信が報道した。また原発稼働各国が IAEA に毎年行っているプルトニウム保有量報告で、日本政府が 2012 年以降、約 640 キロのプルトニウムの報告を行ってい

ないことが明らかになったと伝えた。日本では今後も保有量は増え続け、その使用方法に内外を問わず関心が高まっている。さらに原発施設内などに保管されている使用済み燃料中にも推定113トンのプルトニウムがあり[25]、核兵器の主軸を成す物質の有用道に関する疑惑が増大することは必至である。

2005年5月6日の朝日新聞によると日本のプルトニウム・プログラムは、核拡散防止体制を脅かすとノーベル賞受賞者らが警告したと報じている。5月5日、憂慮する科学者同盟（Union of Concerned Scientists : UCS）は、国連のNPT再検討会議に参加している各国代表に対するブリーフィングで、六ヶ所村プルトニム再処理工場の運転を無期限に延期するよう日本政府に呼びかけるステートメントを発表した。27人の著名な科学者・元政策立案者・アナリストらが署名したこの宣言は、日本の計画は年間8トンのプルトニウム－核兵器1000発分相当－を分離し蓄積することができるものであり、NPTを強化するとの日本の約束について疑問を抱かせると警告した。

日本政府の2013年末IAEA年次報告（IAEA Annual Report for 2012）について、プルトニウム保有量を640 kg過小報告したなどと国内外のマスコミが掲載した。日本の核武装の疑念、また核兵器物質保有の重大性に関する認識の欠如など批判的な主張であった。日本は、毎年、原子力委員会の会議で同委員会の事務局を務める内閣府原子力政策担当室が『我が国のプルトニウムの管理状況』という文書を発表し、これにIAEAへの報告書を含む参考資料を添付するという形で、日本のプルトニウム保有量を報告・説明している。今回の問題は、2012年度報告、『国際プルトニウム指針に基づきIAEAに報告する平成23年末における我が国のプルトニウム保有量』では、「民生未照射プルトニウムの年次保有量」の中の「原子炉またはその他の場所での未照射MOX燃料又はその他加工製品に含まれるプルトニウム」として、1.6トンと報告していた。しかし2011年度は2.2トンであったから、640 kgが「未照射」から消えてしまったわけである。IAEAの年次報告書の規定では「照射済み燃料及び原子炉内の燃料要素に含まれるプルトニウム」と「原子炉の外にある分離済みプルトニウム」という分け方をしているが、日本のIAEAへの報告では「未照射」か「使用済み」かの分類であった。当然、640 kgは「未照射」に入れるべきである。「使用済み」は、1）原子炉施設、2）

第 9 章　問われる原子力の国際管理 Regime－核の闇取引－

再処理工場、あるいは、3）その他の場所に保管されているものと三つに分けれている。日本の 2 分類のみによる報告で 640 kg を「使用済み」に入れていれば、明らかな虚偽申告であり、どちらにも入れていないとすると核兵器 80 発分の帳簿上の紛失事件ということになる。

　問題は、IAEA が核物質の軍事転用防止のための「保障措置」の関係で使用している区分方法と、日本の『我が国のプルトニウムの管理状況』や IAEA への報告で使う区分方法の不一致にある。不注意のミス報告といえば責任は回避されるが、非核兵器国として唯一工業規模の再処理工場を持ち、すでに溜め込んでしまった核兵器 5000 発分以上のプルトニウムの消費の目処も立たないまま六ヶ所再処理工場を動かそうとしている国として、透明性の面からだけ言っても不注意のミスで済ませられる問題ではない。プルトニウムが核兵器利用可能物質であり、厳重に保管・管理しなければならないという点についての認識が日本政府に欠けていることを示しているといわれても仕方ない。

　ニューヨーク・タイムズ、2014 年 6 月 10 日電子版では、China Complains About Plutonium in Japan by Austin Ramzy（中国、日本のプルトニウムに苦情）という題目で日本政府のプルトニウム保有量を 640 kg 過小報告について批判的な記事を掲載している。

　韓国は 1970 年代に核開発の研究を始め、80 年代初頭にアメリカの圧力を受けて、開発プログラムを停止したと考えられてきた。しかし、2004 年に韓国の核物理学者たちは、核開発の意図はないとしながらも、人々が考える以上に長い期間にわたって、小規模の実験ペースながらも核開発の研究を続けてきたことを認めている[26]。

　台湾は 1970 年代末から 80 年代初頭にかけて核開発を研究していたがアメリカの圧力を受けて開発計画を放棄した経緯がある。しかし、「台湾の核エネルギー産業は活発だし、数多くの優秀な核物理学者を擁している」と米外交問題評議会（The Council on Foreign Relations : CFR）のチャールズ・ファーガソン（Charles D. Ferguson；全米科学者連盟会長）氏は言う[27]。核開発の技術的また財政面をも含め諸般の環境が整備されている中、核兵器の開発の執念を絶つことは容易ではないと思われる。

227

2) 中東

　中東地域は宗派間の対立による政治、経済を含め社会的な局面の変化が世界でもっとも激しく、また紛争が絶えない危険な地域である。とくにイランは中東に位置し、その地域の覇権の行使を追求するため核開発を試みているとアメリカはブッシュ政権時代から現在のオバマ政権も考え、監視体制を強化している[28]。とくにシリア内戦での化学兵器使用による制裁をアメリカの主導でイギリス、フランスも加担して行う可能性が日々増している。

　日米原子力ワーキンググループのチャールズ・ファーガソン氏は、イランが核兵器の獲得を望んでいるのは、ともに核武装しているイスラエルとアメリカという主要な敵に対する抑止力を形成したいからだと分析する。アメリカが、中央アジア、アフガニスタン、イラクに現在兵力を展開していることもイランの心配を増幅させていると思われる[29]。さらに、イランは、サウジアラビア、エジプト、シリア、トルコという潜在的な核拡散国にとり囲まれ、核開発に対する執念に常に火を灯していると思われる。チャールズ・ファーガソン氏は、イランの保守政権が、核兵器の生産にも転用できる自立的な核エネルギー計画を望んでいるのは、それを「まさかの事態に備えた保険策」とみなしているからだと指摘する[30]。

　1990年代初めまで核開発計画に取り組んでいたといわれ、その核開発の罪に問われ、アメリカの侵攻を受け、その計り知れない対価を世界で初めて支払っているイラクも、新生国の誕生後再度核武装を希求するかどうかについては注目に値する。今後のイラクの長期的な活動により潜在的核拡散国のリストに名を連ねるかどうかが問われることになると思われる。

3) 中国と南アジア

　パキスタン、インド、中国は共に核兵器保有国である。しかし核保有の正当性は中国のみ保持している。中国は常にその盾を行使し、他のパキスタンおよびインドの核保有を牽制し、阻止を図って来た経緯がある。しかし現在は中国と南アジア地域に「核の三角地帯」と称する世界で最も危険な環境を形成している[31]。この60年余りで三度の戦争を戦ったインドとパキスタンは2002年には核戦争の瀬戸際までいったことがあり、アジア全体の安全保

第9章　問われる原子力の国際管理 Regime－核の闇取引－

障体制上の重い過失を残す可能性が生じえた経緯もある。この3カ国は自国の安全上の盲点をなくすため、独自戦略の下、核兵器の保持を重視している。インドは中国とパキスタンに対する「核のバランス」をとるために、パキスタンはインドを抑止するために核を重視し、そして中国はアメリカとロシアの動きを警戒し、核戦略を展開しているといわれている。軍事専門家のあいだには、アメリカのミサイル防衛は、アメリカを射程に収める核ミサイルを 2013 年現在、40 発保有している中国の弾道ミサイル能力を想定したもので、これに対して中国も水面下でミサイル戦力の強化に取り組んでいるようだと認識されている[32]。日本の防衛省の 2010 年の中国の軍事力近代化、海洋活動についての報告書によれば大陸間弾道ミサイル 40 基をはじめ中距離弾道ミサイル 100 基、短距離弾道ミサイル 1050 基を保有していると記載されている。

　特定の国の核武装に誘発されて地域的な核武装化の潮流が生じている現状を踏まえると、これからも核拡散への便乗が懸念される。

4) 核を拡散させる恐れのある国

　a. ロシア

　「核分裂物質の管理体制が弛緩しているために、テロリストに盗み出される恐れがある」とカーネギ国際平和財団のジョセフ・シリンショーネ氏（Joseph Cirincione）は指摘する[33]。

　ロシアの核管理の警戒態勢の盲点はソ連崩壊後、アメリカをはじめ西側諸国から指摘されてきた。核兵器を保有する限り、そのセキュリティの重大さとその責任を果たす体制の整備はロシアの国際社会に負う義務である。

　2002 年、ロシアは、アメリカと日本の資金支援と技術協力の下、核兵器および原子力潜水艦などの解体を行なった。自国の軽水炉や高速増殖炉で用いるために、解体したプルトニウムから MOX 燃料を製造して資源を再利用する計画である。高濃縮ウランは、天然ウランを混ぜて薄め直し、原子力発電所の燃料として国際取引に供給できるが、このような処理の出来ないプルトニウムについては、国内で厳重に管理する必要がある。アメリカとロシアは、核兵器の解体などから生ずる軍事用の余剰プルトニウムを、それぞれ 34

トンと発表している[34]。

　軍縮、核不拡散の実施を管理する国際的な安全管理センターを設置するなどその管理制度を強化している。冷戦後の核拡散防止の実行にあたっては、核兵器の技術や軍事用の核物質が、いわゆる「無法国家」に移転したり、国際マーケットに流出して、テロリスト集団の手にわたったりすることがないように、原子力施設を外部の侵入から守ったり、輸出コントロールや技術移転の管理を強化することが重要になっている[35]。

　しかしロシア単独にその確実な保障を期待するのは無理があると思われる。国連を含む国際社会、とくに旧ソビエト連邦（Commonwealth of Independent States：CIS）で構成している諸国との核不拡散・原子力協力は、外交的に機微にわたる案件であり、ロシア側との調整など、国連軍縮プロジェクトの実施にわたり取り組みが求められているからである。

　b.　パキスタン

　何度も大統領暗殺未遂事件が起きていることからも明らかなように、ムシャラフ政権は不安定であり、パキスタン国内には、イスラム過激派テロリスト組織とアルカイダのテロ・ネットワークが活動している。マムヌーン・フセイン（Mamnoon Hussain）現政権が倒れれば、テロ集団が混乱に乗じてこの国の核の兵器庫からその一部を盗み出す危険もあり得る[36]。

　パキスタンはムシャラフ政権以来、現フセイン政権まで国内の治安をはじめ政治の不安によりテロ組織の根絶に効果ある措置を取る余力が 2000 年以降ない。

　2003 年 12 月 13 日のニューヨーク・タイムズによれば、米情報機関は 2003 年末、「オサマ・ビン・ラーディンはパキスタン領南ワジリスタンの部族長の支配地域に潜伏している」との結論を出した。この地域には 7 つの部族がパキスタン政府の統治から半ば独立して居住している。オサマ・ビン・ラーディンは部下たちとこれら部族の庇護を受けながら傘下のテロ組織と連絡し合っているというのである。ブッシュ大統領が 2004 年 12 月 20 日の記者会見で、オサマ・ビン・ラーディンは「アフガニスタンとパキスタンの国境地帯にいると思う」[37]と述べるなどテロリストの根絶はそう遠くないことを示唆している。そしてパキスタンとアフガニスタンにテロリストの対応策

第 9 章　問われる原子力の国際管理 Regime －核の闇取引－

を強化するよう要求する狙いが込められていたと思われる。

　米情報機関は 2003 年末、潜伏地域と見られる周辺に一連の秘密基地を設置、CIA 要員が常駐して監視する態勢に入った。これに対し、パキスタン側はこのアメリカ側の活動を厳しく規制、CIA 要員が国境地帯に行く場合には必ず同行者を付けたのである。このため、アメリカ側からは行動の自由がなく、効果的な情報収集ができないという不満があがるなどアメリカ側との連携が不調であった。また、アメリカ要員が、オサマ・ビン・ラーディンの動きに関連する情報を手に入れても、それを敏速に処理することができず、対応が手遅れになるなどの失態もあったと言われている[38]。

　パキスタン政府はこのほか、アフガニスタンに展開するアメリカ軍が国境を越えてパキスタン領内に入ることも厳しく禁止している。この結果、アメリカ軍と交戦中の武装集団が国境を越えてパキスタン領内に逃げ込んでも、アメリカ軍は追跡できない。しかも、逃げた武装集団はパキスタン領内の安全地帯からアメリカ軍を攻撃するという不満も上がっている。ニューヨーク・タイムズによれば、こうした制約の結果、アフガニスタンに展開するアメリカ軍は、オサマ・ビン・ラディンの追跡を事実上放棄し、ブッシュ政権時代はアフガニスタン国内の治安維持に力を注ぐことになったという[39]。

　オサマ・ビン・ラディンは 2001 年 9 月 11 日に発生したアメリカ同時多発テロ事件の首謀者であると断定され、2011 年 5 月 2 日（米国現地時間 5 月 1 日）、パキスタンのアボッターバードにおいて米国海軍特殊部隊による軍事作戦で銃撃戦となり、殺害された。

　パキスタンは 2015 年 2 月現在、外務省の海外安全ホームページに危険地域として掲載され、国内治安、政治の情勢に混迷が深まっており、依然として核の闇取引など核拡散疑惑が消えない。

　c．イラン

　イランの核武装化はこの国の地政学的位置ゆえに重大な意味を持つ。「目を向けるべきはアメリカを核攻撃したり、テロリストに核を渡したりする危険よりも、むしろイランの核武装化の後に中東地域で何が起きるかだ」と指摘するジョセフ・シリンショーネは、中東で核武装のドミノ倒し現象が起き、核の軍拡レースが生じる危険性を指摘する[40]。

第Ⅳ部　原子力商業利用の国際管理 Regimes の限界

　一方で、専門家の中には、イランがヒズボラ組織、その他のテロ集団との密接な関係を持っていることを指摘し、彼らの手に核が渡ることを警戒し、遮断すべきであると主張する者も多い。

　イランがこのような動きを続け、緊張感が増幅され、アメリカを含め西側諸国の批判の的になり、現在もアメリカをはじめ EU との核疑惑交渉が展開されている。その結果、核開発疑惑が認定されれば IAEA をはじめ安全保障理事会などの厳しい処置の対象になり兼ねない。アメリカブッシュ政権のかねてからの主張、安保理付託、経済制裁の発動という強硬策が浮上することも想定し得る。ブッシュ政権は、「イランが本当に核兵器開発の野心を持たないのか、検証しなければならない」と強調し、また、「イランがミサイルに核弾頭を搭載できるよう改良を加えている。米国はその情報を掴んでいる」と確信している[41]。つまりイランの動きは核弾頭を製造することと、それを運搬するミサイルの改良という2つの面で並行して進んでいるということである。これに関連して、2005年8月24日付けのニューヨーク・タイムズは CIA（米中央情報局）の最新のレポートを引用、「パキスタンのカーン博士の核の闇ネットワークがイランに新しい核弾頭の設計図などを提供していた」と報じた。それによれば、提供の時期は1990年代、提供した設計図は闇ネットワークがリビアに提供し、ブッシュ政権が入手したものと同じとみられている。また、ニューヨーク・タイムズは8月25日、英仏独が提案した活動停止はウラン核開発を対象とするだけで、プルトニウム開発を見逃しているとの批判記事を掲載した。イランはウラン開発のほか、テヘラン南西のアラクに40メガワットの重水炉を建設中で、数年後にプルトニウム抽出が可能になるという。しかし、英仏独の今回の提案は、重水炉は完成まで時間がかかるとして停止の対象にしなかった。これについて同紙は、核弾頭を製造する場合、プルトニウムのほうが濃縮ウランより小型化しやすいなどの利点があり、これを放置するのは2つのドアーのうち、1つしか戸締りしないのと同じという専門家の批判的意見を紹介している。

　2010年6月9日、国連安保理はイランへの追加制裁決議を賛成多数で可決し、イランの核開発の放棄を強要している。しかしイラン側はこれを無視し、核開発を継続する姿勢をとっている。そしてイランは2012年2月15日

第9章　問われる原子力の国際管理 Regime－核の闇取引－

と 16 日に連続して国営放送を通じてウラン濃縮に使われる新型の遠心分離器の開発に成功し、自国産の核燃料棒を開発できたと報じる（「イラン国産の核燃料棒装填」東京新聞（2012 年 2 月 15 日、16 日参照）など 2013 年末現在までも核開発の企図を崩していない。オバマ現政権も上記の基本的な立場に立ってイランの関連政策を展開している。

　イランとの核放棄の交渉は行き詰っており、これを打開する機会が 2013 年 8 月 3 日のハサン・ロウハニ（Ḥasan Rowḥānī）新大統領の就任で高まっていた。しかし 2015 年 2 月現在、イラン側の主張は原則的には変わることなく、アメリカをはじめ IAEA との交渉が展開されている。イランの原子力平和利用の権利、つまり国家主権の放棄などは予測し難いが、国連、アメリカをはじめ関連諸国は柔軟であるイラン新大統領ロウハニ政権という一つの契機を活用するのも得策ではないかと思われる。

　d．北朝鮮

　金正日総書記から金正恩第一書記が率いるこの孤立国家は、1 個から 8 個の核兵器をすでに保有しているのではないか、また核弾頭 6 個を保有していると考えられている[42]。

　2005 年 5 月 6 日付けのニューヨーク・タイムズは、核実験場所は北朝鮮東北部の咸鏡北道吉州の山中であると報じた。ホワイトハウスと国防総省の複数の高官が同紙に語ったところによれば、2004 年 10 月から核実験の準備と見られる動きが始まり、ここ数週間は特に活発になった。坑道を掘り、しばらくしてそれを埋め戻した。しかし、中に核爆発物を入れたのか、衛星写真では確認できないという。坑道はパキスタンが 1998 年に核実験した時の形に似ている。少し離れた場所には、観覧席らしいものも作られているという。

　この北朝鮮の動きについて、ブッシュ政権時代には 2 つの見方があった。1 つは、核実験をするためという見方である。この見方をするアメリカ情報機関の高官はニューヨーク・タイムズに対し、「見るものはすべて核実験に必要なものばかりだ」と語っている。一方、別の見方をする情報当局者は「実験を記録する電子装置が見当たらない」として、核実験かどうか疑っていることを明らかにした。ブッシュ政権の別の幹部も、「偵察衛星では金正日総書記が何を考えているか探知できない」と語り、この動きがアメリカ偵察衛

星に向けた、大掛かりなショーである可能性もあるとの見方を示している[43]。

ブッシュ政権時代のこのような北朝鮮の挑発的な動きは、この核実験準備の例だけではない。2005年3月末から寧辺の5キロワット級原子炉の運転を中断したことも、その1つである。これは、原子炉が冷却したあと、使用済み核燃料棒を取り出して再処理、核爆弾用のプルトニウムの抽出を示唆する。また、新型とみられる短距離ミサイルを発射するなど、日米韓を含め周辺諸国に神経を尖らせる。核実験の準備が事実か、あるいは大掛かりな見せ物だとしても、これら一連の動きは、北朝鮮がアメリカ政府に対して、これまでにない形の挑戦状を突きつけてきたと思える[44]。

そもそも北朝鮮の核疑惑はソ連崩壊が契機となって発覚した。アメリカが旧ソ連の核技術の拡散を懸念し、核拡散に焦点が当てられた時に北朝鮮の核開発が問題になった。国際社会が核施設を査察しようとすると北朝鮮はNPTから脱退し、2003年に再度NPTを脱退し、2006年に1回目の核実験を行うなどインドやパキスタンと同じように核保有を目指した。

北朝鮮による3回目の地下核実験は、2013年2月12日、アメリカのオバマ大統領が同年の施政方針を述べる一般教書演説の前日に行われた。それは核実験の1ヶ月前に行われた長距離ミサイルの発射実験に成功した事と無縁ではないと思われる。この実験で北朝鮮はアメリカ本土に到達しうるミサイル技術を持つ事を世界に示したからである。同時にミサイルに小型核弾頭を取り付ければアメリカ本土を核攻撃できるということを強調したのである。

北朝鮮の核問題をめぐる6カ国協議が始まってから2014年8月27日で11年となる。協議は2008年12月10日まで6回開催され、2005年9月19日に核放棄を明記した6カ国協議共同声明を採択したほか、2007年2月13日と同年10月3日に共同声明の履行に向けた合意を締結した。だが、合意は履行されず、協議は中断してから8年になる。北朝鮮の核放棄をめざし設立した6カ国協議体制は米・中をはじめ関連諸国の交渉が絶えず行われこの10年間、朝鮮半島を安定的に管理する側面では一定の役割を果たしたが、朝鮮半島非核化の目標を達成することには失敗した。6カ国協議発足後、北朝鮮が3回の核実験を実施し、事実上の核兵器保有国になったという点においては少なくとも同協議は成功した会議ではなかったといえる。北朝鮮の核

開発を遅らせる役割は果たしたが、結局、当初の目標だった核開発計画の放棄には至らず、北朝鮮の核保有を防ぐこともできなかった。6カ国協議体制の評価はこれからの交渉成果によって決まる。

4節　核拡散の誘発

1）原子力の平和利用と軍事使用に伴う二面性

　原爆も原発も基本原理は同じである。原子力平和利用の原子力発電と原子力軍事使用の原子力爆弾はどちらも「核分裂連鎖反応」という同じ物理現象を基にして成り立っている。

　同じ物理現象の基、一方は原子力発電として「原子力の平和利用」の一環として開発され、他方は、原子爆弾「無差別大量殺戮兵器」として開発されたである。その両方は基本原理においては、区別がつかないのである。さらに原子力発電所はその運転中に常にプルトニウムという物質を生成するのである。プルトニウムは、これまた原子爆弾および原子力発電の動力源の材料となる。言い換えると原子力発電所から原子爆弾の材料を生産できるということになる[45]。

　原子力発電所を稼働している国は、核兵器を開発する潜在的な技術と能力をも保持しているといえる。この事実を考えると、原子力発電を促進しながら核兵器の拡散を防止する現存の原子力国際管理制度は誕生時から「ダブルスタンダード」を内包した先天性な障害を背負っている。つまり原子力平和利用が進展している限り、核兵器が消え去ることなどは夢のまた夢のようである[46]。

　第2次世界大戦から70年が過ぎた今日にいたるまで、人類は核兵器から解放された時期などはなかったし、国連を含む国際社会はいつも「核の問題」に引きずり回され、我々人類は「核の恐怖」に晒され生きてきた。20世紀に開発された大最破壊兵器の軸である核兵器が、21世紀まで持ち越され、その問題は生物・化学兵器を含め、ますます深刻化していくばかりである。この真実を人類が真摯に受け止め、深思熟慮の対応策のみが核の闇取引の根絶に繋がるといえる。

第Ⅳ部　原子力商業利用の国際管理 Regimes の限界

2) 核物質の生産

　原子力の平和利用と軍事使用に伴う二面性の生成における科学的なプロセス、つまり「原子核分裂反応」について若干論じたい。

　ウラン 235 の原子核に中性子をぶつけると、原子核が割れて大きさのほぼ等しい原子核、バリウムやクリプトンなどに分裂する。その際、その原子核から中性子が 2～3 個飛び出す。その中性子が次の原子核にぶつかりその原子核が分裂し、そこでまた中性子が飛び出し、その中性子が次の原子核をという具合に反応が連鎖的に起こる。このようにして、分裂を起こす原子核の数も「ねずみ算」的に増える。これが核分裂の連鎖反応である[47]。核分裂の連鎖反応を起こす元素として、他にプルトニウム 239 がある。「この核連鎖反応を瞬間的に起こさせるのが原爆で、制御しながら起こさせるのが原子炉である。両者の反応には本質的な違いはない。」また水素爆弾は、水素などの核融合反応を瞬間的に起こさせる。ただし、起爆剤として原子爆弾が使われる。ウラン 235 やプルトニウム 239 などは、一定量以上を集めると、自然に核分裂の連鎖反応が始まってしまう。その量を「臨界量」という。

原子力発電と原子力爆弾の違い
提供：（財）電気事業連合 HP。
出典：「原子力・エネルギー」図面集 2012 5-1-9
　　　http : //www.fepc.or.jp/enterprise/hatsuden/nuclear/energy/sw_index_02/

236

5節　原子力の国際管理 Regime

　2010年5月3日から28日まで、ニューヨーク国連本部において、NPT運用検討会議が開催された。

　NPT の3本柱、つまり核軍縮、核不拡散、原子力の平和的利用それぞれについて、条約の運用のレビューと将来に向けた具体的な行動計画を含む最終文書が採択された。最終文書は条約の運用のレビュー、行動計画で構成され、次回2014年の NPT 運用検討会議準備委員会へ報告を要請するなど NPT の3本柱の追求に主点が置かれた。条約の運用のレビューでは（i）北朝鮮について、北朝鮮の核実験実施発表に対する強い非難が、また（ii）脱退問題については、国際社会の迅速な対応の必要性や国連安保理の責任、脱退前に脱退国に移転した原子力資機材の返還に係る措置が言及されるなど運用検討プロセスのあり方を今後協議することの必要性が確認された。課題としては、イラン問題に関する言及が無く、かつ条約の遵守、脱退についての言及が弱かったこと、核不拡散措置につき小幅の進展に留まったこと等が挙げられる。原子力の平和的利用については以下の3の項目が決まった。

　1) IAEA の活動に対し、今後5年間で1億ドルの追加拠出を奨励。
　2) 原子力発電を含む原子力エネルギーの開発にあたり、保障措置、原子力安全及び核セキュリティへのコミットメント及び実施の確保。
　3) 核燃料サイクルに関する多国間アプローチについての議論を IAEA の場で継続。
である。

　前回の2005年度再検討会議よりは交渉の成果があり評価できる。しかし核保有国と非核保有国との核の国際管理における意見の差は今なお大きい。

　2005年5月2日から27日までの間、ニューヨークの国連本部で開かれた NPT 再検討会議は、最終文書を採択できないまま、決裂し閉会するに至った。核保有国と非核保有国との対立により、核兵器廃絶を願う人類の願望を踏みにじる最悪の結末になった[48]。

　2000年の再検討会議では、核保有国の核兵器廃絶への「明確な約束」や

第Ⅳ部　原子力商業利用の国際管理 Regimes の限界

包括的核実験禁止条約（CTBT）早期発効など核軍縮に向けた 13 項目を明記した最終文書が採択され、核兵器廃絶へ国際世論の期待は大きく高まった[49]。

　日本の連合・原水禁・核禁会議の 3 団体は、平和市長会議の核兵器廃絶の具体的な道筋である「2020 ビジョン」の提言を支持し、全国規模で核兵器廃絶 1000 万人署名に取り組むとともに「核兵器廃絶ニューヨーク行動」として統一派遣団に組み、再検討会議が開かれているニューヨーク市の街頭で訴え、850 万人の署名を携え、被爆国民の声を国連本部に届けたのである[50]。

　2010 年 NPT 再検討会議はこうした 2000 年、2005 年合意を若干前進させたが、北朝鮮の NPT 脱退問題と核兵器開発、イランの核開発疑惑、「核の闇取引」問題などについても責任ある議論と方向を打ち出すことができなかった。一方、CTBT の死文化の動きや小型核兵器開発を進める米国の NPT 再検討会議での姿勢は、多くの国から批判があがった。アメリカは 2001 年 9 月 11 日同時多発テロ以来、国内・外における安全保障の戦略に大幅な変革を遂行し、その余波による単独主義の振る舞い、つまり 2007 年 7 月に NPT 体制の枠外にあるインドと原子力協力協定の締結で、「原子力供給国グループ（NSG）ガイドライン」が修正されるなど、原子力国際管理 Regime 全体に大きな動揺を与えた。核兵器超大国である米国のこうした態度は、世界平和の流れに逆行するものであり、許容限度範囲を遥かに超えているといえる。

　しかし 2010 年 NPT 再検討会議では、核保有国と非核保有国間の相違点について若干の合意があり評価できるが、根本的な解消には依然として大きな隔たりがあり残念な結果に終わった。しかし核兵器廃絶へ向けて国連をはじめ原子力国際管理 Regime は世界の NGO と共に活動を展開していかなければならない。

　来年 2015 年は広島、長崎の被爆 70 年にあたり、卑劣で無分別な大量殺戮兵器である核兵器を根絶すべきとの覚悟を新たにする年である。あらためて被爆国日本からノーモアヒロシマ、ノーモアナガサキ、ノーモアヒバクシャの訴えをしっかりと世界に届け、核兵器廃絶を実現しなければならないと思う。その目標を達成するため、国際社会の協力下、原子力国際管理 Regime

第 9 章　問われる原子力の国際管理 Regime －核の闇取引－

はさらなる効果的な改革を強め、世界の NGO とも連携して粘り強く取り組んでいく必要がある[51]。日本の原水禁は NPT 再検討会議の決裂に強く抗議し、核廃絶に真剣に検討することを日本と国連加盟国に訴え続けている。現存の主な原子力国際管理 Regime の概要を吟味し、その要点を理解しないと原子力管理の全体的構造について理解しえないと思われる。したがって原水禁の「核と人類は共存できない」というウェブサイトの参照を勧めたい。原子力全般における主要な部分について効率的にまとめられ、核廃絶の問題点につき的確な指摘と理解を高め、そして国内外の制度全体の側面からの認識も深めている。

　2015 年の開催を向けた NPT 再検討会議も着実に展開されている中、世界で唯一の被爆国である日本が核兵器の使用を否定する共同声明にサインしなかったことが話題となった。核兵器廃絶を掲げる一方、核抑止力に頼る安全保障政策を貫く日本。その矛盾と、過剰なまでの対米配慮が露呈し、国内外の批判と失望を集めた格好となった。

　日本政府がサインを拒否した事情について、中国新聞 2013 年 4 月 25 日朝刊（NPT 再検討会議準備委共同声明日本賛同せずと掲載）は、「スイス・ジュネーブで開催中の 2015 年の NPT 再検討会議に向けた第 2 回準備委員会で、南アフリカが 24 日、「核兵器の人道的影響に関する共同声明」を発表した。「いかなる状況下でも核兵器が再び使用されないことが人類生存の利益になる」と訴える声明文に対し、74 カ国が賛同したが、米国が提供する「核の傘」への影響を懸念する日本は加わらなかった」と報じている。

　日本は 2012 年秋の国連総会で「核兵器を非合法化する努力」を促した共同声明への賛同を求められたが、日本は安全保障政策に合致しないとして拒んだ経緯がある。その時は国際社会からの批判だけでなく核武装を志向しているのではないかと疑う意見もあった。

　原子力国際管理 Regime の土台である NPT 体制は 3 つの柱、核軍縮、核不拡散、そして原子力の平和的利用へのコミットメント及び実施の確保に責任を負っている。現存の NPT 体制ではその責任を全うすることは不可能に近いと言わざるを得ない。NPT 体制の 3 つの柱が国際政治、各国安全保障政策の荒波に揺れているからである。

第Ⅳ部　原子力商業利用の国際管理 Regimes の限界

1) NPT と IAEA の保障措置協定

　IAEA 役割の二つの柱の内、1 つの柱は、軍事転用されないための原子力活動に対し適用する保障措置、つまり検証および検認制度の実施である。IAEA 憲章および 1970 年 3 月発効の NPT に基づいて、IAEA と関係国との間に保障措置協定が締結され、加盟国との協力体制の下、軍事転用への防止活動を展開している。IAEA の保障措置システムは「原子力国際管理 Regime」のかなめとして確立され、核のない世界への原動力である。

　IAEA 保障措置協定には、NPT 条約に基づく、153 型保障措置協定、つまり「包括的保障措置協定（Comprehensive Safeguards Agreements）（INFCIRC/153-Type Agreement）」、2014 年 8 月現在の NPT に基づく保障措置協定の締結国は 170 ヶ国で[52]、また 66 型保障措置協定、つまり「個別の保障措置協定（Item Specific Safeguards Agreements）（INFCIRC/66/Rev. 2-Type Agreement）」、そしてその他の保障措置協定として「自発的協定（Voluntary Offer Safeguards Agreements）」、つまり米、英、ロ、中、仏 5 核兵器国で締結し相互協力の下、核拡散防止の協力体制を確立する協定である。そしてモデル議定書保障措置協定（Model Additional Protocol to Safeguards Agreements）、また「計画協定（Project Agreement）」と「二者間協定（Bilateral Agreement）」がある[53]。

　協定「153」では、保障措置は「核物質が核兵器その他の核爆発装置に転用されていない事を確認することのみを目的として核物質に適用される」ことを規定し、その目標は、「有意量の核物質が平和的な原子力活動から核兵器その他の核爆発装置の製造のため又は不明な目的のために転用されることを適時に探知すること及び早期探知の危惧を与えることによりこのような転用を抑止すること」と定めている。適用範囲は全ての平和的原子力活動に係わる全ての核物質である[54]。

　さらに IAEA 追加議定書（Additional Protocol）が 1997 年 5 月 IAEA 理事会で採択され、また 9 月には国連総会でも採択され、議定書 540 保障措置（INFCIRC/540）の強化が図られたのである。

　IAEA 追加議定書とは、IAEA と保障措置協定締結国との間で追加的に締結される保障措置強化のための議定書である。

　議定書採択の背景として、1991 年の湾岸戦争の勃発によりイラクが保障

第9章　問われる原子力の国際管理 Regime－核の闇取引－

措置協定締結国でありながら、不申告の核開発計画を進めていたことが発覚し、また、1993年北朝鮮における保障措置協定違反問題の発生など、イラク及び北朝鮮の核兵器開発疑惑等を契機に従来の保障措置協定では不十分との認識が高まった。これにより IAEA において 1993 年、IAEA 保障措置制度の強化及び効率化の検討が行われ、その結果として、モデル追加議定書（INFCIRC/540（corrected）協定540）が、1997年5月に IAEA 理事会で採択されたのである。

　保障措置の締結による条約上の義務が完全に履行されれば、原子力の利用における複雑な摩擦、つまり軍事転用、核の闇取引の横行そしてなによりもテロリストへの横流しなどはなくなると想定される。しかし保障措置協定違反が増える傾向にあることを考慮すると核拡散防止制度には一国家の利益よりも超国家的な人類全体の利益と安全を土台した斬新的で有効な新たな措置の確立が必要ではないかと思われる。

我が国における保障措置実施体制
*http://www.aec.go.jp/jicst/NC/about/hakusho/wp1986/sb2090301.htm

第Ⅳ部　原子力商業利用の国際管理 Regimes の限界

2) NPT

a. 概要

　NPT 条約の保障措置は本書の第 4 章で具体的に記述したとおり、アメリカ、旧ソ連、イギリス、フランス、中国を除く核兵器保有国をこれ以上増やさないために、また非核兵器国の核兵器保有への道を永久に閉ざす事によって「核の拡散を防止する事」を狙って設けられた国際的枠組みである。この条約は 1970 年の発効当時から非核兵器国にとって不利な「不平等条約」であると判定し、インド、パキスタンなど国家安全保障上の理由から加盟しない国もあるなど問題を抱え、今日まで未解決のまま展開されている。この条約は 25 年間の期限付きで導入されたが、発効から 25 年目にあたる 1995 年には、NPT の再検討・延長会議が開催され、条約の無条件、無期限延長が決定された[55]。

　条約では、1967 年 1 月 1 日の時点で既に核兵器保有国であると定められた 5 カ国とそれ以外の国を分け、核保有国については、核兵器の他国への譲渡を禁止し、また、核軍縮のための交渉を進めることが義務付けられている。非核保有国については、核兵器の製造、取得を禁止している。また IAEA による保障措置を受入れることが義務付けられている[56]。NPT の安全保障措置は「核兵器国」と「非核兵器国」とに分け、核拡散防止における条約上の異なる義務を定め[57]、主権平等原則と抵触する恐れも排除し、ただ核拡散防止のみを遂行する条約でもある。

　他に、原子力の平和利用については条約締結国の権利として認めること、5 年毎に会議を開き条約の運営状況を検討すること、などを定めている。

b. 2010 年 NPT 運用検討会議

　NPT 第 8 条 3 および第 10 条 2 にしたがって、5 月 3 日から 28 日まで、ニューヨーク国連本部において、2010 年 NPT 運用検討会議が開催された[58]。同会議では、NPT の 3 本柱である核軍縮、核不拡散、原子力の平和的利用、それぞれについて、条約の運用のレビューと将来に向けた具体的な行動計画を含む最終文書が採択された。核軍縮、核不拡散、原子力の平和的利用については合意に至らず、議長の留意事項（take note）とされ、条約の運用のレビューについては会議の合意文書として採択された。

第 9 章　問われる原子力の国際管理 Regime－核の闇取引－

　外務省のまとめ[59]による成果としては、(a) 中東決議の実施に関する現実的な措置（例：2012 年の国際会議開催を支持）につき合意したこと、(b) 核軍縮につき「明確な約束」が再確認されたこと、(c) 具体的な核軍縮措置につき核兵器国が 2014 年の NPT 運用検討会議準備委員会に進捗を報告するよう核兵器国に要請したこと、(d)「核兵器のない世界」の達成に向けた直接的な言及が盛り込まれたことが挙げられる。
　他方、課題としては、イラン問題に関する言及が無く、かつ条約の遵守、脱退についての言及が弱かったこと、核不拡散措置につき小幅の進展に留まったこと等が挙げられる。
　最終文書の概要は以下のとおりである。
　ア　条約の運用のレビュー
（ⅰ）北朝鮮について、北朝鮮の核実験実施発表に対する強い非難が、また（ⅱ）脱退問題については、国際社会の迅速な対応の必要性や国連安保理の責任、脱退前に脱退国に移転した原子力資機材の返還に係る措置が言及され、（ⅲ）機構問題に関しては、運用検討プロセスのあり方を今後協議することの必要性が確認された。
　イ　行動計画
　2000 年運用検討会議の最終文書と比較して、特筆すべき新たな要素は以下のとおり。
（ア）核軍縮
　1）2000 年の「明確な約束」を再確認
　2）核兵器の使用における国際人道法等の遵守の必要性を再確認
　3）不可逆性、検証可能性及び透明性の原則の確認
　4）核兵器国が迅速に関与するよう要請される具体的核軍縮措置を例示（核兵器の役割の更なる低減等）
　　2014 年の NPT 運用検討会議準備委員会へ報告を要請
　5）核兵器国による標準化された定期報告の様式に関する迅速な合意を奨励
　6）軍縮不拡散教育に関する国連事務総長勧告の実施を奨励

第Ⅳ部　原子力商業利用の国際管理 Regimes の限界

（イ）核不拡散
　1）北朝鮮に対し、2005 年の六者会合「共同声明」で求められている義務の履行等を強く要請。
　2）IAEA 追加議定書のすべての未締結国に対する可及的速やかな締結を奨励
　3）IAEA が各国の国内計量管理制度整備を支援することを奨励
（ウ）原子力の平和的利用
　1）IAEA の活動に対し、今後 5 年間で 1 億ドルの追加拠出を奨励。
　2）原子力発電を含む原子力エネルギーの開発にあたり、保障措置、原子力安全及び核セキュリティへのコミットメント及び実施の確保。
　3）核燃料サイクルに関する多国間アプローチについての議論を IAEA の場で継続。
（エ）中東決議
　国連事務総長及び中東決議共同提案国（米英露）の召集による、すべての中東諸国が参加する中東非大量破壊兵器地帯設置に関する国際会議の 2012 年開催を支持。
　2010 年の最終文書は、「NPT 締約国は、条約の規定の完全な実現と効果的な実施に向けて断固として取り組む必要性を確認し、よって次の原則と目標を採択する」[60]という 2005 年度 NPT 再検討会議の決議（未採択）より後退しているようである。外務省のまとめによると 2005 年度採択した原則は以下の通りである。
(1)「核兵器の不拡散に関する条約への普遍的な加盟は、緊急の優先事項である。」と定め、NPT への加盟は国際社会の普遍的な原則であることを示し、非加盟国の加盟の促進を図ったのである。
(2) NPT は、「核兵器の拡散を防止する上で極めて重要な役割を担っている。拡散を防止するために条約をあらゆる側面において履行するあらゆる努力がなされるべきである。」という核不拡散の条約義務の尊重を改めて強調している。
(3) 核保有国に対する核軍縮の義務について、「NPT に規定される核軍縮に関する約束は、断固として履行されるべきである。」と定め、更なる軍縮に

244

第 9 章　問われる原子力の国際管理 Regime－核の闇取引－

向けた交渉を要求している。

(4) 非核兵器地帯の拡散を提唱し、以下のように定めている。「当該地域の諸国間で自由に締結される取り決めを基礎として、国際的に承諾された、非核兵器地帯を創設することは、世界と地域の平和と安全を強化する」、という確信を再認識する。

(5) 安全保障の面における決定には「核兵器の使用または核兵器の使用の威嚇に対して、条約締約国である非核兵器国を保障するために一層の措置が検討されるべきである。」と強調し、核兵器国の核不使用の確かな保証制度の構築を提唱している。

(6) IAEA の保障措置の効果的な運用について「国際原子力機関の権威を害するいかなる行為もなされるべきではない。他の締約国による NPT の保障措置協定の違反に関して懸念を有する締約国は、かかる懸念を、それを示す証拠や情報とともに、機関が検討し、調査し、結論を引き出し、かつその権限に従って必要な行動につき決定するよう、同機関に付託すべきである。」と謳って、アメリカをはじめ核先進国が保有している核疑惑の関連情報の正確で迅速な提供などを要請している。

(7) 原子力の平和利用の権利を NPT 締約国の普遍的権利として「平和的利用のための原子力の研究、生産および利用を発展させることについてのすべての締約国の奪い得ない権利の行使を確保することに対して、特別な重要性を付与すべきである。」と定め、非核兵器国の原子力平和利用を権利として確保することを目指している[61]。

　上記の保障措置における諸般の決定事項は 2000 年そして 2005 年また 2010 年 NPT 再検討会議の主たる推進項目であり、実践目標として刷新されたのである。さらに 2015 年の NPT 再検討に向け 2014 年準備委員会が開催され、とくに核兵器使用の非人道性を訴え、国際法上非合法とする努力を各国に求めるなど交渉を重ねている。しかし 2001 年 9 月 11 日、アメリカの同時多発テロ以来、アメリカの「一極主義」政策の展開による国際社会の多方面における変革の影響により、2005 年度の再検討会議では最終文書も採択できず閉会されたのである。そしてオバマ政権下での 2010 年 NPT 再検討会議では 2005 年 NPT 運用検討会議と異なり、交渉事項については早い段

階で問題なく合意し、実質事項の議論に移ることができ、最終文書案が採択されるなど成果はあった。が核兵器国と非核兵器国、先進国と途上国といった締約国や地域グループ間の立場の違いが鮮明になり、対立が先鋭化した際には、ブッシュ政権のアメリカの「一極主義」政策と類似な対応をした。アメリカの一極主義と覇権主義は核兵器国と非核兵器国との対立の溝を深めると同時に上記の安全保障諸原則の実現に高い壁となり、また原子力国際管理 Regime 全体の骨抜きに拍車を駆けている原因にもなっていると思われる。

6節　核物質の国際輸出管理 Regime

1）原子力供給グループ（NSG）

　原子力供給グループ（Nuclear Suppliers Group : NSG）は、1974 年、IAEA 保障措置下にあるカナダ製研究用原子炉から得た使用済み燃料を再処理して得たプルトニウムを使用したインドの核実験を契機に設立された核物質の国際的な流通における保障措置を担う核関連物質および機材の供給国のグループの中心に構成されている[62]。

　NSG 参加国は、2015 年 2 月現在 48 カ国となり、原子力の利用国が増大している傾向にあることを証明している。なお、インド、パキスタン及びイスラエルといった NPT 非締約国やイラン等は参加していない。

2）核物質の流通管理

　国際原子力機関憲章第 11 条の規定に基づきに署名された「原子炉計画のためのウランの供給についての各国政府に対する国際原子力機関による援助に関する協定」に基づき、IAEA から売却された核燃料物質と IAEA の保障措置との協定に基づいて核物質の流通における輸出管理には「パート1」と「パート2」で分離され、それぞれの方法で管理が行われている[63]。

(1) パート1：品目及びその関連技術

　非核兵器国への移転は、原則として、受領国である当該非核兵器国政府が IAEA との間で包括的保障措置協定を発効させていることを条件に行われる。また、移転の際には、受領国から、（イ）IAEA 包括的保障措置の適用

第9章 問われる原子力の国際管理 Regime－核の闇取引－

（第4条）、（ロ）移転資機材等の核爆発装置への不使用（第2条）、（ハ）移転資機材等への実効的な防護措置の実施（第3条）、さらに、（ニ）第三国に再移転する場合には受領国は原供給国に与えたのと同様の保証を当該第三国からとりつけること（第9条）、の4条件を確認する必要がある。

(2) パート1の対象品目（原子力専用品・技術）

　①資材及び機材

・核物質（プルトニウム、天然ウラン、濃縮ウラン、劣化ウラン、トリウム等）

・原子炉とその付属装置（圧力容器、燃料交換装置、制御棒、圧力管、ジルコニウム管、一次冷却材用ポンプ）

・重水、原子炉級黒鉛等

・ウラン濃縮（ガス拡散法、ガス遠心分離法、レーザー濃縮）、再処理、燃料加工、重水製造、転換等に係るプラントとその関連資機材

　②技術：規制されている品目に直接関連する技術（ただし、「公知」の情報または「基礎科学研究」には適用しない。）

なお、ガイドライン・パート1上、特にウラン濃縮、使用済み燃料の再処理及び重水製造については、核不拡散上敏感な（sensitive）分野の資機材・技術として、その輸出は厳格な規制の対象である。

(3) パート2：附属書に列挙された品目及びその関連技術の移転

　輸出許可手続を作成し、輸出を許可する際、（イ）移転の用途及び最終需要場所を記した最終需要者の宣言及び（ロ）当該移転又はその複製物がいかなる核爆発活動又は保障措置の適用のない核燃料サイクル活動にも使用されない保証を取得すべきとされている。

　NSGガイドラインによって輸出が規制される原子力関連資機材・技術の概要は以下のとおりである。

(4) パート2の対象品目（原子力関連汎用品・技術）

　①資材及び機材

・産業用機械（数値制御装置、測定装置等）

・材料（アルミニウム合金、ベリリウム、マレージング鋼等）

・ウラン同位元素分離装置及び部分品（周波数変換器、直流電源装置、遠心

分離機回転胴制御装置等）
・重水製造プラント関連装置
・核爆発装置開発のための試験及び計測装置
・核爆発装置用部分品

　②技術：規制されている品目に直接関連する技術（「公知の技術」又は「基礎科学研究」に関する情報には適用しない。）[64]

　上記の核物質の流通における輸出入管理制度の構成とその対象品目を列挙し、国際条約を締結し、厳格に運用しているといわれているにも拘らず、核物質、資材および機材、そして関連技術などは闇取引で相当流通していることが明らかになっている。このような現況を考えると、条約締約国が負っている条約上の義務を誠実に履行しているとはいえないと思われる。どのように核物質の流通の闇取引が横行しているのかを察知し、その除去には締約国の誠実な条約上の義務履行に訴えるしかないと思われる。

7節　オーストラリア・グループ（AG）

　The Australia Group（AG）は2005年4月、オーストラリアにて20周年の会合が開催され、昨今の化学・生物兵器、毒ガス兵器関連の大量破壊兵器と、そして原発の放射性物質の放射能兵器・汚い兵器（dirty bomb）の拡散の恐れが台頭し、核物質のその国際的な管理体制の整備が要請されていた[65]。AGは1984年、イラン・イラク戦争の際に、イラクにより化学兵器が用いられていたことが国連の調査団により明らかになり、イラクが化学兵器開発のために用いた原材料の多くは、民間の化学産業にも用いられるもの、いわゆる汎用品であり、通常の貿易を通じて手に入れられたものであるため、アウトリーチ活動の強化策を採択し、1985年、化学・生物兵器関連物資・技術の拡散を防止するため、オーストラリアの呼びかけにより設立されたのである。参加国は2015年2月現在欧州委員会（EC）と42カ国である[66]。

第 9 章　問われる原子力の国際管理 Regime－核の闇取引－

1）目的

　AG は大量破壊兵器（WMD）の拡散が国際社会の平和と安定にとって引き続き深刻な懸念となっている中、非 AG 参加国、特に中継貿易国に化学・生物兵器関連物資等の輸出管理体制の強化を働きかけでいる。

　規制強化策として、対植物の病原菌 5 品目が規制リストへ追加され、対象品目拡大に合意が得られるなど前進があった。他方、2002 年以降、対テロの観点から輸出管理対象品目の拡大が検討されてきたが、生物剤の散布に使用されうるスプレーヤーの新規規制、化学兵器前駆物質の規制対象拡大については、各国が産業上の様々な問題を抱えており、合意に至るまでには相当の時間を要すると思われる。

2）輸出管理

（1）輸出管理の方法として、条約など法的拘束力を持つ国際約束に基づく体制ではない。参加国は生物・化学兵器の不拡散という共通の目的を達成するため、AG の下で行われる情報交換、政策協調を国内の輸出管理に反映させることで、自国の輸出管理をより有効なものとすることを目指している。

　具体的には、参加国は、生物・化学兵器関連汎用品や技術に関し、AG の場で規制すべきか否か協議し、合意した品目を規制品目リストとして共有し、このリストを国内法令、例えば外国為替及び外国貿易法、輸出貿易管理令、外国為替令などに反映させ、輸出管理を実施している。対象地域としては、特定の対象国や地域に的を絞ることなく、世界中の国と地域を対象としている[67]。

（2）対象とされる規制品目は
　・化学兵器原材料（化学物質）54 品目
　・化学兵器製造設備（反応器、貯蔵容器等）10 品目及び関連技術
　・生物兵器関連生物剤（人、動物、植物に対するウィルス・毒素等）72 種に及ぶ。
　・生物兵器関連製造設備 7 品目で
ある。

　AG 参加国政府は規制品目の輸出審査にあたって、これらの輸出が生物・

249

化学兵器の開発などに用いられることがないよう、慎重に輸出管理を行う努力義務を負っている。

　生物・化学兵器は大量破壊兵器であり、核兵器と比べて安価で開発、製造が可能であることから「貧者の核兵器」とも呼ばれており、その問題は現在も国際社会の直面する深刻な課題である。生物・化学兵器の不拡散の分野では、化学兵器禁止条約（Chemical Weapons Convention：CWC）[68]及び生物兵器禁止条約（Biological Weapons Convention：BWC）[69]が発効しているが、まだ未加入や条約違反国が存在し、その対応策が構築されない限り、その恐怖は核兵器より身近に感じられる。この種の大量破壊兵器は安価で開発でき、その製造にも高等な技術を必要としないとすると、テロを含む紛争、内戦また部族間の争いの地域において使用される可能性は否定できないからである[70]。

　これまで生物・化学兵器・毒ガス兵器、また放射性物質の放射能兵器・汚い兵器の不拡散についての努力は、国家による開発・製造・保有などを防ぐことに主眼がおかれていた。しかし現在はテロ組織などの国家以外の主体が生物・化学兵器を開発し、取得し、これを実際に使用する危険性が現実に高まっている。そのことを想定すると AG 参加国の役割は、国際平和に貢献するのみではなく、化学物質の健全な使用による人類生活水準の向上にも繋がる斬新的な活動であるといえる。

8節　まとめ

　国際社会の平和と安定の享有を希求している我々人類は、核拡散またテロそして関連周辺組織の実体の解明とその体制の根絶に知恵を集中し、最善策を構築して対応してきたと思われる。しかし昨今、イラク戦争、イランおよび北朝鮮の核の開発問題を軸に国内外の安全保障に関する情勢はいまだかつてない険悪な道を彷徨っている。さらにシリアのアサド政権が、前政権を支持する反対派や一般民衆に対して「化学兵器」を使用したとして、アメリカが軍事介入を示唆するなど、シリア、イラク情勢をめぐっては、アメリカ、イギリス、フランスが国連安保理の全会一致に依らない軍事介入を目論み、

第9章　問われる原子力の国際管理 Regime －核の闇取引－

世界の注目を集めている。

　国際社会における平和と安定の享有が人類の必然的な権利であると信じるとすれば、我々人類は最先端の技術と高度な知恵を集結し、その権利の獲得に有効な制度の創設に没頭すべき必要性が高まっている。特に国連をはじめ IAEA、NPT など原子力国際管理 Regime には国際社会の平和と安定の定着に効果的な対応策の展開が強く求められている。

　1節で示した、カーン博士は 1976 年以降 20 年以上にわたり、イスラマバード郊外のカフタに ERL. A・Q・カーン博士研究所（KRL）を拠点に核開発関連機材、技術を開発し、その機材を不法に密輸する国際的なネットワークを構築し、北朝鮮、イラン、リビアなどに遠心分離器や核兵器製造技術を密売し、名誉と地位と権力を手に入れた。カーン博士の闇ネットワークはアジア、アフリカ、中東、欧州など世界各地に張り巡らされ、三十カ国以上の政府や企業・個人と関与した疑惑が抱かれている。

　カーン博士個人の研究所がこのような輸出入禁制品である核物質器材の不法取引を自国内外を問わずに展開し得たのは一人の力量を超えた国家権力の強力な支援と絶大な協力が存在したからであると推測できる。パキスタンの安全保障の理由から彼の核開発に拍車がかかったことは事実である。しかしそのことも然りながら、彼の個人的な事情からの影響も大きく受けていると思える。つまりカーン博士個人の宗教、生活を含め地域社会における環境からも強い影響を受け、闇取引のリーダーになったと思われる。彼のアメリカをはじめ西側諸国に対する敵対意識、また自国での生活上の貧困、さらにユーロッパ留学時の差別などからそれらに挑戦する大きな陰謀が芽生えたと思える。名誉、地位また権力志向も彼の個人的な背景と因果関係があり得ると思われる。

　国際場裡において核の闇取引とテロリズムとの闘いにおける多国間の協力を確立するのも重要である。しかし発展途上地域における貧困、経済社会格差及び不公正の削減、集団及び個人の生活水準向上の持続がない限り、第2、第3のカーンの博士が出現しないという保証はないと思われる。当該地域の人々の真の安全の促進を目的とした開発プロジェクトこそ喫緊の課題であるといえる。

第Ⅳ部　原子力商業利用の国際管理 Regimes の限界

　地域の平和、安全、安定及び繁栄に対する脅威に対処する一番の処方箋は、如何なる宗教、人種、国籍とも関連付けない公正な人間安全社会を目指す協力体制の展開にある。

　2 節に指摘したとおり、原子力の利用には必然的に商業利用も軍事使用も可能なプロセスがある段階まで同じである。原子力は元から人為的生産されておりその利用にも当然人為的管理を必要とする。したがって平和、安全、安定および繁栄に立脚した、また国際法理に沿った人為的管理の適用が実施されれば人的損傷は最小限に留めることが可能である。

　しかし核兵器の保持を願望する国および集団はあらゆる手段を総動員して核関連資材を求めつづけている。国際法上許容されている原子力の平和利用を盾に使い、軍事使用への転換を模索している。それ故、原子力発電所を稼働している国は、核兵器を開発する潜在的な技術と能力をも保持していると見なされている。この事実を考えると、原子力発電を促進しながら核兵器の拡散を防止する現存の原子力国際管理制度は誕生時から「ダブルスタンダード」を内包した先天的な障害を背負っている。つまり原子力平和利用が進展している限り、核兵器が消え去ることなどは夢のまた夢なのである[71]、と指摘する声もある。

　原子力の利用が核兵器の生産に直接繋がる可能性を否定できないとすれば、原子力の利用価値はない。しかし軍事使用への転換に対する完全な防止策さえ確立すれば、原子力は文字どおり"平和"利用に相当の貢献が期待できる可能性も否定できない。従って国連をはじめ国際機関、地域機関、国家が協力して核拡散防止制度を構築し、その確立に人的、財政的に膨大な投資をしてきている。しかしその効果は貧弱であるだけではなく、逆にイラクなどのような悲惨な犠牲が伴う戦場をもたらしている。

　3 節には核の国際管理 Regime、主な制度を具体的に網羅し、その目的、機能と役割について記述した。

　核拡散防止と原子力の平和利用の促進を確立するため、核物質、資材および器材、そしてその関連情報さらに技術などの管理と流通の統制を厳格に実施する。この目的を達成するため、国際社会が核誕生以来約 60 年間以上必死に取り組んできたといえる。しかしその効果の期待はしぼみつつある。昨

第 9 章　問われる原子力の国際管理 Regime－核の闇取引－

今の核拡散に関連する問題が絶え間なく増していくのは核の国際管理 Regime の貧弱さを指摘している。

　2005 年 8 月 10 日共同通信によると、ブッシュ米大統領は、「北朝鮮は核兵器開発につながるウラン濃縮計画について「真実」を語らず、韓国からエネルギー提供も提示されているので、イランに認めた「核の平和利用」を北朝鮮には容認できない」との見解を示していた。アメリカは国際法上、つまり NPT 条約上の締約国に付与される原子力の平和利用の権利の剥奪について公正な解釈を避け、アメリカ独自の法理の原則を打ち出し、その適用に非難が集中した。

　米政権が 2005 年 8 月初め、条件付きでイランの原子力平和利用を容認する政策に転換したため、これを認めていない北朝鮮への対応との間で「二重基準」が生じたとの指摘が出ている。ブッシュ米大統領の発言は、2005 年 9 月に開催予定の休会後の 6 カ国協議で、北朝鮮がイランとの対応の違いを突き、「原子力平和利用の権利」を再度要求してくることに予防線を張る狙いがあるとみられていた[72]。

　権利の行使に対する制限も相当の不法行為の存在が立証されなければならないのが文明諸国の法理として認知されている。権利自体を否定することは国際法理に反する法則であるといえる。

　アメリカは北朝鮮の核開発において核の闇ネットワークとの取引について相当の不満を抱き、さらにテロリストとの関連性について疑惑をもち、悪の枢軸と表現するなど、北朝鮮の原子力関連政策を巡り批判を強め、強硬策を展開している。オバマ政権も対北朝鮮政策にはブッシュ政権の政策を準用している。

　イランの核開発に関連する事態は中東地域をはじめ国際社会の政治、軍事面において重大な局面を迎えており、第 2 のイラク化の恐れも否定できない状況になりつつある。2005 年 8 月 8 日、イランのサイディ原子力次官の「ウラン転換着手」の宣言は、国際社会に新たな核の脅威を煽る結果となった。IAEA は、8 日イランのウラン転換施設の稼働を確認し、9 日夜 35 カ国による緊急理事会においてイラン核問題をめぐり、英国、ドイツ、フランス 3 カ国の提示した「イラン非難決議案」の取りまとめに向け各理事国が非公

253

第Ⅳ部　原子力商業利用の国際管理 Regimes の限界

式協議を続け、その外交的解決に力を入れている。非難決議案はイランの「ウラン転換作業再開」に「深刻な懸念」を表明し、転換作業の中止とウラン濃縮関連活動の全面停止継続を求める内容である。この3カ国の決議案が理事会において公式に採択される可能性は9月中にはかなり低いと思われた。3カ国の決議案をめぐってはEU諸国、米国、日本などが9日までに大筋で合意しており、焦点はイランに同情的な非同盟諸国の動向に移っている[73]。

しかしイランのマフムド・アフマディネジャド新大統領が核問題をめぐる協議について「新たなイニシアチブと提案がある」と述べたことについて、ブッシュ大統領は「建設的な展開だ」と評価している。

また、合意にたどり着けない場合、どのような対応を取るべきかについては、英・独・仏と歩調を合わせていくと強調している、などの状況を考えると安全保障理事会の議案になるには時間を要すると思われる。

さらにイラン側は米国の姿勢として、「1）英・独・仏3カ国と同じ立場であること、2）イランがウラン濃縮活動の完全停止をうたった昨秋のパリ合意を順守すべきであると強く感じていること、3）要求が受け入れられない場合、3カ国と協力してしかるべき措置を講じること－を理解することが重要である」と強調し、アメリカは圧力を強めていた[74]。その後、イラン非難決議案の否決とアメリカをはじめ安全保障理事会との交渉における取引は混迷を深めることになる[75]。

核拡散および核の闇取引、またテロリストに関連する問題はどれもアメリカとの敵対意識が強い地域と国そしてグループである。また一つの特徴は核の国際管理 Regime の各制度にはアメリカの主導と統制が敷かれていることである。世界の核の番人 IAEA の国際機関さえもアメリカの先導がないと核開発の疑惑を問う緊急課題には効果的な措置も設定することができないと思われる。

アメリカの「一極主義」の強硬策に原子力国際管理 Regime が利用活用されていることはだれも否定出来ないと思われる。自国の利益と自国の覇権の確立を最優先に取り組み、そのため国際法上保護されている国家主権および領域主義に反する行為が現在も進行している。このような状況の中、アメリ

第9章　問われる原子力の国際管理 Regime－核の闇取引－

カ先導型の原子力国際管理 Regime が所期の目的を達成することは困難といえる。また達成すると想定した場合に、あまりにも払う犠牲が大きい。アメリカを含め国際社会の犠牲を減らすため、アメリカ先導型の原子力国際管理 Regime の改善を図るべき時期に来ていると認識すべきである。

原子力の平和利用には NPT の保障措置への加入が必要条件である。しかしアメリカは核不拡散制度が骨抜きになる可能性が濃厚な強硬策を展開している。アメリカは 2005 年 7 月に NPT への加入を拒否しつつ核兵器を開発したインドの態度を事実上不問にし、原発核エネルギーの技術援助協定を締結した。核不拡散体制の全面的な転換に繋がる懸念すべき政策であり、この協定の実現に歯止めを掛ける必要がある。このアメリカとインドの協定の裏には中国を牽制する意図があるとは言え、自国の戦略を優先し国際的に定着している原子力国際管理 Regime の骨抜きにしようと図っている[76]。

2001 年 9 月 11 日同時多発テロ攻撃以来 12 年間、アメリカは「テロとの闘い」を国際社会のスローガンに仕立て、国際法原則に矛盾する強硬策を展開して来た。アフガニスタン侵攻ではビン・ラーディン容疑者をはじめタリバーンの指導者オマール師を容疑者とし、国際法上の侵略禁止原則を踏みにじると同時に新たな個人対国家の戦争体系を形成したのである。

イラク侵攻の理由としてあげた「大量破壊兵器」が見つからず、さらにブッシュ自身も 9・11 攻撃にはアルカイダとサダム・フセインは全く関連がなかったと認めた[77]。

アラブ社会のモデルになるような民主主義も育つどころかえって後退し、老弱幼の一般市民また外国人までがテロの標的とされ生命の危険にさらされている。大量破壊兵器の幻覚で始まったアメリカの対イラクの戦争がイラン、また北朝鮮に再現される可能性は高まる一方である。日本を含め国際社会はアメリカに同調する姿勢からアメリカの「一極集中主義」「覇権主義」を正す姿勢に転換する時期であることを悟らねばならない。

核の闇取引の横行を根絶するためには、まず原子力国際管理 Regime 体制からアメリカのイニシアティブを排除し、そして国際法に則した公正な第 3 者的な新たな国際管理機関、の構築とその実施体制の確立が肝要である。

現存の原子力の平和利用を含む核拡散防止全体の安全措置の活動における

第Ⅳ部　原子力商業利用の国際管理 Regimes の限界

原子力国際管理 Regime を一括管理および諮問を任務とする「原子力国際管理 Regime」の創設が必要である。核拡散防止のような国内外を含め多国間また国際機関間の協力を要する問題は"Dual Control System"の運用の方がその目的と任務を達成する近道である。

注

1）横山裕史、「核の闇取引とカーン・ネット」『企画シリーズ特集・The Sekai Nippo』2005 年 3 月 22 日。http://www.worldtimes.co.jp/special2/kaku/050322.html
2）桃井健司・網屋慎哉　訳「裏の核取引における核物質の密輸について」『核の闇取引』（連合出版、2004 年）pp.201〜212、The Nuclear Black Market in the Former Soviet Union and Europe by Rensselaer W, Lee III, December 1999.
3）"What has the Libya probe found?" on the Web site of the Non proliferation : The Pakistan Network, Council on Foreign Relations, available at :
http://www.cfr.org/publication/7751/nonproliferation.html
4）"How was Khan's network discovered?" op. cit.
5）"What is known about Malaysian company?" op. cit.
6）"How the illicit goods transported?" op. cit.
7）「2005 年核兵器不拡散条約（NPT）運用検討会議の概要と評価、軍縮・不拡散」『外務省』。http://www.mofa.go.jp/mofaj/gaiko/kaku/NPT/kaigi05_gh.html
8）「国際テロリズムとの闘いにおける協力に関する日 ASEAN 共同宣言」に関するプログレス・レポート、日本の国際テロ対策協力、外務省。
http://www.mofa.go.jp/mofaj/area/asean/terro_0411.html
9）A Bomb for the Ummah By David Albright and Holly Higgins, March/April 2003 pp.49-55（vol.59, no.02）©2003 Bulletin of the Atomic Scientists.
10）The Father of Pakistan's Nuclear Program Speaks Out by Simon Henderson September 1993 pp.27-32（vol.49, no.07）, 1993, op. cit.
11）Ibid., "Shipment stopped", Story from BBC NEWS, 2004/02/12.
http://news.bbc.co.uk/go/pr/fr/-/1/hi/world/americas/3481499.stm
12）The Father of Pakistan's Nuclear Program Speaks Out by Simon Henderson September 1993 pp.27-32（vol.49, no.07）©1993.
13）"Who else could be buying nuclear technology on the black market?" on the Web site of the Non proliferation : The Pakistan Network, Council on Foreign Relations, available at : http://www.cfr.org/publication/7751/nonproliferation.html
14）"On the trail of the black market bombs", Story from BBC NEWS, 2004/02/12.
http://news.bbc.co.uk/go/pr/fr/-/1/hi/world/americas/3481499. stm
15）"Trail to Libya" op. cit.

16) "Story : Al Qaeda Documents Outline Serious Weapons Program" CNN. com.
   http : //archives. cnn. com/2002/US/01/24/inv. al. qaeda. documents/
   "Worst Weapon and Worst Hands : US Inaction on the Nuclear Threat Since 9/11, and a Path of Action" The National Security Advisory Group by William J. Perry, Chair.　http : //belfercenter.ksg.harvard.edu/publication/2117/worst_weapons_in_worst_hands.html
   最近の Illicit Trade（核の闇取引）について：
   http : //isis-online.org/studies/category/illicit-trade/
17) "Experts Meet At John Jay College To Discuss Worst-Case Terror Scenarios"
   http : //www.nolandgrab.org/archives/security/
18) 「パキスタン、核の闇取引を再構築」国際ニュース、朝日新聞、2005 年 3 月 16 日、朝刊。
19) 「北朝鮮へウラン濃縮機器」朝日新聞、2005 年 8 月 25 日、朝刊。
   "Musharraf details NK nuke efforts". CNN.com. Tuesday, September 13, 2005 ;
   http : //www.cnn.com/2005/WORLD/asiapcf/09/13/korea.pakistan.nukes.ap/index.html
20) 国際ニュース、朝日新聞、2005 年 8 月 17 日、朝刊。
21) "China : Ready to pressure N. Korea", The Associated Press Wednesday, September 14, 2005　http : //www.tucsoncitizen.com/index.php?page＝national&story_id＝091405b1_koreas_nuclear&toolbar＝print_story
22) "U.S. Won't Compromise With N. Korea on Civilian Nuclear Use", Bloomberg com., *September 14, 2005.*　http : //www.bloomberg.com/apps/news?pid＝10000080&sid＝aeMoKNiiKJXU&refer＝asia#
23) "Nuclear Verification" on Statements of the Director General, IAEA. org. 14 June 2005, Vienna, Austria.
   http : //www.IAEA.org/NewsCenter/Statements/2005/ebsp2005n007.html
24) 「北朝鮮へウラン濃縮機器」朝日新聞、2005 年 8 月 25 日、朝刊。
25) 朝日新聞、2005 年 9 月 7 日、夕刊。
26) "South Korea's Nuclear Surprise" by Jungmin Kang, Peter Hayes, Li Bin, Tatsujiro Suzuki and Richard Tanter, January/February 2005 pp.40-49（vol.61, no.01）ⓒ2005 Bulletin of the Atomic Scientists.
27) A Footnote to the History of Our Country's "Nuclear Energy" Policies by Dr. Ta-you Wu.　http : //www.isis-online.org/publications/taiwan/ta-youwu.html
28) "Application of IAEA Safeguards in the Middle East" *Report by the Director General.* GOV/2003/54-GC（47)/12, Date : 15 August 2003.
29) Finding Nuclear Sanity : West Could Guide Iran's Nuclear Energy Research by Charles D. Ferguson II and Jack Boureston, Council on Foreign Relations. August 29, 2005. Defense News.

30) Ibid.
31) "India's Nuclear Forces, 2006" Excerpt from Shannon N. Kile, Vitaly Fedchenko and Hans M. Kristensen, 'World Nuclear Forces', SIPRI Yearbook 2006: Armaments, Disarmament and International Security, (Oxford University Press: Oxford, 2006).
http://www.sipri.org/contents/expcon/India.pdf
32) Ibid.
33) "Loose Nuclear Weapons and Materials, Russia" Charter 6, "Deadly Arsenals, Nuclear, Biological, and Chemical Threats, Second Edition" by Joseph Cirincione, Jon B. Wolfisthal and Miriam Rajkumar, Carnegie Endowment for International Peace, 2005 pp.30–134.
34) "Plutonium Disposition" idem, pp.135–136.
35) "The Initiatives for Proliferation Prevention and Nuclear Cities Initiative", idem, pp.138–139.
36) "A Review of Nuclear Black Markets: Pakistan, A. Q. Khan, and the Rise of Proliferation Networks" by By Zia Mian – 18 November 2007. http://www.thebulletin.org/web-edition/features/a-review-of-nuclear-black-markets-pakistan-a-q-khan-and-the-rise-of-proliferati
37) Ibid.
38) Ibid.
39) Ibid.
40) "Nuclear Weapons" Weapons of Mass Destruction (WMD), Global Security org.
http://www.globalsecurity.org/wmd/world/iran/nuke.htm
41) Ibid.
42) Stephanie Ho, "IAEA: North Korea May Have 6 Nuclear Bombs" VOA News com. 06 December 2004. http://www.voanews.com/english/2004-12-06-voa 49.cfm
43) "U.S.: N. Korea steps up disabling of nuclear reactor"
http://www.usatoday.com/news/washington/2008-10-17-north-korea_N.htm
44) Report on North Korean Nuclear Program by Siegfried S. Hecker, November 15, 2006. Center for International Security and Cooperation Stanford University, Nov. 15, 2006.
　　浅田正彦編「大量破壊兵器開発・拡散の状況」『兵器の拡散防止と輸出管理』有信堂、2004年、pp.249–251.
45) 小都元「核分裂物質の臨界量　Critical Mass」『核兵器辞典』2005 pp.16–18.
46) 山田克哉「核兵器「核」って一体何だ？」『核兵器の仕組み』講談社現代新書 2004年、pp.20–46.
47) 「なぜ「核」が爆弾になり得るのか？ウラン爆弾と放射能」前掲　pp.46–106.
　　「原子核の分裂によって原子力エネルギーが生まれます。」原子力基礎知識、

第 9 章　問われる原子力の国際管理 Regime－核の闇取引－

JAERI（日本原子力研究所）　http：//www.jaea.go.jp/jaeri/jpn/study/02/02.html
48)　前掲　注 7)。
49)　「2000 年 NPT 運用検討会議最終文書の概要」前掲。
50)　「核兵器廃絶のための緊急行動　2020 ビジョン」2004 年 8 月　平和市長会議 1 趣旨　2005 年 NPT の再検討会議において　交渉開始の合意が実現しない場合には、「2020　ビジョン」を実現するための代替策として提案した。
　　http：//www.peacedepot.org/theme/city/2020visionNew.pdf-186k-
51)　原水禁、「NPT 再検討会議の決裂に強く抗議」2005 年 5 月 27 日、連合・原水禁・核禁会議の声明文である。　http：//www.gensuikin.org/mt/000008.html
52)　「IAEA 保障措置協定」前掲。
　　http：//www.mofa.go.jp/mofaj/gaiko/atom/IAEA/kyoutei.html
　　http：//www.iaea.org/safeguards/sv.html
53)　同上。
54)　「保障措置」『原子力百科事典』。http：//www.atomin.go.jp/atomica/
55)　「NPT」前掲。
56)　「NPT」前掲。
57)　「日本の軍縮・不拡散外交」青書・白書・提言『外交白書』平成 16 年。
　　http：//www.mofa.go.jp/MOFAJ/gaiko/gun_hakusho/2004/index.html
58)　外務省：2010 年核兵器不拡散条約（NPT）運用検討会議、概要と評価。
　　http：//www.mofa.go.jp/mofaj/gaiko/kaku/npt/kaigi10_gh.html
59)　外務省：2015 年 NPT 運用検討会議第 2 回準備委員会、概要と評価。
　　http：//www.mofa.go.jp/mofaj/gaiko/page3_000130.html
60)　外務省：2005 年核兵器不拡散条約（NPT）運用検討会議の概要と評価。
　　http：//www.mofa.go.jp/mofaj/gaiko/kaku/npt/kaigi05_gh.html
61)　第 59 回国連総会「核兵器の全面的廃絶への道程」決議案（仮訳）前掲　注 7)。
　　http：//www.mofa.go.jp/Mofaj/Gaiko/un_cd/gun_un/un57_kaku.html
62)　NUCLEAR SUPPLIERS GROUP（NSG）.
　　http：//www.nuclearsuppliersgroup.org/A_test/01-eng/index.php?%20 button＝1
　　「原子力供給グループ（NSG）の概要」前掲。
　　浅田正彦　編「大量破壊兵器開発・拡散の状況」『兵器の拡散防止と輸出管理』有信堂、2004 年、pp.21-45。
63)　同上。
64)　同上。
65)　「生物・化学兵器関連の輸出管理レジーム」同上　pp.49-57。
66)　同上。
　　Australia Group Participants.　http：//www.australiagroup.net/en/participants.html
67)　同上。

第Ⅳ部　原子力商業利用の国際管理 Regimes の限界

68)「化学兵器禁止条約」同上　pp.58–67.
69)「生物・化学兵器とその規制の歴史」同上　pp.47–58.
70)「輸出管理の限界」同上　pp.68–69.
71)「人間原理という考え方」同上　pp.46–47.
72)"US Downplays Differences with Seoul Over North Korea's Nuclear Program" "Weapon of Mass Destruction (WMD)" Global Security org.8/23/05　http : //www.globalsecurity.org/wmd/library/news/dprk/2005/dprk–050823–35bd6e13.htm
73) Yahoo 海外ニュース―ロイター、2005 年 8 月 10 日。
74) 同上。
75)「中村直貴（外交防衛委員会調査室）」、(3) 国連安保理による対イラン制裁決議の採択へ、『イランの核開発問題　～米国の中東政策との関わりを中心に～』、2007 年 7 月。http : //www.sangiin.go.jp/japanese/annai/chousa/rippou_chousa/backnumber/2007pdf/20070302045.pdf
76) 朝日新聞、2005 年 9 月 10 日、朝刊、p.7.
77)「私の視点」同上。

第10章

原子力管理の危機（Crisis）
－リスク（Risk）と危険（Danger）の脅威－

1節　概要

　原子力産業、原発、つまり原子力商業利用はリスク（Risk）と危険（Danger）の脅威を潜在的に内包している。その先天的な脅威に対して人の知識と技術の力、つまり最新の科学技術をもって事故防止および阻止、事故時の対処、救済などに効果的に対応し得るのかどうか。福島原発事故の際、最先端技術立国である日本でさえも4年目を迎えた現在、その有効な対応策に東奔西走し、そしてその完全対策は五里霧中の状態がつづいている。したがって現段階では原子力商業利用のリスク（Risk）と危険（Danger）の脅威を払拭しきれない。

　福島原発事故という大惨事を経験し、その対策に苦闘している現在でありながら、日本は脱原発より原発稼働に向け、政・財・官界が主導的に邁進している。大都市の一般市民も安全性が確保されれば原発の継続利用を容認するという雰囲気が醸成されつつある。増加し続ける原発をはじめ原子力の商業利用の活発化は新たな原子力時代の到来であると多くの議論が展開されている。原子力の利用および使用における必然的な利点と欠点について賛否両論が政治、経済、産業界、学会そして一般市民間でも深まっている。とくに欠点である核兵器、つまり勝兵器（Wining Weapon）の保有国の増加により核拡散防止策における新たな国際的な制度の構築は必然的な帰結として認識され、国連をはじめ国際社会全体の課題として提示されている。このような

第Ⅳ部　原子力商業利用の国際管理 Regimes の限界

　人類の課題を内包している原子力の産業活動における議論は潜在的な利点と欠点の双方について深思熟慮の上、効果な対応策を展開して行くことが肝要である。

　原子力時代の到来を迎え、欠点の克服が最大の課題であることは誰も否定できない。アメリカの第44代バラック・オバマ大統領さえも、核拡散防止制度の再構築を至急解決すべき外交政策の課題として鮮明に公約している。

　原子力の商業利用に付随する潜在的な生命、財産などへの恐怖（Hazard）、つまり死角（Dead Zone）の増加による脅威から市民および社会全体を如何に保護すべきか。その危機（Crisis）に対し、精神的安定と不安の除去はもちろん、その信頼回復には従来の対応策ではなく革新的な国内外の有効な新たな制度が必要になると思われる。

　本章では原子力商業利用における産業活動が増大するほど、その欠点、リスク（Risk）と危険（Danger）の脅威という危機も拡張され、その実態が重大局面の土台を構築しつつあること、それが原子力の国際管理 Regime の危機に拍車を掛けていること、とくに原子力の国際管理 Regime の危機が現代国際法上の主題ともいえる「国際社会の一般利益」という原則に合致し得るのかどうかについて考察を行う。その根拠を提示するためアメリカの2001年9月11日同時多発テロ事件以降、生じた新たな欠点である原発における危機、つまりそのリスク（Risk）と危険（Danger）の脅威の対策について、アメリカなど他の関連諸国の措置を取り上げる。越境リスクについては本書の第7章を参照していただき、本章ではとくに危険の面について重点を置くことにしたい。そして8節に現存の原子力の国際管理 Regime を有効に実行し、リスク（Risk）と危険（Danger）の脅威から脱皮し得る対策を提示したい。

2節　危機（Crisis）の性質

1) 危機（Crisis）

　"Crisis" という言葉の語源は、ギリシャ語のカイロス（καιρός）という言葉に由来し、神との出会いや運命の時を意味するものだと言われている。危

第 10 章　原子力管理の危機－リスクと危険の脅威－

機という日本語も、「危」はあぶない、不安定、険しいなどといった意味であり、「機」は時機、機会などの用い方をし、転換期としての意味がある。人の病気の重篤な状態を危機と表現する人もいるが、危機には経過の岐路、分かれ目といった意味が含まれており、全てが悪い状態ではなく良い方向に向かう出発点にもなるということを示している。

　a．定義：「危機」状態は、人生の重要な目標に向かうとき、障害に直面し、一時的、習慣的な問題解決を用いてもそれを克服できないときに発生する状態である。混乱の時期と動揺の時期が結果として起こり、その間、解決しようとする様々な試みがなされるがうまくゆかない。結果的にはある種の順応が、その人やその人の仲間にとってもっとも良い結果をもたらすかもしれないし、そうでないかもしれない形で達成される。」とジェラード・キャプラン（Gerald Caplan）[1]とエリック・リンデマン（Erich Lindemann）[2]は定義している。また、危機を別な観点でとらえ、「危機とは、不安の強度な状態で、喪失に対する脅威、あるいは喪失という困難に直面してそれに対処するには自分のレパートリーが不十分で、そのストレスを対処するのにすぐ使える方法を持っていないときに経験するものである。」とも述べている。また、ボルトン・H・ブルーム（Burton H. Bloom）は「危機とは、ある特別な出来事に続いて必然的に起こる状況と定義できる。危機は危機を促進する出来事から始まるもので、それに続いて、危機か否かを識別するような反応を生じないこともある。」と述べている[3]。

　b．形態：危機には、その根源によって大きく 2 つに分類することができる。1 つは偶発的危機（accidental crisis）であり、もう一つは難問発生状況（hazardous environment）における危機である。

　前者は、社会的危機（social crisis）や、火災、地震、暴動など予期し得ない出来事によって身体的、心理社会的に安定した状態を脅かすものである。後者は、危機的状態が発生すると、心理的にはまず最初に平衡状態（equilibrium state）を保っていた心の状態が揺さぶられることになる。この事態が発生すると通常におけるライフサイクルが乱れ、あるいは他の状況的、偶発的な出来事にも脅威、喪失、挑戦などといった形で心理的不安が生じるのである[4]。

263

2）Risk

　a．定義：さまざまな定義があるが、エリック・リンデマンは一般的には、「ある行動に伴って、あるいは行動しないことによって、危険に遭う可能性や損をする可能性を意味する概念」と理解されると指摘している。ハザードとともに"危険性"などと言われることもあるが、ハザードは潜在的に危険の原因となりうるものすべてをいい、リスクは実際にそれが起こって現実の危険となる可能性を組み合わせた概念である。ゆえにハザードがあるとしてもそれがまず起こりえないような事象であればリスクは低く、一方確率は低いとしても起こった場合の結果が甚大であれば、リスクは高いということになる[5]。

　b．形態：リスクの性質を大きく分類すると危険とリスクと分類することができる。

　①危険：産業社会の「外部から突きつけられる危険性」であり、産業社会の近代化によってある程度解消可能である。

　②リスク：近代化された産業社会の矛盾として、「産業社会の内部から必然的に湧き上がる新たな危険性」である。

　原子力産業活動は、上記の「危機」の性質とそして「危険」と「リスク」両方の概念を内包し、さらにその性質をもたらす度合いが非常に高いという最悪のシナリオが潜在する危険活動である。

　全産業活動について、イギリス経済学者ペティ（Sir William Petty）およびクラーク（Colin Grant Clark）両博士は Petty = Clark 法則 3）において、第1次産業、第2次産業そして第3次産業と分類している。経済社会・産業社会の発展につれて、第一次産業から第二次産業、第二次から第三次産業へと就業人口の比率および国民所得に占める比率の重点がシフトしていくという法則である、と示唆する。

　原子力産業は第1次産業から第2次産業さらに第3次産業全般において幅広く産業活動を行っている。一つの産業が全産業との深い関係をもって商業活動を展開していく産業、つまり原子力産業活動は非常に稀であるといえる。原子力産業界はその特殊な体系を維持するため、国内外の政治、経済をはじめ社会、文化さらに軍事戦略まで広範な範疇に強い関連性が常に要求さ

第 10 章　原子力管理の危機－リスクと危険の脅威－

れる構造になっている。
　すてに指摘したとおり、原子力産業はその disadvantage である原発における crisis は想像を絶する甚大な損害をもたらすという「リスク」と「危険」をも内包している。

3）危険（Danger）
　旅客機がハイジャックされ、ニューヨークの世界貿易センターなどに突っ込んだ 2001 年 9 月 11 日、米同時多発テロ事件では、超高層ビルがわずかな時間で倒壊した。それ以来、最も危惧される 1 つの対象が原発である。襲撃され、破壊されればその被害および損失は計り知れないほど大きい。
　米国をはじめ全原子力保有国は警戒を強めると同時にその対応策に全力投球しなければならなくなった。IAEA もテロなどからの原発の攻撃を禁止する条約をはじめその安全制度に力を注ぐことになった。日本も警備強化などテロ対策に取り組み始め、原子力安全対策の強化を図った。
　「原発は、テロ事件で使われたようなボーイング 767 や 757 型旅客機の衝突に耐える設計にはなっていない。過去に想定したこともない」と米原子力規制委員会（NRC）は 2001 年 9 月 21 日に、見解を公表した。
　IAEA の報道官も「原発に直撃すれば核物質を閉じこめきれない」と限界を認めた。経済産業省原子力安全・保安院は事件を受けて、電力会社に警備の強化を指示した。なお、NRC のホームページ（http : //www.nrc.gov/）にはテロリストの攻撃についての Q&A の欄が掲載され、原子力事故の危険のリスクにおける警戒対策を敷くことにした。
　もしも原発が襲撃され、原子炉が完全に破壊された場合、どのような人命の犠牲と社会の損失をもたらすかのシナリオの作成は不可能である。原子炉の中には大量の放射性物質と少量のプルトニウムさえ存在し得る。1 g で 470 万人の殺すプルトニウムはこの世で一番の毒物であることを考えればその損失は想像を絶する甚大さであると予測し得る。また原発は稼働中、常に放射線被曝という問題を抱えている。さらに原発は、外部襲撃、異常天災、異常気象（extreme weather）、集中豪雨、竜巻などによる事故の際、現代科学で完全にコントロールし得ない大問題を先天的に内包している。

第Ⅳ部　原子力商業利用の国際管理 Regimes の限界

　1986 年 4 月 26 日に発生したチェルノブイリ原発事故。30 万人もの労働者が、放射線防護も危険の周知も不十分な中、消火や復旧作業に従事したのである。その当時の被曝労働者は、今後の白血病やガンの多発などが懸念され健康被害の救済策をウクライナ共和国議会に 22 年が経過した 2008 年に求めている。

　そのチェルノブイリ原発事故の損失は、ウクライナ共和国に限っても、500 万人の住む 14 万 5,000 km^2 が汚染された。深刻に汚染された地域の総面積は、ウクライナ、ベラルーシ、ロシア、3 共和国あわせて、日本の総面積に匹敵するともいわれる。放出された放射能は、広島・長崎の原爆の 380 倍とされるが、いまだ 230 万人がウクライナ共和国の汚染地に居住を余儀なくされている。

　2005 年前後には、IAEA、WHO（世界保健機関）などの健康被害の過小評価が批判された。被曝者の健康被害は、今後、ますます深刻化すると予測されている。ウクライナ共和国内に限っても 40 万人の子どもの被曝者と被曝労働者 30 万人も含め、今後、白血病やガンの多発などが懸念される[6]。

　2011 年 4 月 22 日、憂慮する科学者同盟（the Union of Concerned Scientists：UCS）のグローバル安全保障プログラムの専門家たちはチェルノブイリ原発事故の 25 年目の記念日にあたり、新しい分析を News Center を通して行った。それによると、従来ガン死を 4000 人と推定したが、25 年目の現在は約 50,000 人のガン犠牲者を予想した。そのガン犠牲者の数は「国連のチェルノブイリ Forum」（IAEA、WHO、放射線の影響に関する国連科学委員会（UN Scientific Committee on the Effects of Atomic Radiation：UNSCEAR）を含む各部局の協力を得ながら作業を行う）からのしばしば引用された数字より 6 倍以上高い。

　「国連のチェルノブイリ Forum」関係者は 100 ミリシーベルト以上の高レベルの汚染者を対象に、またベラルーシ、ウクライナとロシアの地域を限定して調査した結果である。一方「憂慮する科学者同盟」は 100 ミリシーベルト以下低レベルの放射能汚染者も、また他のヨーロッパ地域まで調査した結果である。従ってガン死者の数字が異なる結果になり、国連チェルノブイリ Forum の調査体制、つまり放射能汚染者の対象選別に IAEA 締約国から非

第10章　原子力管理の危機−リスクと危険の脅威−

難を浴びた。

　28年が経過したチェルノブイリ原発事故による甲状腺ガンの死者は確実に増えている。これからも増え続けることは確実であるといえる。その対応策が緊急を要している。

　原発が外部から攻撃され危険のリスクが発生した場合、長期にわたる損害と、無差別殺傷力の恐ろしい毒性から人命と社会の損失を救済するため、「戦時の際」さえもその原子力産業の主軸である「原発の攻撃を禁止する」国際法規の制定が必要になったのである。つまり原子力産業社会の危険のリスク、「外部から攻撃による危険性」を除去するためである。また産業社会の近代化の技術を使用し、そのリスクを最小限に留めると同時にその迅速な救済を制度化する必要に応じるためである。

　国際法の制定の目的も二面性を内包している。原則的には人命の保護を定めながらもう一方は原子力産業の促進をめざす目的が色濃く滲んでいる。その国際法規、とくに原子力産業を推進する商業利用における関連国際条約、協定などの規範は「国際社会の一般利益」との両立しうるのかどうかは議論の余地が十二分にある。原発が攻撃された際、人命を保護する真の国際社会の一般利益の確立をめざすための規定であれば、危険防止の軍事戦略またその作戦上の戦術的な面において文民保護の制度化に徹底した総合的で効果的な規定が制定されたはずである。しかし下記のジュネーヴ諸条約の第1、第2議定書にはただ攻撃禁止原則のみ定めている。

3節　ジュネーヴ諸条約（Geneva Conventions）

1）1949年ジュネーヴ諸条約

　武力紛争が生じた場合に、傷者、病者、難船者及び捕虜、これらの者の救済にあたる衛生要員及び宗教要員並びに文民を保護することによって、武力紛争による被害をできる限り軽減することを目的とした4条約の総称である。

　第1議定書および第2議定書：本議定書は1977年の国際人道法会議で採択された。武力紛争の形態が多様化・複雑化したことを踏まえ、文民の保

護、戦闘の手段及び方法の規制等の点で、ジュネーヴ諸条約を始めとする従来の武力紛争に適用される国際人道法を発展・拡充したものである。国際的な武力紛争に適用される第1追加議定書と非国際的な武力紛争に適用される第2追加議定書がある。ジュネーヴ諸条約を発展・補完する規定である。日本は、2004年8月31日に加入した。

ジュネーヴ諸条約の主な内容の以下の通りである[7]。

第1条約：戦地にある軍隊の傷者及び病者の状態の改善に関する1949年8月12日のジュネーヴ条約（傷病者保護条約）：64条で構成され、陸戦における保護対象として軍隊構成員の傷病者、衛生要員、宗教要員、衛生施設、衛生用輸送手段等であり、また適用期間は条約の保護対象者が敵の権力内に陥ってから、送還が完全に完了するまでである。

第2条約：海上にある軍隊の傷者、病者及び難船者の状態の改善に関する1949年8月12日のジュネーヴ条約（難船者保護条約）：63条で構成され、海戦における保護対象として軍隊構成員の傷病者、難船者、衛生要員、宗教要員、病院船等であり、また本条約の適用期間は海上で戦闘が行われている間（上陸した後は第1条約が適用される）である。

第3条約：捕虜の待遇に関する1949年8月12日のジュネーヴ条約（捕虜条約）：143条で構成され、保護対象は捕虜である。そして適用期間は敵の権力内に陥ってから、最終的に解放され、送還されるまでである。

第4条約：戦時における文民の保護に関する1949年8月12日のジュネーヴ条約（文民条約）：159条で構成され、保護対象は紛争当事国又は占領国の権力下にある外国人等である。本条約の適用期間は紛争又は占領の開始時から、原則として軍事行動の全般的終了時までである。

2）第1議定書

1977年及び2005年の国際人道法会議で採択され、国際的な武力紛争に適用する議定書である。二次世界大戦以降、民族解放戦争・ゲリラ戦の増大など武力紛争の形態が多様化し、軍事技術が発達した等の現代的状況に対応するための規定である。

本議定書は第1節の適用事態（第1条）および適用期間（第3条）の総

第 10 章　原子力管理の危機−リスクと危険の脅威−

則、第 2 節の傷病者、難船者、医療組織、医療用輸送手段等の保護、第 3 節の戦闘の方法及び手段の規制と戦闘員及び捕虜の範囲、第 4 節の文民たる住民の保護、第 5 節の殺人・拷問・非人道的待遇等「重大な違反行為」の追加・拡大、第 6 節の国際事実調査委員会の設置など全 102 条で構成されている。

本章では第 4 節に属している文民たる住民の保護条項について若干考察したい。

a.　文民たる住民の保護（Protection of the civilian population）の条項

文民の保護は第 4 条約、第一および第二追加議定書に定められている。

文民たる住民の保護条項は主に「文民の保護、保護の対象、特別保護地域、民間防衛」という 4 つのカテゴリーで説明することができる。

第 1 に文民の保護における文民の定義は「軍隊に所属しない者」全てになり、軍人（combatants）かどうか怪しい者も、とりあえず文民として扱われる。文民は戦闘対象から除外され、保護される権利を持っている。いかなる時も基本的人権が保障され、人間として尊重される。特に児童とその母親（妊婦及び 7 歳未満の幼児の母）、及び女性は特別尊重の対象とされ、あらゆる暴行、暴力から保護されなければならない。もちろん男性といえども、あらゆる略奪、虐待、及び科学的実験の対象になる事などから保護される。

児童の保護として、15 歳未満の児童を戦闘行為に参加させることを禁止する。また法への違反行為があった場合においても、18 歳未満の未成年に死刑を執行することを禁じている。

締約国は戦争により孤児、または家族と離散した児童に対し、成人の居住区とは別に保護居住区を設け、そして給養、宗教、教育の実施にあらゆる便宜を提供する義務を負う。

第 2 に保護の対象は文民の生命の他に、その財産も保護される。攻撃する者は、文民の財産を攻撃対象から除外すると同時に軍属かどうか判断があやふやな場合はとりあえず文民の財産として見なし攻撃を中止しなければならない。

防護する側は、文民及びその財産の移動などを利用して、盾とする事を禁じられている。

文民の生活に必要な食糧庫、農業地域、飲料水施設などへの攻撃も禁じら

れている。但しこれらへの攻撃が自国内であり、且つ軍事上必要不可欠である場合は攻撃対象にする例外措置もある。

　また、危険な力を内蔵している施設から文民を保護するため、ダム、堤防や原子力発電所は、特に保護され、攻撃対象から除外しなければならない。しかしこれら施設も、軍事作戦に定期的に、且つ大規模に直接使用されている場合で、更に攻撃する事が「唯一の作戦停止手段」である時に限り、攻撃する事が例外措置として認められている。

　この他にも、歴史的記念物や文化遺産、精神的な文化財（教会や礼拝堂など）も攻撃対象としてはならないし、軍事支援に利用する事も禁じている。

　そして長期的、広範囲に環境を破壊する攻撃方法や、住民の健康や生存を脅かす攻撃方法も禁止されている。当然、住居地域での核兵器、劣化ウラン弾、化学および生物兵器の使用も禁止されていると解釈できる。

　第3に文民を保護するため、紛争国内に特別保護地域を設ける事ができる。これらは目的などに応じて、次の4つに分類される。

　a．安全地帯：文民、特に社会的弱者や病人、傷者を保護するため、安全地帯を設ける。この特別保護地帯は戦闘地域から除外される。関連状況が許せば、既に保護対象となっている文化財産の中や近隣に設置する事もできる。

　b．中立地帯：関係当事国の協定で設置される地帯で、軍事的性質を持つ業務を行っていない一般文民、住民を、無差別に保護するための地域である。

　c．非防守地域（Non-defended localities）：この地域は、(a) 全ての兵器及び戦闘員を撤去、移動しておく事、(b) 固定の軍事施設を敵対行為に使用しない事、(c) 当局及び住民による敵対行為が行われない事、(d) 軍事作戦を支援する一切の行動をとらない事、4つの全ての条件を満たすことが必要である。

　4つの条件を満たした住民住居地域は、非防守地域宣言をする事ができる。この地域には、いかなる攻撃も行ってはならない。但しこの地域は、敵による占領にも解放されているので、戦争そのものに巻き込まれないという訳ではない。

d．非武装地域（Demilitarized zones）：関係国の協定により設置された地域で、ここでは、関係国の協定に反する行為はできない。その内容は協定次第なのであるが、一般的には非防守地域と同等の地帯になる[8]。
　第4のカテゴリとして人道的支援を行うため、民間防衛機関を設立する事ができる。この機関では、オレンジ色の地に、青の三角形を配した特別徽章を身に付けなければならない。
　この機関は、戦闘行為によって発生した災害からの回復を援助し、文民の生存に必要な支援を行う任務を負っている。締約国はこの機関を保護する義務があり、また機関が使用する物資を破壊してはならない。
　但し敵対行為を行った場合は、警告の上、保護対象から除外される。この敵対行為には、軍が民間防衛行動を支援したり、民間防衛機関が軍人の犠牲者を保護したりする事は含まれない。また自衛のために個人用軽火器を携帯する事は、認められている。
　b．危険な威力を内蔵する工作物および施設の保護
　第56条：危険な力を内蔵する工作物等（ダム、堤防、原子力発電所）の保護。
　文民たる住民を保護するため、危険な威力を内蔵する工作物または施設、すなわちダム、堤防および「原子力発電所」は、これらの物が軍事目標である場合にも、その攻撃が危険な威力を放出させ、その結果文民たる住民の間に重大な損失をもたらす場合には、攻撃の対象としてはならない。そして文民たる住民および個々の文民は、すべての場合において、国際法が与えるすべての保護を享受する権利を有する。また締約国および紛争当事国は、危険な威力を内蔵する物に一層の保護を与えるために相互の間で新たな取決を締結するよう要請される、という条項である。
　危険を及ぼす力を内蔵している施設は現代の産業活動の中には数え切れないほど存在している。とくに科学の発達による最先端の産業はその危険度合いも最高レベルで、その毒性も最強のものとして台頭している。その代表的な産業が原子力商業利用の産業であることはいうまでもない。もしその最強毒性を内蔵している原発が襲撃された場合の文民、住民の生命および財産の損失は想像を絶する惨劇に達すると思われる。

3) 第 2 議定書

　国際的な武力紛争でなく、締約国の領域において、当該締約国の軍隊と反体制派の軍隊その他の組織された武装集団との間に生ずるすべての武力紛争に適用する。

　本議定書にも文民たる住民の保護の条項、第 15 条に危険な力を内蔵する工作物、ダム、堤防、原子力発電所等の保護等の規定がある。内戦において、正規軍かまた非正規軍かそして武装集団かを問わず武力衝突の際、そして武力の行使の際、危険で不特定な力を内蔵している施設の攻撃を禁じている。

4) 危険地帯及び地区の特別保護条項について

　国際人道法、特に第 4 条約、第一および第二追加議定書に定められている文民たる住民の保護に関する「危険な威力を内蔵する工作物および施設がある地帯及び地区の特別保護」については、強行規範（jus cogens）」性を持つ法規であると解釈できる。

　強行規範の原則は「締結時に強行規範に抵触するいかなる条約も無効（条約法に関するウィーン条約、第53条）である。」と謳っている。本規定は国際平和、安全、人権の尊重を確立するため、つまり「国際社会の一般利益」の確立をめざす強行条項である。例えばジェノサイド、侵略、人道に対する罪、海賊や奴隷制度および奴隷売買、拷問、虐待などに適用している。原発が攻撃された場合、その被害は限定された原発周辺地域のみではなく広大な範囲、国境を越えた地域までも放射能汚染が拡散される。さらに核物質の種類によっては数年から数百年という長い年月の間、場所や物質を問わず放射線を発しつづける汚染を引き起こすことになる。このような非人道的な行為を事前防止するため、危険地帯及び地区の特別保護条項は強行規範として適用されるべきである。

　原子力産業活動および危険潜在産業活動には強行規範の該当について明文化・カタログ化されていないが強行規範の適用対象に組み入れるべきであるといえる。

　原子力産業活動および危険潜在産業活動、とくに危険な力を内蔵する工作

物及び施設の保護について具体的に記述したい。

4節　第一議定書、
第56条　危険な力を内蔵する工作物及び施設の保護

1）攻撃範囲

　a．軍事目標と攻撃対象の禁止：危険な力を内蔵する工作物及び施設、すなわち、ダム、堤防及び原子力発電所は、これらの物が軍事目標である場合であっても、これらを攻撃することが文民たる住民の間に重大な損失をもたらすときは、攻撃の対象としてはならない。（56条1項）

　b．復仇の対象（the object of reprisals）禁止：上記 a）に規定する工作物、施設又は軍事目標を復仇の対象とすることは、禁止する。（56条4項）

　想定外の危険な力による損失および被害から一般住民を救済するにはこの方法が効果的である。一般の戦闘行為は勿論復仇戦闘の際にも非戦闘員である一般住民の保護を最優先した条項である。

　c．上記 a）に規定する攻撃からの特別の保護：原子力発電所などこれらが軍事行動に対し常時の、重要かつ直接の支援を行うために電力を供給しており、これに対する攻撃がそのような支援を"終了させるための唯一の実行可能な方法（the only feasible way to terminate）"である場合にのみ消滅する。（56条2項（a）、（b）、（c））

2）当事国の義務

　a．紛争当事者の義務：上記の1）に規定する工作物又は施設の近傍にいかなる軍事目標も設けることを避けるよう努める。もっとも、保護される工作物又は施設を攻撃から防御することのみを目的として構築される施設は、許容されるものとし、攻撃の対象としてはならない。

　b．保護される物の識別の構築（a special sign）：危険物質および施設から文民たる住民を保護するため、平時から危険標識を表示し、その襲撃を事前に防ぐ防御措置、特別標章を立てるようになっている。例えば一列に並べられた三個の明るいオレンジ色の円から成る特別の標章（a special sign

第Ⅳ部　原子力商業利用の国際管理 Regimes の限界

職別の二つの標章
●の色は黄色、その背景は白色
▲の色は青色、その背景はオレンジ色
抜粋：Geneva Convention Protocol Flags
http://flagspot.net/flags/int-gp.html#df

consisting of a group of three bright orange circles placed on the same axis）によってこれらの保護される物を表示する。その表示がないことは、この条の規定に基づく紛争当事者の義務を免除するものではない。（56条7項）

5節　原子力発電所のリスクと危険

1) 核物質（Nuclear materials）

放射能を持つ物質の総称で、ウラン、プルトニウム、トリウムのような放射性元素や、他の放射線にさらされることにより放射能を持つようになった放射化物質をいう。原子力施設などで発生する放射性廃棄物などはこれに当たる。人為的に発生させた放射性物質があり、被曝の恐れがある場所は放射線管理区域に指定され、厳密に管理されている。

a. 原子炉内に存在するプルトニウム

プルトニウム-239は核兵器製造にもっとも適した核物質である。プルトニウム-239は、ウランの主要な同位体であるウラン-238の中性子捕獲によって生じるウラン-239がベータ崩壊を繰り返して生じる。

原子炉内に存在するプルトニウム-239の重量は生成する核分裂生成物の重量から推定できる。問題の原子炉の熱出力を 25,000 KW とし、1年間連続運転したとする。235 U の1原子が核分裂した時に発生するエネルギーは2億電子ボルト（3.2×10^{-11} ジュール）、1年は 3.15×10^7 秒であるから、核分

第 10 章　原子力管理の危機 − リスクと危険の脅威 −

裂生成物の重量は、$(2.5 \times 10^{-7}) \div (3.2 \times 10^{-11}) \times (3.15 \times 10^7) \div (6.0 \times 10^{23}) \times 233$
$= 9,500$ g、約 10 キログラムとなる。

　生成するプルトニウムの重量は核分裂生成物の重量の 70% を超えないであろう。原子炉の年間の運転期間は通常 80% 以下であり、プルトニウム-239 の重量は約 5 キログラムに下がる。

　原子炉内のプルトニウム-239 は、中性子捕獲によってプルトニウム-240、プルトニウム-241 へと変わってゆく。プルトニウム-239 の比率は、核燃料を原子炉内に 1 年以上おくと、60% まで下がる。プルトニウム-240 は、アルファ崩壊に比べると小さな比率ではあるが、自発核分裂によって崩壊し、その際に中性子が放出される。そのために、二つに分けたプルトニウムを合わせて核爆発を起こそうとすると、プルトニウムのごく一部しか核分裂しない。プルトニウム-240 は核兵器の製造には邪魔になる同位体である。

　b.　核兵器級プルトニウム

　プルトニウム-239 の存在度が高いプルトニウムを「核兵器級プルトニウム」といい、発電用原子炉などで生じるプルトニウムを「原子炉級プルトニウム」という。核兵器級プルトニウムを製造するには、速中性子を用いる高速炉によるか、核燃料を原子炉に入れた数ヶ月後に取り出さねばならない。

　北朝鮮の問題の原子炉を用いて核兵器級プルトニウムの十分な量を製造できるとは考えにくい。原子炉級プルトニウムでも核兵器が製造できるといわれているが、その際には核兵器級プルトニウムを用いる場合よりも高度な技術が必要であり、高い爆発の効率も期待しにくい。また、兵器の小型化は困難になるであろう[9]。

　北朝鮮は、新規のプルトニウムによる核開発は中断し、代わって高濃縮ウランによる核開発に軸足を移していると推測されている。これはプルトニウムによる核兵器は品質劣化に伴う維持管理が煩雑な一方、高濃縮ウランによる核兵器は劣化がほとんどなく、維持管理がやりやすく、隠蔽もしやすい。また北朝鮮のウラン埋蔵量は莫大であり、核兵器を作る上で制限がないからだと推測されている。

2) 他の兵器

a. 汚い爆弾（Dirty Bombs）[10]

　原子炉の核燃料である濃縮ウランなど核物質、また放射性廃棄物などの放射性物質を詰めた爆弾のことである。汚い爆弾は核爆弾のように核反応で爆発するのではなく、火薬などで爆発する。稼働中の原発施設から核物質を盗取し爆弾を製造する可能性が高く原発周辺の監視体制が強化されている。

　この爆弾は、爆発が起きると爆弾内部に格納されていた放射性物質が飛散し、爆発と放射性物質の放射線の汚染により周囲に被害を与える。このような兵器は、放射能兵器と呼ばれる。しばしば誤解される所ではあるが、核を利用した兵器ではあっても核爆弾の範疇には含まれない。

　汚い爆弾という名の由来としては、核汚染を引き起こすことを目的とし、核物質の種類によっては数年〜数百年という長い年月の間、放射線を発しつづける汚染を引き起こすことによる。放射線障害の定説として、被害が出るかどうかは確率論の問題であるため「安全しきい値は存在しない」というものがあり、強力な放射線を浴びれば確実に障害を起こす一方で、どれだけ放射線が少なければ影響が出ないとは言えない問題を含んでいる。

　構造としては、核物質を爆発で吹き飛ばすだけであるため、単純に言えば爆弾を放射性物質で覆うだけである。これに運搬者の被曝を防ぐための遮蔽用容器を被せるなどの工夫は必要かもしれないが、逆に被曝を気にしなければ単に爆発物に剥き出しの核物質を括り付けるだけである。この他、爆弾を制御するための点火装置や時限装置などを取り付けることも考えられる。

　汚い爆弾は放射性物質が必要な以外は、高度な技術計算やシミュレーションを必要とする爆縮レンズの設計などは全く必要ではなく、加えて臨界が発生するよう核分裂連鎖が起こりやすい核物質を精製する必要がないため、通常の爆弾と同等の、格段に低い技術力・設備で製造でき、専門筋では「一般のガレージで製作可能」とまで言われるほどである。また単に放射性物質でさえあれば、その種類・濃度は問われない。そのため、テロリストが使用するのではないかと懸念されている。最もシンプルに設計すれば起爆装置すら不要であり、袋や瓶に放射性物質を詰めて投下するだけでもその目的は充分に果たすことができる。

第 10 章　原子力管理の危機－リスクと危険の脅威－

　被害状況は、放射性物質が周囲に飛散しても、以下のような条件によって「効果」が変化する。
　①利用される放射性物質の量的な問題、②放射性物質の発する放射線の量的な問題、③爆発物によってどの程度内容物が拡散するかの問題、④拡散した放射性物質の粒子の質の問題などである。
　エアロゾルとなって浮遊するような微粒子なのか、すぐに落下してしまう破片なのかによっても問題の程度が違うことになる。また天候や爆発させた場所の問題もある。天候や爆発させた場所によって、どの程度拡散した放射性物質の粒子が飛散し、風で流されるか予測できない。そして使用された放射性物質の半減期がどのくらいなのかという点も重要である。
　こういった問題は、被曝した被害者の受ける放射線の量にも影響し、被害はガンの発生率をわずかに高める程度に過ぎない、という意見もある。実際にどの程度の被害が出るかは、使用される放射性物質や各々の条件に拠るところが大きく、高レベル放射性廃棄物や使用済み核燃料・プルトニウムが大量に散布された場合は深刻な汚染となることも予測される一方で、爆発させた場所によっては狭い地域を汚染するに留まることも予測される。
　その一方でこの爆弾が使用されれば、肉体的な実害が少なくても、混乱や騒擾などの社会不安を引き起こす可能性が高い。特に放射性物質に対する懸念の強い地域では、こういった被害は局地的なパニックを呼ぶ可能性もある。
　効果範囲に関しては、飛散した放射性物質がどの程度の範囲に飛び散るか予測し難い部分も含み、加えて「どの程度なら安全か」というのも判じ難い部分もあって、ひとたび利用されれば風評被害等により爆心地周辺の地域に対する不信感を招きかねないとみられている。
　具体的な例としては、2002 年 5 月 8 日、アルカイダのメンバーであるホセ・パディージャ（後にアブドラ・アル・ムジャヒルに改名）は汚い爆弾の製造および使用を企てていたとしてアメリカ政府により拘束されている。この他にも使用済み放射性廃棄物の闇取引の噂は絶えず、実際に何度か摘発が行われている。
　b．放射能兵器（Radiological Weapon、または Radiological Dispersion

Device, RDD）

　爆発などにより放射性物質を散布することによって、直接的な殺傷や破壊よりも放射能汚染や社会的混乱などを引き起こすことを主な目的とした兵器。大量破壊兵器に分類される。俗に言う汚い爆弾がその代表例であり、放射能兵器全般を指して汚い爆弾と呼ぶ場合もある。

　また、劣化ウラン弾が放射線による二次被害を持つ（放射線による被害だとは、いまだ立証されていない）と言われることから、これを放射能兵器と呼んでいる例があるが、これは政治的な見方であり、兵器の用途としては放射能兵器と分類されない。効果に即時性が無く、汚染が長期間残留することから、国家間の戦争では役に立たないと考えられており、2013年末現在までに放射能兵器を実戦配備した国は無いと考えられている。だが、核兵器よりも遥かに製造が容易であるため、テロリストにより使用される可能性が懸念されている。

　c. 劣化ウラン弾（Depleted Uranium Ammunition）：弾体として劣化ウランを主原料とする合金を使用した弾丸全般を指す。

　劣化ウランの比重は約19であり、鉄の2.5倍、鉛の1.7倍である。そのため合金化して砲弾に用いると、同速度でより大きな運動エネルギーを得られるため、主に対戦車用の砲弾・弾頭として使用される。

　劣化ウラン弾は自己先鋭化現象（Self-Sharpening）という措置を搭載しており、目標の装甲板に侵徹する過程で先端部分が先鋭化しながら侵攻する自己先鋭化現象を起こすので貫通率が高い。このため一般的な対戦車用砲弾であるタングステン合金弾よりも高い貫通能力を発揮し、劣化ウランの侵徹性能は密度の違いも含めてタングステン合金よりも10%程優れているといわれている。

　焼夷効果は非常に高いといわれている。劣化ウラン弾やタングステン弾が命中すると砲弾の持つ運動エネルギーが熱エネルギーへと変換される。これは侵徹体金属の結晶構造が変形して高温を発するためである。摩擦で発生する熱はあまり関与していない。

　劣化ウラン弾は穿孔過程で侵徹体の先端温度は1,200度を越えて溶解温度に達する。装甲板を貫通した後で侵徹体の溶解した一部が微細化して撒き散

第 10 章　原子力管理の危機－リスクと危険の脅威－

らされる。金属ウラン成分は高温下で容易に酸素と結びついて激しく燃焼するため、劣化ウラン弾は焼夷効果の発揮が極めて高い。このような性質のために劣化ウランは鍛造加工することが出来ないので不活性ガス中で低速掘削加工されている。

　ウランは重金属毒性を保持しており、化学的な毒性を持つ重金属である。さらに放射性をも発散し得る金属でもある。

　劣化ウランは、主体を占めるウラン 238、ウラン濃縮過程で取りこぼされたウラン 235、それらの子孫核種により、放射性を持つ。これら 2 つの点で人体に被害を与える恐れがあるために、実戦や演習・射撃訓練で劣化ウラン弾を使用し、自然環境に劣化ウランを放散させることの是非について、たびたび議論されている。

　劣化ウラン弾の価格は、タングステン弾と同等の価格で軍事産業へ販売されており、核兵器と比較すれば極めて安価で、非国家主体が購入しやすい面も危険である。

　現在、公的に劣化ウラン弾の使用を認めているのがアメリカ政府と NATO であること、および劣化ウランが放射性物質であることの 2 点から、しばしば劣化ウラン弾の「被害」については、ボスニア、コソボやイラクその他の小児白血病患者を中心にした「子どもの画像」が、反米・反核をイデオロギーとして持つ団体によってプロパガンダ素材として使われているという現状もある。

　しかしこのような武器を交戦国家が国際人道法による本来の軍事目的に使用するのではなく、非国家体制であるテロ集団および過激派集団などが使用する可能性が益々高まっている現在の国際情勢よる危機が緊急課題である。このような集団が製造および使用することが決して許される武器ではない。

　汚い爆弾は核反応の有無に関係なく爆発によって間接的に放射性物質を散布することによって、直接的な人命の殺傷や財産および自然破壊もさりながら放射能汚染や社会的混乱などを引き起こし、一般住民に物心両面に致命的な損害与えることを主な目的とした兵器であるからである。

　さらにクラスター爆弾（Cluster bombs）[11]のような様々な種類の子弾が存在し、米軍では対人・対装甲車両用の子弾を 202 発収めた CBU-87/B、戦車

などを目標とする対装甲用子弾を10発収めたCBU-97/B、対装甲用成型炸薬子弾を247発収めたCBU-59（ロックアイⅡ）などが使用されている。炭素繊維のワイヤーを放出して送電施設をショートさせ、停電を引き起こすBLU-114/Bのような非致死性兵器も存在し、これは停電爆弾と呼ばれる。

爆発物を散布することで通常の爆弾より広い範囲に被害を与えるため、対人や対装甲車両用の制圧兵器として使われる。

対装甲目標用に成形炸薬弾頭を持つ子弾は、リボンや小型のパラシュートが取り付けられて、装甲に対して有効な角度で落下するよう調整されているものまである。

6節　核テロリズム（Nuclear Terrorism）

1）テロ対策に関する国際的な合意

a. G8

米国同時多発テロ直後の共同非難声明以降、テロ対策強化策のフォローアップがなされ、2002年6月、カナダのアルバータ州カナナスキス（Kananaskis, Province of Alberta）で開催された第28回主要国首脳会議で「大量破壊兵器及び物質の拡散に対するG8グローバル・パートナーシップ」を採択[12]。その後も毎年のサミットにおいて、テロ対策の強化が合意されている。2005年6月、イギリス・スコットランドの第31回主要国首脳会議でも、テロ対策の強化が議題の柱のひとつとなった。2013年6月、イギリス・北アイルランドのロックアーンで第39回目のサミットが開幕された。このサミットでもシリア政権側の化学兵器の使用問題と同じくテロ対策の問題も議題になっており、これからも継続審議の課題となった。対テロ対策には、アルジェリア事件等を踏まえ、北アフリカ、サヘル周辺におけるテロ対策について議論し、またテロ対処国の治安能力の強化などにつき、国際的連携を強めることで一致した。

とくに2005年6月の第31回サミットでは、テロ対策の強化が大きな柱で、採択された勧告がテロ対策体制の指針になっている。

勧告の主な内容は以下の通りである。

第10章 原子力管理の危機－リスクと危険の脅威－

①既存のテロ対策関連諸文書の迅速な実施を呼びかける。テロの防止及び抑止に関連する12の国連テロ防止関連の条約及び議定書および全ての関連安保理決議、特に安保理決議1373（2001年）の遵守を可及的速やかに確保するための措置を講じる。

②欧州評議会サイバー犯罪条約は、テロリストまたは他の犯罪者によるコンピュータ・システムへの攻撃に対処し、テロまたは他の犯罪行為の電子的証拠を収集する上で有用なものである。ついては、同条約を締結する資格を有する国においては、同条約を締結し、その完全かつ迅速な履行を確保する。または、同条約中で履行が呼びかけられている諸措置に類似した法的枠組みを整備する。

③追加的な多国間テロ対策イニシアチブ及び包括テロ防止条約案を完成させるため国連システムを通じて作業し、これに協調して取り組む。さらにグローバルなレベルで既に行われている、または現在策定中のテロ対策を有意的に補完するため、地域レベルを含め我々が加盟している多数国機関において適切な行動を促進する。

④化学、生物、放射性、核（CBRN）兵器について、テロリストによる生物兵器の使用への効果的な対処の確保のため、生物兵器禁止条約（1972年）で禁止された行為を犯罪化し、その犯罪人を起訴または適切な場合には国内法または二国間引渡条約によりこれら個人を引き渡し、そのような犯罪の発見及び抑止のためのベスト・プラクティスを協同して策定する。また選定された生物剤の不法な所有及び移転を追跡及び抑制するための効果的なメカニズムを協同して策定し、生物物質がテロ行為に使用されることを予防するための追加的措置を探求する。

核物質防護条約（1980年）の強化のため現在行われている交渉を支持するとともに、その目的をさらに推し進め、また核物質の密輸問題に関する措置の強化を検討するため、追加的な措置の可能性を協同して探求する。

化学・生物・放射線・核及び関連施設等をテロ攻撃から守るためのベスト・プラクティスの策定を適切な国際的フォーラムで協同して行い、それらの施設に関する機微な情報がテロリストによりテロ攻撃のために使用されることを防ぐための手段を探求する。

第Ⅳ部　原子力商業利用の国際管理 Regimes の限界

　IAEA のような、化学・生物・放射線・核兵器の防止プログラムが協調して実施されている他のフォーラムにおける取組みを調整し、これらに対する支持を促進する。
　⑤テロ対策の国際協力を強化する。テロ行為のための資金を提供し、テロ行為を計画、支援、実行し、またはテロリストに安全な避難所を提供した者に対し、安全な避難所を遮断（Cutoff）することを確保するためあらゆる可能な措置をとる。
　国際法、特に難民の地位に関する条約に従い、テロリスト等により難民の地位が濫用されないよう確保する。犯罪人引渡しに関する障害を特定し除去する。特に出入国管理、情報共有面での措置の強化を通じ、テロ行為及びテロリストの国際的移動を防止するための強力な措置（必要な場合には立法措置を含む）を講ずる。テロ犯罪に関し、迅速かつ効果的な対応を確保するために司法共助及び法執行機関間の協力に特別の優先度を置く。テロ活動に関連した資産の凍結、押収、没収のための効果的な措置を策定する。
　⑥テロリズムと国際犯罪の連関については、（a）テロリストの活動を支援し又は助長する国際犯罪に対処するため効果的な枠組みが整備されることを確保する。（b）テロリズムと国際犯罪の連関の実態について把握し、必要な場合にはそのような活動を壊滅し、遂行不可能にするための戦略を策定するため、情報の精査及び交換を行う。
　⑦非 G8 諸国に対して働きかける。国連安保理決議1373、12 の国連テロ防止関連条約、ローマ・グループの勧告、国際犯罪に関する G8 勧告を実施するためのテロ対処能力の向上を目的として、G8 相互間で及び G8 内の他の機関や地域機関と連携しつつ、G8 以外の国に対し技術支援を含め働きかけを行う。
　適当な場合には、そのような働きかけを促進するためのベスト・プラクティスを策定し、テロ対処能力の向上及び他国への働きかけにおいて国連安全保障理事会テロ対策委員会（UNCTC）と緊密に協力する。
　国際機関及び市民社会と協力しつつ、テロ行為又はテロを行うとの脅迫が相応の刑罰を伴う重大な犯罪であることについて、全ての個人の認識を高めるための追加的な措置を策定する[13]。

第 10 章 原子力管理の危機−リスクと危険の脅威−

　核テロを防止するため G 8 が採択した決議は核のテロを国際犯罪として定め、そのテロ犯罪を国内外の協力体制の下、完全に撲滅する意気込が感じられる。しかし先進諸国の原子力管理における責務については言及がない。核テロ行為の裏には核保有国の核物質およびその技術などの流出との関係がある。核保有国はその原子力の管理責任が問われるべきである。原子力保有国の原子力産業利用における開発が核テロに繋がる可能性を深めていると否定できないはずである。

　b．APEC（Asia-Pacific Economic Cooperation：アジア太平洋経済協力）（2004 年）
　タスクフォースの設置その他テロ対応のキャパシティビルディングの向上等のための取組みを始めとする広範な取組みのほか、テロ対策、大量破壊兵器等拡散防止のための輸出管理に関するキーエレメンツを特定し、参加国に制度整備を呼びかけている。
　2008 年 11 月 19 日及び 20 日、ペルーのリマにおいて第 20 回 APEC 閣僚会議が開催され、人間の安全保障の強化を閣僚共同声明で強調した。
　日本は APEC が行ってきたテロ対策について、多くのエコノミーが支持し、今後も APEC での活動を継続することが承認されたことを主張し、生物・化学テロに関する日本の取組を紹介するとともに、CBRN（化学、生物、放射能、核）テロに関するイニシアティブの継続を検討すること、またソマリア沖海域を含めた海賊対策の強化等による海上における安全の確保等の必要性を指摘した。
　c．国連安保理決議 1540：大量破壊兵器（WMD）の不拡散に関する決議
　①2004 年 4 月に採択。すべての国に対して以下を義務付ける。
・大量破壊兵器等の開発等を企てる非国家主体へのいかなる形態での支援提供の禁止
・非国家主体による大量破壊兵器等の開発等への従事、援助、資金提供の禁止のための効果的な法律の採択・執行
・大量破壊兵器・関連物資の適切な管理（安全確保策、防護措置、不正取引・仲介の抑止等、輸出・通過・積替・再輸出に関する適切な法令の確立等）
　②同決議は、平和への脅威に対する強制的措置などを定めた国連憲章第 7

章に基づき拘束力を持つ。各国は、同決議の履行について、国連安保理に設置された1540委員会に対して報告を求められる。

本決議は大量破壊兵器等及び関連物質がテロリスト等の「非国家主体」に対して拡散することを阻止するための効果的措置をすべての国が採用・実施することを求めている。その措置のひとつとして、輸出等の管理の確立、発展、再検討等があげられている。

テロ対策に関する国際的な合意はG8の首脳会議からAPEC会議において重なる決議を経て、最後に国連安全保障会議おいて採択され、核テロ防止条約が国連総会で採択される直接動機になったのである。

2）核によるテロリズム行為の防止に関する国際条約（International Convention for the Suppression of Acts of Nuclear Terrorism 2005）[14]

2005年4月3日、国連総会の核テロ防止条約に関する特別委員会は、核テロの犯罪化と容疑者の処罰を各国に義務付ける内容の条約案を全会一致で採択した。同条約の交渉は1998年から7年にわたって続けられ、コフィ・アナン（Kofi Atta Annan）前事務総長が国連改革報告書で早期の妥結を勧告、合意形成の機運が高まっていたのである。

条約は2005年4月に総会に報告され、本会議で採択され、その後、9月から2006年末まで各国の署名期間が設けられ、2007年7月に発効し、十三番目のテロ関連条約になった。本条約は2014年12月現在、核保有5カ国を含む99締約国（アメリカは署名のみ）と115署名国で構成されている。

条約は、核物質や放射性物質を利用して人を殺傷したり、財産に損害を与える行為などを犯罪として法整備するよう義務付け、また、違反者を訴追したり、関係国に引き渡すなどの処罰の実施も求める。

核兵器によるテロを防止するための国際条約がようやく施行された。潘基文事務総長は核テロを「現代最も深刻な脅威」と表現し、この条約により核テロが阻止されるというが、核を保有する大国は二の足を踏んでいる。

核テロ防止条約は核テロに各国が注目するというだけでも効果をあげるとみられているが、現実問題として国際社会はテロ組織による核兵器や放射性物質の入手を防止する手段を早急に講じ、その対応策は緊急を要する。

第 10 章　原子力管理の危機−リスクと危険の脅威−

　批准国は情報の共有、犯罪調査等の支援など核テロを防止するための協力を求められる。大量破壊兵器委員会に属する、国連軍縮局のジャヤンタ・ダナパラ（Jayantha Dhanapala）事務次長は「条約の施行は国際社会の核テロ防止に対する合意として歓迎されるべきだ」としながら、「包括的核実験禁止条約を批准していない国が核テロ防止条約は批准するという矛盾もある」と指摘した。

　核兵器の廃絶が完全な核テロ防止策になるのは明らかである。核のない未来を求める声が高まり、国際司法裁判所も国際法の下で核兵器の使用は違法であると判断している。原子力の国際管理の危機に直面している昨今、核の脅威を訴え、またその根絶を図る適時でもあるといえる。

　a.　テロ（Terror）の定義

　非国家アクターが、国境を越えて政治的または宗教的な主義主張に基づき不法な力の行使またはその脅しによって、国内外の公共的安全を意図的に損なう行為につき、国家機関と社会の一部ないし大部分が恐怖、不安、動揺をもって受け止める現象である。

　またテロリズムとは、一般に「政府または革命団体が、第三者に恐怖状態を作り出すために、暴力を使用しまたはその威嚇を組織的・集団的に行い、ある政治目的を達成する手段」を意味する。

　テロリズムの語源は、フランス革命時のジャコバン（Jacobins）独裁下の恐怖政治にあるといわれている。フランス革命の場合、それまで抑圧されてきた民衆が権力を掌握し、恐怖を統治手段として、以前の専制君主ら支配階級（王党派）を弾圧・虐殺したことから、「テロリズム」という新たな言葉が用いられるようになった。その後、その定義には様々な意見の対立、とくに支配者と被支配者また大国と小国など力の差異による立場と主張の違いがあったことから定めることができなかった[15]。

　2001年9・11同時多発テロ事件の後に開催された国連総会で、「包括的テロ防止条約」案についての議論が行われた。パレスチナ人勢力による反イスラエル闘争は、外国支配からの民族解放闘争であるとして、テロとは別物であるとするアラブ諸国・イスラム諸国と欧米諸国との間で激しい論争が展開された。アメリカをはじめロシア、中国、イギリス、フランス5常任理事国

285

とドイツ、日本などOECD諸国政府は同時多発テロ事件をきっかけに、「反政府勢力」をテロ組織と断じて、「反テロ国際戦線」の下でその撲滅を企図するイニシアチブを展開した。しかしテロの定義は簡単に決められなかった。

　反政府勢力の定義の背景には政治的な難問が横たわっている。政権政府の政敵が「国家テロ」の首謀者に移ることもありえるからである。たとえば、現在大統領や政治的リーダーとなっている者、南アフリカのネルソン・マンデラ（Nelson Mandela）前大統領や東ティモールのシャナナ・グサモ（Xanana Gusmao）も、また韓国の金　大中前大統領も以前の体制、マンデラ元大統領の場合は白人政権、グサモの場合はインドネシアのスハルト政権から、また金　大中前大統領は朴　正煕軍事独裁・権威主義体制からテロリストおよびテロ首謀者として扱われていたのである。マンデラ大統領と金　大中大統領には、国際平和、人権擁護、非暴力的手法による民主化や民族独立運動の分野で最も貢献した政治家として「ノーベル平和賞」が授与されたのである。したがって安易にテロリストおよびテロ首謀者とかまた「反政府武装集団」のように定義することは法治主義に反するといえる。例えば、政治的イデオロギーの対立から安易に定義すれば、イスラエル政府と自治をめぐって対立するパレスチナの「反政府」諸派もまたテロリストとして国際社会から否定されかねない。このテロ定義は、国連で包括的なテロ防止条約の審議過程において最初の争点で解決し難い課題であった。

  b. テロの性質

　テロはその目的に沿って、一般犯罪かテロかが定まる。テロという行為そのものは、窃盗、強盗、強姦、誘拐、占拠、乗っ取り、脅迫、傷害、殺人、破壊、拷問などの一般犯罪と同じであるといえる。テロが一般犯罪と区別されるのはその行使とその対象によって区別される。その行使目的が、金品の強奪、復讐、欲望の達成など私的目的であれば一般犯罪である。逆にその違法行為の目的が政敵の排除、政権の維持、政権の転覆、民族解放、政治宣伝のような公的、政治的目的である場合はテロという性質のものとして分類される。テロと定義するときは、このような目的を考慮せずに定義することはできないと思われる。その判断が普遍的な正当性に適合するかどうかは主体

の価値観によって異なるので、テロという定義を定めるのは至難である[16]。

　犯人が目的を明らかにしない限り、私的動機に基づく犯罪なのか政治的目的をもったテロなのかは判断し難い側面が内在している。結局、犯人の意図と関わりなく、第三者が目的をどのように解釈するかが、テロか犯罪かを決める事になる性質をも内包している。したがってテロという罪状には政権担当者の意向によってさまざまな形として利用しうる厄介な性質を抱いている。

　テロという解釈は、国際社会が納得するような合理的な定義を見出すことはできないと思われる。

　支配者側、体制側、現状肯定側の立場に立てば、被支配者側、反体制側、現状打破側が国家に抵抗する手段として行使するテロ行為は、秩序を否定し、体制を打倒する犯罪行為以外の何物でもない。

　国家による行政権の行使、つまり反体制派の抑圧、弾圧および強権発動などという国家の行為はテロ以外の何物でもないといえる。体制側、反体制側を問わず暴力の行使はテロそのものといえる。法治主義の原則に沿って公正な法的手続きによる解決策を確立することこそ肝要である。

3) EUにおけるテロの対策
a. 2001年9月11日以降のEUの対応と反テロ対策

　EUも、2001年9月11日の同時多発テロの影響を受けて、欧州理事会は「テロ対策のための2002年6月13日の枠組決定」を採択し、施行は2002年6月22日に行った。その目的は、EU加盟各国のテロ対策を一定の水準以上に引き上げることにあった。9.11テロ攻撃直後、NATO同様に、米国との政治的な連帯を表明し、国際社会が注目すべき対策が期待されていた。しかしEUは域外対応策よりも域内の対応措置の整備が急務であった。

　EUの主要メンバー国である英、仏、独、伊、西、葡の6ヶ国のみがテロ行為という犯罪に対して特殊な規定を設け、その対策を実施している[17]。反面、他の加盟国はそのような法規が存在しないことが判明され、EU域内全体の共通のテロ行為の定義とテロ行為に関する量刑策定に協力体制を強化したのである。

b. EU の「テロ行為の定義」に非難の声

EU が、テロリズムの定義を設ける提言を行ったが、テロとして捉えられる行為が広範囲に及んでおり、労働者のストライキやグローバリゼーションへの反対運動もテロに含まれてしまう可能性があるという理由で、EU 加盟国の 200 名を超える弁護士達から非難の声があがった。彼等は欧州議会とEU 加盟国政府にこのテロ行為の定義の提言を採択しないように要望書を提出したのである。

EU の提言では、テロリズムを「1 国または複数の国、そしてその機関や国民に対し、それらを威嚇し、国家の政治、経済、社会の構造を深刻に変容させる、あるいは破壊する目的をもって、個人または集団が故意にはたらく攻撃的行為」と定義している[18]。

提言が採択されれば、EU 加盟国にとっては、この定義を自国の法律に組み込む義務が生じ、法の適用範囲が劇的に拡大される可能性もあると懸念された。

この提言は EU 各国内の公安に関わる問題であるため、「枠組決定（Framework Decision）」に属し、欧州議会による承認を必要としない。それゆえ各国の裁量権に任せることになると市民の基本的人権を含め市民的権利が侵害される要素が十分にあり得ると考えられる。

欧州理事会は 200 名を超える弁護士達からの提言を受入、テロ行為の定義を枠組決定として採択した。枠組決定の第 1 条は、テロリズムの定義を規定して、次のように定めている。

「各加盟国は、以下に列記した、各国の法規に従って犯罪と定義された故意の行為が国民を脅かし、政府機関若しくは国際機関に作為若しくは不作為を違法に強制し、又は一国若しくは国際機関の政治的、憲法的、経済的、社会的な基本構造の不安定化若しくは破壊を目的として行われた場合、テロリスト犯罪として位置付けられるよう必要な措置をとる。」と規定し、その後に、人を死に至らしめうる攻撃、人の身体の完全性に対する攻撃、誘拐又は人質、などの犯罪を列挙している[19]。

この問題はアメリカの電子プライバシー情報センターの（EPIC）をはじめ、イギリスの市民的権利の擁護団体『ステートウォッチ；State Watch』な

ど民間団体からも同様の懸念が高まっていた。

4) 日本の定義

　日本の自衛隊法第81条の2第1項において「政治上その他の主義主張に基づき、国家若しくは他人にこれを強要し、又は社会に不安若しくは恐怖を与える目的で多数の人を殺傷し、又は重要な施設その他の物を破壊する行為」であると定義している。内閣総理大臣は、日本の領域内にある特定施設又は施設及び区域において、政治上その他の主義主張に基づき、国家若しくは他人にこれを強要し、又は社会に不安若しくは恐怖を与える目的で多数の人を殺傷し、又は重要な施設その他の物を破壊する行為が行われるおそれがあり、かつ、その被害を防止するため特別の必要があると認める場合には、当該施設又は施設及び区域の警護のため部隊等の出動を命ずることができる。特定施設には、自衛隊の施設と日本国とアメリカ合衆国との間の相互協力及び安全保障条約第6条に基づく施設及び区域並びに日本国における合衆国軍隊の地位に関する協定第2条第1項の施設及び区域である。そして一般市民を標的とした核兵器の使用、また一般市民を標的とした放射能兵器や汚い爆弾の使用、さらに原子力発電所への攻撃などをテロ行為として指定し、その対応策を強化している[20]。

7節　防御システムの現状

1) 日本における現状

　a. 原発における基本指針

　有事の際、原発は国民保護の観点から直ちに停止しなければならない。日本政府は2005年3月4日午前、日本が武力攻撃を受ける有事の際の国や地方自治体の役割を定めた「国民保護に関する基本指針案」を公表した。その後、2007年1月9日、10月5日と2008年10月24日に3回の改正を行った。

　指針の要旨には、それぞれの地域性を踏まえた避難方法や、原子力発電所の運転停止措置など、より具体的な対応策を確立し、その実施について定め

ている。

　武力攻撃事態の想定に関する事項、対応実施体制の確立、住民救済措置に関する事項、緊急避難対処事態への事項、住民保護計画などの手続きに関する事項などについての方針である。ここでは、武力攻撃事態における対応措置のみについて述べる。

　基本指針の原発の安全確保では、経済産業大臣が警報の発令地域にある原発の運転をただちに停止するよう原発事業者に命令する（第百五条、武力攻撃原子力災害への対処）と明記している。原発停止に伴い必要となる電力確保については国民に電力使用の抑制のほか、最悪の場合、使用制限に踏み切るなど段階的な措置を追加することができる。また、武力攻撃を受ける前の武力攻撃予測事態の段階でも経済産業大臣は状況に応じて、運転停止を命じることも認めた。

　地域特性を踏まえた住民避難の方法については、大都市では避難施設にこだわらず、ただちに直近の屋内施設に避難することを基本としている。豪雪地帯の避難経路の確保などに自治体が十分配慮することや、沖縄県以外の離島でも自衛隊と海上保安庁の航空機・船舶で住民を輸送することなど具体的な対応を定めた。指針要旨でも都道府県に対し、当直による 24 時間の即応態勢を求めていたが、本方針は市町村も消防と連携して当直体制を強化するよう求めた。

　このほか、高齢者や障害者への配慮、避難住民を輸送する運送業者への十分な情報提供なども定めている。

　b. 生活関連施設等の安全確保
　①武力攻撃原子力災害への対処

　原子力事業所については、生活関連等施設としての安全確保措置を講ずるほか、次の点に留意しなければならない[21]。

　・内閣総理大臣は、放射性物質等の放出又は放出のおそれに関する通報がなされた場合には、安全の確保に留意しつつ、直ちに現地対策本部を設置。現地対策本部は、原則としてオフサイトセンター、緊急事態応急対策拠点施設を設置しなければならない。オフサイトセンターの機能は二つに分類できる。

第10章　原子力管理の危機－リスクと危険の脅威－

　ア．平常時の役割：平常時から原子力災害に備え、また施設の安全な運用を確認するため、経済産業省原子力安全・保安院等の国の職員である原子力防災専門官と原子力保安検査官が原子力施設の近くのオフサイトセンターに常駐しなければならない[22]。
　また、原子力防災訓練や、防災業務関係者等に対する研修にも使われる。
　イ．原子力災害発生時の役割と機能：原子力事業所の周辺において通常時よりも高い放射線（1時間当たり5マイクロシーベルト以上）が検出された場合や原子力施設において安全機能の一部が働かないなどの通報基準に定める異常事象が発生した場合には、原子力事業者はすぐに国や地方自治体へ通報を行うよう義務づけられている。
　各原子力事業所の所在地域の「原子力防災専門官」等は、この原子力災害対策特別措置法（原災法）第10条には、通報を受けると、事業者や自治体との間で迅速な情報収集、連絡を行い、あらかじめ指定された「オフサイトセンター」において活動を開始し、情報交換や対策の検討の拠点とする。と規定している。
　迅速な初期動作とあわせ、災害を最小限にくい止めるためには、国と地方自治体（都道府県及び市町村）が機能的に連携して対応していくことも重要である。このため、オフサイトセンターでは国の現地対策本部や地方自治体の現地対策本部等が一堂に会する「原子力災害合同対策協議会」を組織し、情報交換や対策の検討を共同して行う。共通のスペースの中に、次のエリア（ブース）を設けている。
　現地対策本部は、地方公共団体とともに、武力攻撃原子力災害合同対策協議会を組織。協議会は、現地対策本部長が主導的に運営する。
　・武力攻撃事態等において、原子力事業者は、直ちに原子炉の運転停止に向けて必要な措置を実施しなければならない。警報発令対象地域において、経済産業大臣は、直ちに原子炉の運転停止を命令する。また地域を定めず警報が発令された場合は、経済産業大臣は、脅威の程度、内容等を判断し、必要と認める原子炉の運転停止を命令する。原子力事業者は、特に緊急を要する場合は、自らの判断により原子炉の運転を停止することができる。原子炉の運転停止の際は、国及び原子力事業者は、電力供給の確保等に必要な措置

を実施しなければならない。
　②原子力災害の措置
　武力攻撃原子力災害の特殊性にかんがみ、特に以下の点に留意するものとする[23]。
　A．体制の整備：原子力事業者は、原子力事業所の安全を確保するため、核原料物質、核燃料物質及び原子炉の規制に関する法律の規定に基づき、障壁の設置など人の侵入を阻止するための措置に関すること、施設の巡視及び監視に関すること等についてあらかじめ定めるなど、警戒態勢に関し所要の措置を講ずるものとする。また原子力事業者は、原子力災害対策特別措置法の規定の準用に伴う原子力事業者防災業務計画の検証に努めるとともに、武力攻撃原子力災害への対処のために必要な事項については国民保護業務計画等で定めることにより、武力攻撃原子力災害に際し、原子力防災組織、原子力防災管理者等が的確かつ迅速に所要の措置を講じられる体制を整備するものとする。
　国〔文部科学省、経済産業省、国土交通省〕は、武力攻撃原子力災害に際しての関係機関との連絡方法、意思決定方法、現地における対応方策等を定めた危機管理マニュアルを策定するものとする。また、内閣官房は、関係省庁とともに、原子力災害対策マニュアルを参考に、関係省庁との連絡方法、初期動作等を定めた関係省庁マニュアルを整備するものとする。
　国〔文部科学省、防衛省、海上保安庁、気象庁、環境省〕、地方公共団体、指定公共機関〔放射線医学総合研究所、日本原子力研究開発機構〕及び原子力事業者は、武力攻撃原子力災害に際しても、的確かつ迅速にモニタリングの実施又は支援を行うことができる体制の整備に努めるものとする。
　以上のように武力攻撃原子力災害を最小限に留めるため、「措置を原則」に定め、従来の防災計画で「想定不適当」とされる大規模事故も想定され、防災計画自体の見直しを実現したのである。
　しかし問題点も指摘されている。例えば、オフサイトセンターは、原発に近すぎ、放射能などの被害の恐れがあり業務を円満に実行することが不可能な時期があり得るとのことでその機能上問題がある。また現地の情報収集は一元化と明記されており、情報統制される可能性が濃厚である。さらに原子

炉の運転停止命令は国のみの権限であり、自治体の役割についての記述がない。緊急時、自治体の首長の権限が制限されており適時的確な措置を採用することが不可欠である。地方自治体の知事にも権限付与すべきである。
　c．武力攻撃事態の想定に関する事項
　①着原発および周辺海上侵攻
　武力攻撃事態の想定は、武力攻撃の手段、その規模の大小、攻撃パターンなどにより異なることから、どのようなものとなるかについて一概にはいえないが、国民の保護に関する基本指針においては、4つの類型を想定し、国民の保護のための措置の実施にあたっている[24]。
　ア．着上陸侵攻の場合：船舶により上陸する場合は、沿岸部が当初の侵攻目標となりやすい。また敵国による船舶、戦闘機の集結の状況、日本へ侵攻する船舶等の方向等を勘案して、武力攻撃予測事態において住民の避難を行うことも想定される。そして船舶により上陸を行う場合は、上陸用の小型船舶等が接岸容易な地形を有する沿岸部が当初の侵攻目標となりやすいと考えられる。
　航空機による場合は、沿岸部に近い空港が攻撃目標となりやすい。航空機により侵攻部隊を投入する場合は、大型の輸送機が離着陸可能な空港が存在する地域が目標となる可能性が高く、当該空港が上陸用の小型船舶等の接岸容易な地域と近接している場合には特に目標となりやすい。なお、着上陸侵攻の場合、それに先立ち航空機や弾道ミサイルによる攻撃が実施される可能性が高いと考えられる。
　主として、爆弾、砲弾等による家屋、施設等の破壊、火災等が考えられ、石油コンビナートなど、攻撃目標となる施設の種類によっては、二次被害の発生が想定される。
　そのような状況を考えると、国民保護措置を実施すべき地域が広範囲にわたるとともに、期間が比較的長期に及ぶことも想定され、広範囲な地域と長期間における対応策が要求される。
　留意点として、事前の災害対応策における準備が可能で、戦闘が予想される地域から先行して避難させるとともに、多数・広域避難が可能な代替地などの用意が必要となる。広範囲にわたる武力攻撃災害が想定され、武力攻撃

が終結した後の復旧が重要な課題となる。

　イ．弾道ミサイルの攻撃の場合：発射された段階での攻撃目標の特定が極めて困難で、短時間での着弾が予想される。問題は、通常弾頭であるのか、NBC（核物質や生物・化学兵器）弾頭であるかを着弾前に弾頭の種類を特定するのが困難であり、弾頭の種類に応じて、被害の様相や対応が大きく異なる点である。

　特徴として、発射の兆候を事前に察知した場合でも、発射された段階で攻撃目標を特定することは極めて困難である。通常弾頭の場合にはNBC弾頭の場合と比較して被害は局限され家屋施設等の破壊、火災等が考えられる。

　留意すべき点は、弾道ミサイルは発射後短時間で着弾することが予想されるため、迅速な情報伝達体制と適切な対応によって被害を局限化することが重要であり、屋内への避難や消火活動が中心になると想定される。

　ウ．ゲリラ・特殊部隊による攻撃の場合：突発的に被害が発生することも考えられる。被害は比較的狭い範囲に限定されるのが一般的で、原子力事業所などの生活関連等施設など攻撃目標となる施設の種類によっては、大きな被害が生ずる恐れがある。またNBC兵器やdirty bomb（汚い兵器）が使用されることも想定される。

　特徴は、警察、自衛隊等による監視活動等により、その兆候の早期発見に努めることとなるが、敵もその行動を秘匿するためあらゆる手段を使用することが想定されることから、事前にその活動を予測あるいは察知できず、突発的に被害が生ずることも考えられる。そのため、都市部の政治経済の中枢、鉄道、橋梁、ダム、原子力関連施設などに対する注意が必要である。少人数のグループにより行われるため使用可能な武器も限定されることから、主な被害は施設の破壊等が考えられる。したがって、被害の範囲は比較的狭い範囲に限定されるのが一般的であるが、攻撃目標となる施設の種類によっては、二次被害の発生も想定され、例えば原子力事業所が攻撃された場合、また「汚い爆弾」が使用される場合には被害の範囲が拡大するおそれがある。

　留意点として、ゲリラや特殊部隊の危害が住民に及ぶおそれがある地域においては、市町村（消防機関を含む）と都道府県、都道府県警察、海上保安

庁及び自衛隊が連携し、武力攻撃の態様に応じて攻撃当初は屋内に一時避難させ、その後関係機関が安全の措置を講じつつ、適当な避難地に移動させる等適切対応を行う。事態の状況により、都道府県知事の緊急通報の発令、市町村長又は都道府県知事の退避の指示又は警戒区域の設定など時宜に応じた措置を行うことが必要である。

　エ．航空攻撃の場合：弾道ミサイル攻撃の場合に比べ、その兆候を察知することは比較的容易であるが、予め攻撃目標を特定することが困難である。都市部の主要な施設やライフラインのインフラ施設が目標となることも想定される。

　特徴として、弾道ミサイル攻撃の場合に比べその兆候を察知することは比較的容易であるが、対応の時間が少なく、また攻撃目標を特定することが困難である。航空攻撃を行う側の意図及び弾薬の種類等により異なるが、その威力を最大限に発揮することを敵国が意図すれば都市部が主要な目標となることも想定される。また、ライフラインのインフラ施設が目標となることもあり得る。なお、航空攻撃はその意図が達成されるまで繰り返し行われることも考えられる。

　留意する点は、攻撃目標を早期に判定することは困難であることから、攻撃の目標地を限定せずに屋内への避難等の避難措置を広範囲に指示する必要がある。その安全を確保しなければ周辺の地域に著しい被害を生じさせるおそれがあると認められる生活関連等施設に対する攻撃のおそれがある場合は、被害が拡大するおそれがあるため、特に当該生活関連等施設の安全確保、武力攻撃災害の発生・拡大の防止等の措置を実施する必要がある。

②核燃料など物質移動における基本指針

　現在稼働している原発に供給する核燃料また廃棄物などの核物質の流通過程に安全対策上、様々な欠点が指摘され、IAEAをはじめ核物質の生産国と受入れ国が中心になってその対応策に全力を注いでいる。それにこれから急増する核燃料の補給における安全対策には相当の時間と新たな制度の投入が不可欠である[25]。

　原子力発電所で使用された燃料は、一度、燃やした後に残ったウランやプルトニウムなどの核燃料が多く含まれており、再処理することにより再び燃

第Ⅳ部　原子力商業利用の国際管理 Regimes の限界

料として使うことができる。

　このような「核燃料サイクル」の中、核燃料の輸送は、原子力産業の動脈と言える。この核燃料サイクルの過程で、核燃料はいろいろな形状や性質に変わる。そこで核燃料の輸送においては、それぞれの性質に合わせた最も適切な輸送容器など最適な防御措置が用いられている。

　核燃料の輸送は、陸上輸送と海上輸送で成り立っている。核物質が盗まれ、それらの核物質を空気中または川等に散布されるようなことになった場合は、人体をはじめ生態界に悪影響を及ぼす大変な事態になり得る。また、核物質の輸送に対する走行妨害、車両の破壊、輸送隊員への暴行等の行為が行われたとした場合、輸送の安全確保に支障を及ぼすことになる。とくにテロリストなど非国家主体に奪略されテロに使用される恐れが増大する中、その監視および管理体制は厳重を要する。核物質防護とは、このような事態が現実のものとならないように、核物質の盗取や妨害破壊行為等を未然に防ぐことを目的とした重要な措置であり、安全に原子力開発利用を進める上で必要不可欠な措置である。

　各国の国の情勢、国内制度等に応じて、核物質の輸送情報の取扱いについて差異があるが、基本的には原子力開発利用に関する諸活動の透明性の向上が重要な課題である。

　このため、核物質防護上の観点若しくは国際基準及び諸外国との関係等からの国の指導に基づき、以下のように取扱っている。

　核物質防護上、輸送情報の取扱いについて、一般的に公開できないものは、輸送日時、輸送経路、輸送手段を特定する情報、プルトニウム（MOX を含む）、濃縮度 20% 以上の高濃縮ウランの輸送、警備体制、核物質防護措置などが、それに該当する。ただし、輸送が終了した場合については、警備体制、核物質防護措置に関する情報は除き、一般的に公開することは可能である。

　なお、輸送業者名については、原則的に核物質防護上以外の観点から公開できない場合もある。

　d.　福島原発事故後の対策

　2011 年 3 月 11 日に発生した東北地方太平洋沖地震とこれに伴う津波によ

第 10 章　原子力管理の危機－リスクと危険の脅威－

って、東電福島原発が損傷し、IAEA・放射線事象評価尺度（INES）レベル7という極めて深刻な重大事故が発生した。この事故により大量の放射性物質が陸・海・空に放出され深刻な環境汚染などの被害が発生したことにより、発電所周辺の約22万人という多くの住民が長期間にわたる避難生活を余儀なくされている。それに伴う様々な問題も山積し、その対応策が急速に展開されている。特に避難に伴う震災関連死の問題、復旧に数10年以上の長期間を要すること、放射性物質による汚染のおそれに起因して住民の健康上の不安などが生じ、日本の東北地方はもちろん関東地方の住民生活に極めて広範かつ深刻な影響を及ぼす事態となり、脱原発、卒原発などの市民運動が展開されている。

　福島原発事故時の対策は、上記の原子力災害対策の諸措置の規定が効果的に運用できず、正に有名無実規則の見本であった。

　事故の原因として、東京電力福島原子力発電所事故調査委員会（「国会事故調査委員会」）は報告書においては、地震・津波による直接的な原因のほか、東京電力の組織的な問題に加え、総理大臣官邸及び規制当局を含めた危機管理体制が機能しなかったこと等を挙げている。とくに、規制当局については、「原子力の安全に対する監視・監督機能を果たせなかった。専門性の欠如等の理由から規制当局が事業者の虜（とりこ）となり、規制の先送りや事業者の自主対応を許すことで、事業者の利益を図り、同時に自らは直接的責任を回避してきた。規制当局の、推進官庁、事業者からの独立性は形骸化しており、その能力においても専門性においても、また安全への徹底的なこだわりという点においても、国民の安全を守るには程遠いレベルだった。」[26]と厳しく指摘している。

　日本は、こうした事故の教訓を踏まえ、2011年8月15日、「原子力安全規制に関する組織等の改革の基本方針」を決定し、新たな原子力規制組織を設立するための法案の準備を開始し、2012年1月31日、環境省の外局として原子力規制庁を設けること等を内容とする「原子力の安全の確保に関する組織及び制度を改革するための環境省設置法等の一部を改正する法律案」等が閣議決定され、国会へ提出された。国会での審議の結果、いわゆる「3条委員会[2]」として極めて独立性の高い機関である原子力規制委員会を設け、

その事務局として原子力規制庁を置くこと等を内容とする「原子力規制委員会設置法案」が議員立法として提出され、同法は6月20日に成立し、6月27日に公布された（平成24年法律第47号）。

原子力規制委員会は、一つの行政組織が原子力利用の「推進」と「規制」の両方の機能を担うことにより生じる問題を解消するため、「推進」と「規制」を分離し、環境省の外局として設置された。また、専門的知見に基づき中立公正な立場で独立して職権を行使するため、「3条委員会」として位置づけられた。さらに、縦割り行政の弊害を除去するため、これまで関係行政機関が担っていた原子力の規制、核セキュリティに基づく保障措置、放射線モニタリング及び放射性同位元素の使用等の規制を一元的に担うこととなった[27]。

また、原子力規制委員会設置法の附則により、原子力防災体制や原子力安全規制の強化のため、原子力基本法（昭和30年法律第186号）、核原料物質、核燃料物質及び原子炉の規制に関する法律（昭和32年法律第166号。）（通常「原子炉等規制法」と称す。）、原子力災害対策特別措置法（平成11年法律第156号）などの関連法律が改正された。

原子力規制委員会は、「原子力に対する確かな規制を通じて、人と環境を守ること」を、組織の使命として決定した。この使命を果たすため、独立性、実効性、透明性、専門性、即応性に関する5つの活動原則を掲げ、職務遂行に専念している。しかし安倍現政権は、5つの活動原則に沿って原発事故対策について順調に対応していると評価することは不可能である。3年以上経過した現在の支離滅裂な事故後対応策が立証している。

2) 東北アジア各国の現状

a. 韓国

平時と戦時に区別される。平時の原子力安全管理の制度は、原子力発電施設や放射性廃棄物の輸送など、原子力安全と放射線防護に係わるあらゆる分野に関して、規制、監視、また原子炉の設計その周辺の警備、整理など日本とほとんど変わらない。

戦時における原子力の攻撃に対する防御システムは"国防作戦"の範疇に

第10章　原子力管理の危機−リスクと危険の脅威−

入れ、軍事作戦と戦略上、最優先の防御地域として指定され、原子力の災害を最小限に留める構想を確立している。

韓国の原発の稼働歴史は1970年代から始まりその技術も世界から認定されるほど発展している。1978年、初めて商業運転を開始した古里原子力発電所1号機（南部の釜山の北側）が、製造会社の米国ウェスチングハウス社（現東芝傘下のグループ会社（Westinghouse Electric Company））が勧奨する設計寿命30年を過ぎ07年に発電稼働を中断されるようになっていた。しかし古里原子力本部は、古里1号機の寿命を10年延長し、継続運転するための安全評価書を科学技術部に提出した。韓国科学技術部は継続運転の承認について決定し、その稼働寿命の延長をIAEAに要請し、その関係者らの査定を受け、原子力発電の継続稼動に関する検討結果、その寿命の継続OKの審査を受けることになった[28]。その後、韓国の原発の運営に関する技術力は各国の原子力産業界が追認するようになった。

2005年に改正された原子力法施行令は、寿命を終えた原子力発電所は継続運転の承認審査で16分野112項目の安全性評価基準に合格した場合、10年間運転を延長し、不合格だった場合は永久に閉鎖するよう規定している。

原子炉の法定寿命30年を超える原発が増えるほど原子炉の衰退は進行し、それによるリスクの危険度は増すばかりである。

原子力事業者の関係者は電力需給の問題のみ重視し、稼働率の改善を強力に推進している。しかし寿命の延長を図ることも大切な技術革新であるが、それよりもリスクから脱皮し、危険を回避する安全対策の構築が先決であり、その対応策のためさらなる技術革新に全力投球すべきであると思われる。

b. 中国

原子力開発計画を策定し、核廃棄物の処理とその応用について、また原子力安全問題についてバランスのとれた計画と総合目標を定め、原発増設を強力に推進しているといわれている。核廃棄物を適切かつ効果的に処理する能力を持ち、IAEAの保障措置に沿って再処理の過程をたどっている。中国の原発はIAEAと国際規格に基づいて建設されたもので、現在までは原子力安全上、重大な事故は報告されず運営されている[29]。

しかし急激な原発の増設はその安全上、テロ対策をはじめ様々な対応策の

確立の必要に迫られることになる。その万全な対策には科学の最先端の機器、100万KW級の原子炉製造など技術とその従事人材育成には相当の時間を要する。その運営および管理に欠陥が生じるとリスクの増幅、サボタージュの事前防止、危険の除去に大きな穴が開く確率が増える一方である。

現在リスク管理は整備されているといわれているが自然災害による救済対策など危険の防御措置は不明瞭であり、その具体策が期待されている。

c. 台湾

1990年代初めから、安全文化強化プログラムを実施し、その安全文化の尺度としてパフォーマンス指標とプロセス指標が導入され、高リスク作業分野については事前にその分析を実施し、安全に配慮している。

「原子力発電所緊急時処理法」の下、OECD/NEA に専門家を常駐させ、非常時対応、放射線防護、廃棄物管理、原子炉停止および廃止などの分野における協力と情報交換を推進している[30]。

しかし原発における危険の防御措置についてまだその制度などが公表されておらず未知であるが、常に対中関係における緊張関係の厳戒な警備体制から想定すると十分な対応策が整備されていると想定される。

d. ロシア

ロシア原子炉はチェルノブイリ原発の事故からその致命的な悪影響を受け、国内外の旧ソ連型原発は廃止か、大幅な修理を余儀なくされた。ロシア国内では90％は修理を終えたが、旧東側諸国は未だに旧ソ連型原子炉を稼働している国が少なくない。今後十数年は、掛かるのではないかと思われる[31]。

ロシアは他の国と異なり自国の原発に関する安全基準の詳細についてはなにもコメントしていない。したがってその詳細には触れることができないが、原子力全般におけるリスクおよび危険の対応策に「risky shift の現象」、つまり集団極化現象と危険な意志転向が取られる可能性が濃厚であり、その管理対策のためにロシアは国際社会から警鐘が鳴らされている。さらに個人的不満によるサボタージュもまた社会的圧力と不安による暴動の可能性も高いといわれるその管理規制にロシア全体の行政の一層の実効力が問われている。

第 10 章　原子力管理の危機－リスクと危険の脅威－

3) 北アメリカ
a. アメリカ

　アメリカの「01.9.11」の同時多発テロにおいて、高層ビルに飛行機が突っ込むという事態は到底考えられない「想定外」事故であった。従来の「想定内」での危機管理は急激に信頼度が下がり、その欠陥の修復および修正策よりも完全に新たな対策、つまり「想定内・外」のシナリオとその対応策を構想した総合危機管理に拍車を掛けることになった。しかしその総合対応策の実現にはアメリカのシンボルである「法治国家」と「自由・人権立国」という民主主義の根幹にも反する恣意的行為が多数指摘され、国内外を問わず非難のまとになっている[32]。

　ジャンボジェット機が原発に突っ込む場合、無制限の放射能汚染と膨大な死者が発生するというマスコミのセンセーショナルな報道が頻繁に登場しはじめた。マスコミはその視聴率を上げるため、テロ集団にあたかも原子力を狙えと扇動するように、まさにテロを誘発するような感もあった。「考えられる」危機管理から原子力は多重に防護されており非常に安全性は高いといわれてきた。特殊鉄筋コンクリートも普通のビルに比べ比較にならないほど強固なもので、さらに多重に構築されている。しかし今回のような空中から飛行機の襲撃ついての危機管理はそのシナリオの対象には含まれなかったのである。

　原発の被害状況を想定すれば、数字で表現し難い甚大な被害になると想像が付く。なによりも最善の防御策は、衝突を未然に防ぐ事前策である。さらに事後策として被害を大きくするいくつかの原因は取り除くと同時に熱膨張で全体が崩壊することだけは避ける設計を義務付けるなど復旧対策に役に立つ周辺環境整備にも強硬な措置が必要と思われる。

　1979 年の米スリーマイル島原発の事故以来、事故時にオペレーターは何もしなくてもいいように設計されている。しかし、事故時にオペレーターは気が動転して手動に切り替えてしまったり、別の警告ボタンを押したり、また対応に右往左往するなど、その連鎖反応で over-ride が起こり、リスクを煽る結果につながる。それを防止するため、平静時に原子力事業者を含め全従事者に十分な実践の練磨と連携プレイの訓練が必要である。

第Ⅳ部　原子力商業利用の国際管理 Regimes の限界

　アメリカの連邦緊急事態管理庁（Federal Emergency Management Agency of the United States: FEMA）[33]は、大災害、天災にも人災にも対応するアメリカ合衆国政府の政府機関を設立し、緊急事態の管理対策を強化している。この FEMA はアメリカ国土安全保障省の一部であり、緊急準備即応次官（Under Secretary of Emergency Preparedness and Response）の下に置かれている。

　FEMA は、洪水、ハリケーン、地震および「原子力災害」を含む、その他の災害に際して、連邦機関、州政府、その他の地元機関の業務を調整することを請け負っている。また、家屋や工場の再建や企業活動・行政活動の復旧にあたって、資金面からの支援も行う[34]。

　各州や連邦政府直轄地等（ワシントン D.C.）には緊急事態管理局という下部組織が存在し、緊急事態発生時に出動する専門家集団である。消防、警察、軍隊、自治体などもこの指揮下に入り、適切な処置を即座に判断して指示できる権限を与えられている。07年度、アメリカ大西洋岸をハリケーンが襲った時も、住民避難および復旧対策など救済措置が取られ、その見事な手腕が評価されたのである。

　日本を含め、世界各国がアメリカの FEMA のような実践マニュアル制度を整備し、公正に運営すれば原発事故対策をはじめ他の大災害などの際、効果的な対応策になると思われる。

　しかし現在稼働している原発に、アメリカの同時多発テロのような大惨事が勃発した場合、FEMA なような制度で対処し得るかどうかは予断を許さない情勢であると言わざるを得ない。原発へのテロ襲撃、ミサイル、航空機テロにより空襲が行われた場合は、いかに国家を守るかという重大な局面、つまり国家存亡の危機の瀬戸際に立たれると思われるからである[35]。

　ブッシュ大統領は、このような状態を「戦争状態である」と断言し、原子力を含め生活施設で危機が潜在している施設の管理に軍事作戦を導入している。とくに原発に関する防御措置は軍事機密化され、その詳細な方法と手段の把握は不可能である。オバマ政権もこの制度を継承し、その制度の厳格な適用をめざし関連法規の整備に力を注いでいる。

　b．カナダ

第 10 章　原子力管理の危機 – リスクと危険の脅威 –

カナダの原子力安全規制体制
カナダ原子力安全委員会（CNSC）が安全規則を実施
出典：平成 17 年度版　原子力安全白書

2015 年 2 月 14 日現在、カナダでは 19 基の原発が稼働し、総電力 15% のシェアを占めている。カナダは世界で 7 番目の原子力発電大国である。安全規制は、2000 年に発足したカナダ原子力安全委員会（Canadian Nuclear Safety Commission：CNSC）[36]が担当し、同委員会は 7 人の委員と約 530 人のスタッフで構成され、(1) 原子力安全全般 (2) 放射線防護 (3) 原子力施設 (4) ウラン鉱山・製錬 (5) 核物質・放射線機器 (6) 核物質輸送 (7) 原子力保安などの規制を行っている。とくに緊急時の対策には総合的な緊急対応策を展開し、市民の安全を最優先に保護する制度を構築している[37]。

カナダは、最も古い原子力商業利用国家の 1 つである。第 2 次世界大戦中に、天然ウランをそのまま燃料に使える同国特有の原子炉であるカナダ型重水炉（Canada Deuterium Uranium；CANDU）の開発に着手した。CANDU 炉の特徴は重水を減速材と冷却材に使うことで、ウラン濃縮を不要にしている点である。そして、1946 年には原子力管理法を制定、1952 年にカナダ原子力公社（AECL）を設立して商業用原子力発電の開発に取り組んでいる。最初の発電用原子炉の運転開始は 1962 年、商業用発電炉は 1971 年に営業運転を開始し、2000 年 5 月に新たに原子力安全管理法が施行され、現在の安全規制体系に至ったのである。

同国は、豊富な水資源を背景とした水力発電の比率が約 60% と高く、今後の電力需要の増加にも、水力発電を基本に天然ガスなどの火力発電で対応する方針である。原子力発電は、水力発電を補完する役割を担っているといえる。また、国内に豊かなウラン資源を抱えており、使用済燃料は再処理せ

ず、最終的に地層処分する方針である。

　使用済み核燃料を地中深く埋める地層処分に関する安全性はまだ確立されておらず、その環境影響評価委員会から「広く国民の支持を得ていない」と勧告を受け、全面的に事業を見直すことになっている。

　カナダの原子力の安全対策は技術面の妥当性は高いといえるが、社会的な影響をきちんと考慮する点は不十分である。社会との対話が不十分では、原子力の安全対策は展開し得ない。

　カナダもテロなどからの原発の襲撃を受けた場合、アメリカと同じように緊急対策の制度は整備しているものの、その具体的な方法や手段は一切非公開である。2009 年 8 月に著者が現地を訪問し、原発の危機管理ついてアンケートを行った際、原発現地の幹部さえも知らされていない状況であった[38]。

　テロなどの安全対策は段階的に進行し、また緊急時の災害の歯止めは中央政府および州政府との協力の下、総合的な見地から柔軟な対応策が取られることになると思われる。

　以上東北アジアおよび北アメリカの原発におけるテロなどからの攻撃を避けるため、また防御に関する制度について記述した[39]。原子力産業一般の安全対策、つまりリスクの対応策は定められ、また着実に履行することになっている。しかし原発の襲撃に関する、つまり危険に関する諸般対応策は非公開である。とくにその緊急時の方法や手段は軍事戦略のような極秘に分類され、研究の対象外に置かれている。

　原子力商業利用から核拡散および核テロ防止を阻止するためには、速効的ではないが新しい原子力商業利用技術体系が必要であり、実現性の高い具体構想である「トリウム熔融塩核エネルギー協働システム構想（THORIMS-NES）」[40]が有効ではないかと思われる。現原子力産業体制から円滑に移行でき、日・米・ロ中心の国際協力開発も計画されている。既に基礎技術開発を終えているので、全構想に対する必要資金と期間が問題になるが、地球全体の生態界と人類の安全を確保することを勘案すれば大きな負担ではないと思われる。

　このような技術革新が伴わない限り「核拡散防止」をめざす原子力の国際管理 Regime は有名無実に終わることは今までの例、インド、パキスタン、

イスラエル、北朝鮮などが示している。とくに国連安全保障理事会の決議、全国連加盟国を拘束する最高の強権さえもその執行における重なる失敗により無力さが増幅されて失望感だけが伝わってくる。

　原子力の国際管理が危機（crisis）の異常時代に接近している現在、まず「核拡散」の現状に実効性ある科学的、技術的措置を取ることが肝要である。と同時に原発の安全管理に実験や観察に基づく経験的実証性と論理的推論に基づく体系的整合性について研究を重ね次世代に繋ぐ制度を構想する以外に昨今の危機を避けて通ることができるだろうか。

　科学の世界には「負」の面が明らかに存在するが、それとの闘いを通して人間の「理性」を高めるのが「科学技術の道」と信じたい。法はその科学を律すると同時に支える概念を内包している。

　原子力国際管理における条約・協定など国際規範は、法的概念と実際の政策が一致しないだけではなく両立し難い法理を含有している。法という概念は時代や民族、国家によって多様性を持ちながらも、その政策目的は、時代や民族、国家を超えた共通性・類似性を強調し、共存共生を追求する精神を帯びていることは否定し難い。この事実を踏まえるとすれば、原子力国際管理の国際規範は法の定義、法理に抵触しているといえる。しかし原子力産業からの危機と危険の縮小とその回避策について現在の国際規範で対応策を構築しなければならない現実がある。現存の原子力国際管理 Regime の理念と目的の達成には、これまでに考えられない斬新な発想と刷新が必要である。その土台に立って、その改善策を提示し、その行方を見守りたい。

注
1) Searches Related to Gerald Caplan Crisis Theory.
　　http : //zipdf.com/crisis_intervention_theory
2) Posttraumatic Stress Disorder（PTSD), Risk Factors by Erich Lindemann. 1944.
　　http : //en.wikipedia.org/wiki/Post-Traumatic_Stress_Disorder
3) Introduction to Risk Governance Theory. Dr. Ing. Jonathan Lassa, Institute of Resource Governance and Social Change.
　　http : //www.irgsc.org/files/riskgovernance-IRGSC.pdf
4) 危機理論とは。http : //crisis.med.yamaguchi-u.ac.jp/intro.htm
5) 危険；冒険；危険度；危険性. Babyron.

第Ⅳ部　原子力商業利用の国際管理 Regimes の限界

　　　http : //www.babylon.com/definition/risk/Japanese
6 ）チェルノブイリ原発事故：何がおきたのか、今中哲二、京都大学原子炉実験所。　http : //www.rri.kyoto-u.ac.jp/NSRG/Chernobyl/kek07-1.pdf
7 ）ジュネーヴ諸条約及び追加議定書の主な内容、外務省。
　　　http : //www.mofa.go.jp/Mofaj/Gaiko/k_jindo/naiyo.html
8 ）ジュネーヴ諸条約。http : //www4.ocn.ne.jp/~tishiki/junebujouyaku.html
9 ）朝鮮民主主義人民共和国の核開発について、原子力資料情報室 CNIC。
　　　http : //cnic.jp/modules/news/print.php?storyid＝428
10）Backgrounder on Dirty Bombs. US. NRC.
　　　http : //www.nrc.gov/reading-rm/doc-collections/fact-sheets/dirty-bombs-bg.html
11）The Convention on Cluster Munitions, by the UNDP.
　　　http : //www.clusterconvention.org/
12）テロ対策に関する G 8 の勧告、外務省。
　　　http : //www.mofa.go.jp/Mofaj/Gaiko/summit/kananaskis02/g8gai_tk_all.html
13）欧米諸国のテロ対策法制、『機器管理　実務必携』、（株）きょうせい、2005年、pp.7259-7261.
14）「UN Adopts Nuclear Terrorism Convention ; Treaty Seven Years in the Making」by Claire Applegarth, Arms Control Association.
　　　https : //www.armscontrol.org/act/2005_05/NuclearTerrorismConvention
15）［PDF］テロリズムの定義－国際犯罪化への試み－国立国会図書館、清水隆雄、レファレンス、2005、10、pp.38-55。
　　　http : //www.ndl.go.jp/jp/data/publication/refer/200510_657/065702.pdf
16）同上。
17）欧米諸国のテロ対策法制、『機器管理　実務必携』、（株）きょうせい、2005年、pp.7252-7256.
18）同上、テロの定義、pp.7001-7003.
19）同上、原子力施設へのテロ対策、欧米諸国のテロ対策法制、pp.7264-7268.
20）同上、緊急事態宣言と対策本部の設置、pp.5301-5303.
21）同上、モニタリングと早期通報、pp.5205-5207、国民保護に関する基本指針。
　　　http : //www.fdma.go.jp/html/intro/form/pdf/kokumin_050328_sanko2.pdf
22）武力攻撃事態等における国民の保護のための措置に関する法律、首相官邸。
　　　http : //www.kantei.go.jp/jp/singi/hogohousei/hourei/hogo.html
23）その他の原子力災害、『機器管理　実務必携』、（株）きょうせい、2005年、pp.5701-5706.
24）国民保護について。内閣官房。
　　　http : //www2.city.suginami.tokyo.jp/guide/detail/3028/panhu_naikakukanbo.pdf
25）同上。

26) 東京電力福島原子力発電所事故調査委員会（国会事故調）、国立国会図書館インターネット資料収集。
   http://warp.da.ndl.go.jp/info:ndljp/pid/3856371/naiic.go.jp/index.html
27) 平成25年『原子力安全白書』、平成24年度、年次報告、原子力規制委員会。
   http://www.nsr.go.jp/houkoku/data/20130530houkoku.pdf
28) Nuclear energy in South Korea.
   http://en.wikipedia.org/wiki/Category:Nuclear_energy_in_South_Korea
29) Nuclear power in China.　http://en.wikipedia.org/wiki/Nuclear_power_in_China
30) Nuclear power in Taiwan.　http://en.wikipedia.org/wiki/Nuclear_power_in_Taiwan
31) Nuclear power in Russia.　http://en.wikipedia.org/wiki/Nuclear_power_in_Russia
32) Nuclear power stations in the United States.　http://en.wikipedia.org/wiki/Category:Nuclear_power_stations_in_the_United_States
   Federal Emergency Management Agency of the United States.
   http://www.fema.gov/
   Federal Emergency Management Agency.　http://en.wikipedia.org/wiki/FEMA
33) Nuclear power.　http://en.wikipedia.org/wiki/Nuclear_power_plant
34) Nuclear power in the United States.
   http://en.wikipedia.org/wiki/Nuclear_power_in_the_United_States
35) 欧米諸国のテロ対策法制『機器管理　実務必携』、（株）きょうせい、2005年、pp.7251-7252.
36) CNSC ensures that licensees are prepared in the event of an emergency.
   http://www.nuclearsafety.gc.ca/eng/about/nuclearsafety/
37) Nuclear power stations in Canada.
   http://en.wikipedia.org/wiki/Category:Nuclear_power_stations_in_Canada
38) Nuclear power in Canada.　http://en.wikipedia.org/wiki/Nuclear_power_in_Canada
39) 諸外国と日本のテロ対策『機器管理　実務必携』、（株）きょうせい、2005年、p.7058.
40) トリウム熔融塩原子炉"FUJI"。http://msr21.fc2web.com/

終章

原子力の国際管理 Regime の再構築
－Best Plan と Best Practices－

1節　現存の原子力国際管理 Regimes、保障措置の課題

　原子力はその誕生から今日まで、国内外において厳格な法規の下でコントロールされながら商業利用、また軍事使用が展開された。しかしその厳しい管理の裏では想定外の大きな穴が絶え間なく生じている。

　原子力は、1940年代後半、アメリカの主導で軍事的使用の禁止を目的とする国際的措置を制定するため、国際的な会議が数回開催されたが、東西間の政治的対立のなか、使用禁止に向けての妥協策を得ることができなかった。しかし第二次世界大戦以来続いた東西間の冷戦（Cold-War）の緊張緩和の兆しが芽生えた1950年代では、核兵器と軍縮に関する国際会議が盛んに開催され、その結果若干の種類の核兵器の使用、所有、実験を禁じるいくつかの多国間条約が発効されている。

　たとえばその条約の中でも二つの多国間条約は核兵器の拡散に歯止めをかける手がかりになった。そのひとつは1963年8月、旧ソ連のモスクワで採択された Treaty Banning Nuclear Weapon Test in the Atmosphere, in outer Space and under Water；PTBT－Partial Test Ban Treaty（大気圏内、宇宙空間、および水中における核兵器実験を禁止する条約；部分的核実験禁止条約）[1]であり、さらにもうひとつは1968年7月、ロンドン、モスクワそしてワシントンで作成された「NPT」である。

　これら以外には1959年12月「南極条約」、1967年の1月「月その他の天

第Ⅳ部 原子力商業利用の国際管理 Regimes の限界

体を含む宇宙空間の探査および利用における国家活動を律する原則に関する条約」(宇宙条約)、1971 年「核兵器および他の大量破壊兵器の海底における設置の禁止に関する条約」(海底非軍事化条約：Seabed Treaty)、1974 年アメリカと旧ソ連の二国間の「地下核実験制限条約」、そして 1979 年「月の非核化のため月および他の天体での各国の活動を律する協定」などをあげることができる。

しかし、上記のような多数の条約が実施されているにもかかわらず核兵器の撤廃と拡散防止は岐路に立っている。弾頭の数は削減されているものの核兵器の破壊力は日々進化している。このような状況のなかで、1977 年以来国連を中心として包括的核実験禁止条約 (Comprehensive Nuclear Test Ban Treaty：CTBT)[2]を採択するため核保有国と非保有国間の交渉が続けられ、採択されているものの未だに未発効で具体的な成果は生み出されていない。

二国間のレベルでも多数の核軍縮交渉が行なわれた。たとえば 1971 年「米ソ間の直接対話に関する協定」(the hot line)、1971 年「米ソ間の核戦争の勃発時に危険性を最小限にとどめるための措置に関する協定」、1976 年「ソ仏間の核兵器の偶発的そして独断的使用を防ぐための協定」、1977 年「英ソ間の偶発的核戦争の勃発を防ぐための協定」、そして 1972 年および 1979 年の Strategic Arms Limitation Talks Ⅰ、Ⅱ；SALT Ⅰ、Ⅱ、(米ソ間の SALT 協定) があげられる。また米・ソがヨーロッパに配備した核弾頭、中距離核戦力 (Intermediate-range Nuclear Forces：INF) のミサイルと巡航ミサイルは 1987 年の中距離核戦力全廃条約によってすべて廃棄されている。さらに戦略兵器削減条約 (Strategic Arms Reduction Treaty：START) 交渉は米・ロ間の外交の主題であり、現在も進行している。START は冷戦期に増大していった米・ロ両国の戦略核戦力を、はじめて削減したプロセスであった。1991 年 7 月に米・ソが署名した START Ⅰ から 92 年 6 月の START Ⅱ、1997 年 3 月、ヘルシンキ米・ロ首脳会談の結果発表された「将来の核戦力削減のパラメーター」に関する共同声明において明示された START Ⅲ まで展開されている。START Ⅲ の基本的要素として、2007 年 12 月 31 日までに双方の戦略核弾頭数を 2000～2500 発にすること、その他戦術核兵器、潜水艦発射巡航ミサイル (SLCM) などについて交渉することに合意した。しか

終章　原子力の国際管理 Regime の再構築　－Best Plan と Best Practices－

しながら、START II が発効しなかったため、START III の交渉は進展しなかった。その後、米・ロ間における戦略核兵器の削減に関する交渉は、2002年5月米・ロ間で結ばれた戦略核兵器の削減に関する条約、（モスクワ条約）へと繋がっていくこととなる。現在は、第四次「新 START」戦略兵器削減条約（New START、New Strategic Arms Reduction Treaty）が締結されその実行に力を注いでいる。新 START は 2011 年 2 月 5 日に米・ロの間で発効した核兵器の軍縮条約の 1 つである。条約の削減目標は、戦略核弾頭について STAR I 削減目標である 6000 発から米・ロ共に 1550 発まで、また戦術核弾頭は数量制限なしに備蓄可能である。そして運搬手段であるミサイルは、大陸間弾道ミサイル、潜水艦発射の弾道ミサイル、戦略爆撃機など 1600 基機から、大陸間弾道ミサイル 800 基機、潜水艦発射の弾道ミサイル 700 基機に削減されることになっている。しかし米・ロ両国の削減目標の達成にはアメリカが進める欧州ミサイル防衛（MD）計画へのロシアの対抗措置、「新 START」からの離脱を警告、などとの関連性があり紆余曲折の状態が続いている。

　現原子力の国際管理体制は条約および協定の規定上は批准、その履行および査察など管理体制は署名という国際法の理念に反する欠陥を内包している。規定上は強制力を持つ規則、hard law であり、反面その実行には強制力を持たない道義的な規範、soft law の地位であるという不条理な体制である。そして関連当事国は自国の利害関係に沿って有効に活用している。その結果、原子力国際管理 Regimes の理念と目的から逸脱した行動が日常茶飯事である。

　原子力国際管理 Regimes 上の主軸である IAEA 保障措置制度も例外ではない。その制度には多数の欠陥を内包しているが、次の三つの不備があると指摘することができる。

　第一には、「保障措置制度の欠陥」である。原子力の必然である商業利用と軍事使用の二面性について厳格に分類し、その対処し得る「検証・監視制度」に欠陥がある。このような状況の下、各国は自国利益および商業中心主義の政策の促進とその支援の法制度化を展開している。原発保有国が増加するほど、核拡散を防ぐ任務を使命とする保障措置の効力に欠陥が生じること

は必然の帰結といえる。

　第二には、「最先端科学技術と優れた査察員の欠如」である。IAEA における保障措置を実施する人材および最先端の科学的設備や機器の不足している。原発保有国は科学設備においても人材確保においても競って力を注ぎ、新分野の開発に余念がない。それに対し、IAEA をはじめ地域の当該機関は、財政上の問題もあり最先端の機器および人材確保に困難が生じ、それらを監視・査定するだけの高度な科学技術も秀れた査察員も欠けている現状がある。

　第三には、「片務的な政策運用」である。IAEA を軸に各原子力国際管理 Regime は原子力の生産および開発のみを重視する片務的な政策を展開している。つまりその開発には財源など特別待遇の措置を与え、その安全対策およびそのリスク管理は非常に消極的な体制で運営されている。

　原子力の商業利用における最大の原発事故、つまり 1979 年 3 月 28 日、アメリカのスリーマイル島（TMI）原発事故、また 1986 年 4 月 26 日、旧ソ連のウクライナのチェルノブイリ原発の事故、そして 2011 年 3 月 11 日、東京電力の福島第一原発事故では、その損失、損害は数字で表示できないほど甚大で、さらにその悲惨さと悲劇を直接視聴し、五感で感じているにもかかわらずその原子力の生産および開発を重視する片務的な政策は変わらない。むしろ国策として、またビジネスとして推進している。

　福島原発事故以来原子力安全対策と事故防止策について真摯に検討を重ねている反面、現在の各条約締約国の国内法の状況を見ると商業利用の開発のためには政治的、財政的、社会的、さらに福利厚生面までも特別待遇、つまり国策上の優遇措置の定めが顕著である。現在でも安全対策、つまりリスクおよび危険における対応策は貧弱で、災害および事故防止、また損害など復旧救援制度に対する対応策、その研究体制の整備、とくに外部から攻撃などからの住民、市民保護対策には無防備である。開発における投資と比較すれば安全対策面は殆ど進んでおらず、現在アメリカをはじめいくつかの国で核物質および施設防止策など若干の側面について実施しているのみである。

　最大な原因は、「現存の国際管理制度、つまり「枠組条約方式；Treaty Regimes」を採用している「the global non-proliferation regime」の機能不全」

終章　原子力の国際管理 Regime の再構築　－Best Plan と Best Practices－

である。原子力の国際管理に関する諸条約および協定は、「枠組条約方式」を採用し、IAEA に管理、監視、指導する権限と任務を課し、その体制の確立をめざし査察などの実施が定められている。しかし IAEA はその機能を十分に果たすことができない状況下で運営されている。その理由は上記三つの不備に提示した IAEA 保障措置自体の欠陥事項にもあるが、それよりも主要な原因は、原子力国際管理条約および協定の締約国、つまり原発保有国が締結した諸条約をより厳格に履行すべき義務違反にある。自国の経済、軍事、政治上の利益を優先し、現政権の延命に集中する傾向は全原発保有国に共通する。また原子力産業は国策によって擁立され、原発事業者はその地位を盾に国内・外の監視・監督体制の回避および制限、さらに不服従慣行が蔓延している。

　序論の I で記述した通り、条約法に関するウィーン条約には、締約国は「合意は守られなければならない」「the pacta sunt servanda rule」という遵守義務がある。しかし原発保有国は自国の主権を盾に IAEA の保障措置制度上の査察行為などに積極的な協力関係を維持するよりは消極的な支援策を講じ対応をしている。むしろ査察行為を妨害する場合もあり、安全保障理事会の決議による制裁を受けている国もある。現存の IAEA の「原子力商業利用の管理 Regime」は、締約国の総論賛成、各論反対の中、その条約および指針（IAEA Safety Standards）の実施に試行錯誤の状態が反覆されている。

　特に原発の危険活動における IAEA の「保障措置制度」、原子力の商業利用から核兵器等軍事使用への転用防止のため、商業利用目的の原子力活動におけるすべての核燃料、その設備および施設などについて定期的に立ち入り検査（inspection）をする「査察制度および査察員の査察」には、締約国は「国家責任」という国際法上の義務を負っているといえる。さらに国家は、国連国際法委員会（ILC）の「国家は国際法のみずからの違反行為から生ずる損害に責任を負うのみでなく、国家はみずから行った合法的な行為、とりわけ危険な活動（dangerous activity）から生ずる損害にも賠償責任を負う」という明示、国際慣習法上の義務も負っている。

　原子力産業の危険活動に起因する災害から人命や社会生活に対する被害をなくすため、さらに自然の生態界を保全するためには、原子力国際管理条約

および協定の締約国の国際法の遵守義務の厳格な履行とIAEAの保障措置の完全な実施が可能な新たな原子力国際管理制度、運営体制など総合的なRegime、つまり信義誠実の原則を尊重しうる国内外環境の整備とその制度、体制の確立が急務である。

現存の「原子力商業利用の管理Regimes」の遵守体制の確立とその効果的な運営の促進に微力ながら力添えを希求し、第2節に「原発のリスクと危険管理についてBest PlanとBest Practices」という施策を明示したい。これ以上、核拡散と原発事故からの大惨事を回避するため、有効な役割を果たすことに強い願望を抱かざるを得ない。

2節　最適なプランおよび最良の実行
（Best Plan and Best Practice）

1）立案の背景

IAEAの保障措置はNPTの軍縮義務とセットにし、民生の産業活動を促進、支援するため、核物質の計量と施設の監視、そして技術などの指導をひとつの主たる任務にした管理体制、Regimeである。

IAEAの任務は時代を追って発展し、国内外の政治、軍事そして経済的情勢に沿って展開した。1960年代には、ウラン濃縮の過程は保障措置の適用範囲から排除され、その制度上の欠陥が利用され核拡散の主因になったと言われている。1980年代には、IAEAと協定により申告される施設のみが対象になり、申告外のウラン濃縮施設はIAEAの保障措置の適用から除外され、枠外の原子力の利用および使用は原子力産業国の自由裁量に任され、その用途範囲は不明である。その対応策として、アメリカ主導で1997年に国際的核査察チームを結成し[3]、全原子力産業国を含め各国の原子力の利用および使用状況を調査し、把握および評価を行った。この核査察チームは、IAEA理事会が追加議定書（Additional Protocol：AP（INFCIRC/540））を承認するように導く重大な業績を残した。それ以降さらなる安全管理体制を追求するためIAEAを中心に多数国間交渉が展開され、原子力安全条約が採決された。

終章　原子力の国際管理 Regime の再構築　－Best Plan と Best Practices－

　原子力安全条約（Convention on Nuclear Safety）[4]は、原子力発電所の安全確保とそのレベル向上を世界的に達成、維持することを目的として策定され、1996年10月に発効した。2001年9・11アメリカの同時多発テロ事件以来、同条約の強化を図り、武力行使のテロなどを除外するためアクシデント・マネジメントおよび安全目標の厳格な設置など締約国のレビューなど実施している[5]。

　また核物質防護条約の改正を採択し、核物質および原子力施設の防護に関する国際的な取組の強化を図った。このたびその採択に至ったことは、核テロ対策の強化に向けて国際社会が一致団結して取り組むとの姿勢を示す上でも有意義なものと評価しうる。

　しかし国連をはじめ IAEA、NEA など地域機構、また各原子力産業国がリスク対応策を構築しているものの、原発におけるテロの脅威は改善されず増すばかりである。

　過去の原子力施設攻撃例[6]は多くはないが、もしその対象が稼働中の原子炉であったら相当の被害があったと思われる。史上、原発を含む原子力施設への軍事攻撃は過去に3例ある。1981年のイスラエル空軍機による建設中のイラク原発（タンムーズ2号炉）攻撃、1991年湾岸戦争による米軍などの攻撃、そしてイラク攻撃時の原子力施設への攻撃である。イスラエルによる1981年6月7日の攻撃は「バビロン作戦」と呼ばれ、F15、F16戦闘攻撃機による2000ポンド爆弾を使った爆撃で、バグダッド南方18キロ地点にあるトワイサ原子力施設に建設中のフランス製原発を完全に破壊した。1991年の湾岸戦争では、トワイサ他十数カ所の原子力施設を爆撃し、全体の20％以上を破壊したとされている。

　しかしイスラエルもアメリカも、国際法違反の攻撃を堂々と行ったのである。このような攻撃に対して、国連安全保障理事会や国連総会では繰り返し批判が出され、国連決議[7]も行われているが、常にそれらを無視して行動してきたのがアメリカとイスラエルであった。トワイサ周辺では、イラク攻撃直後の略奪で放射性廃棄物などが拡散し、多くの住民が被曝していると報道されている。原子力施設が戦争に巻き込まれれば、どんなに悲惨な事態となるかを物語っているが、これらはいわゆる「テロ攻撃」ではなく主権国家が

国際法を踏みにじって公権行使を行ったのである。これは結果的にはテロ行為と言わざるを得ない。

　原発に対し、テロ対策として米原子力規制委員会（NRC）は、全米104カ所の原子力発電所の従業員の経歴調査の徹底や警備強化などを命令し、人的また物理的破壊行為を事前に遮断する試みを行った。

　しかし米原発監視団体は、原子炉建屋が9・11同時テロのような航空機突入テロには耐えられない可能性があることなど、これらの対策では原発をテロから防ぎ切れないと指摘した。

　米連邦航空局（FAA）はすでに原発上空の航空機の飛行を禁止するなどの対策を講じているが、連邦捜査局（FBI）はアルカイダなどテロ組織が依然テロ攻撃を計画していると警告し、万全の対策を呼び掛けている。

　アメリカだけにとどまらず、日本や欧州など原発を抱える諸国のテロ対策にも同じ影響が及んでいることを忘れでなならない。

　米原発監視団体「原子力管理研究所」によると、原子炉建屋の厚さ1.2メートル以上あるコンクリート壁でも、燃料を満載した航空機の全速力での突入には耐えられない可能性があるという。また同研究所は、原発は冷却水確保のため海、河川、湖のそばにあることが多いため、爆薬を積んだ船舶の突入にも対策を講じるべきと指摘している。

　今や原子力の商業利用におけるリスクと危険の複合的な脅威に直面し、まさに危機に近付いているといえる。このような脅威を防御し、それから予想される災害を除去することが21世紀に生きる我々の使命と受け止めたい。その使命を履行するため、現在の国際法および国内法体制下で国連を中心に国際社会が協力すれば完成し得る対応策、とくに現原子力国際管理Regimeの理念と目的を達成し得る基盤の構築の一つの構想として提示したい。

2) **Best Plan**

　原子力リスク管理におけるIAEAおよび原発保有国の法規および制度は最適なプランで制定されている。しかしその最適なプランにおける最良の実行効果は期待に反し劣っている。最適なプランの基本は、原子力利用の安全確保と軍事的使用への転換の防止策が最優先であり、「いつ」でも、「どこ」

終章　原子力の国際管理 Regime の再構築　－Best Plan と Best Practices－

でも査察権を行使することを前提にしている。さらにその実行のため、外交特権保持者 IAEA の査察員が、安全保障理事会の決議という最高の権能を持って査察を行なうことができる。

　しかしその実行の効果は、現在の国際法の壁にぶつかり、本来の査察権の目的を果たすことが出来ず、IAEA をはじめ国連総会決議などの重なる勧告にも関わらず核拡散とその技術は発展のスピードを増すばかりである。現行の体制は、つまり国家主権の壁がないか、また低いか、そして微弱かなどその査察行為の実行に支障がない場合のみ実施し得る。最適なプランを実施し得る環境づくり、またその要件の整備が急務である。

a.「共同管轄・共同管理区域」創設

　現在原子力利用および使用における管轄が各主権国家に属していることが核拡散および危険と危機を醸成する主な原因である。それは原子力の利用およびその軍事的使用が各国の展開する力の政治（power policy）の主軸に当たるからである。それを鑑み原子力の利用および使用を各国のパワーから共同パワーとして確保することが肝要である。

　国連、とりわけ IAEA と OECD の NEA および EU の EURATOM、そして各地域機構および国家が共同で管理するための組織、そしてその設置地域などの整備が必要である。つまり超国家組織（Supra-national Organs）である EU なような機構を構築し、また域内外管轄権を行使し得る自治・自主の行政機構また地域の創設である。つまり立法管轄権として人、財産、行為に法を適用するため、組織内法令を制定すること、また執行管轄権として行政機関が、逮捕、捜査など物理的措置により、組織内法を適用すること、そして司法管轄権として司法機関が、国内法令を適用して裁判を行い、判決を下すことが可能な国際組織である。域外管轄権として、領域外の事象を規律するため、条約や協定などの締結権、その他の同意を得るため交渉権などが行使得る組織である。

　その基本的な仮想要件の案を提示してみる。

(1) 司法制度樹立：核兵器の製造、その使用、また核物質の強奪、不法所持またその使用およびそのハイジャックなどは、世界平和の脅威、威嚇、破壊行為とみなし国際犯罪と定め、ジェノサイド、侵略、人道に対する罪と同じ

く、厳罰に処する規定の確立。

　核およびその物質よる犯罪者（法人、個人を含む）の処罰権の確立。つまりその犯罪者の処罰に普遍的管轄権を適用し、司法及び執行管轄権を普遍的に行使できる条約を制定する。

　　ⅰ　人類共通の敵としての犯罪に対する国家の司法及び執行管轄権の実施。
　　ⅱ　国際法上の犯罪として訴追か引渡しかの義務の確立。
　　ⅲ　重大な犯罪行為として、国際司法裁判所（ICJ）また国際刑事裁判所（ICC）による普遍的管轄権の行使。その他、原子力国際管理 Regimes の規定、また現行の国際規範を採用する。

（2）多数国間行政体：原子力発電所特別行政区域（District of Nuclear Powers：DNP）の創立。超国家組織の創設。完全独立および中立行政体の確立。

（3）法的地位：主権の付与。超国家組織また域外管轄権の確保。現在の国家主権の概念を超越した新たな主権概念の制定。安全保障理事会の決議に拘束されない権限行使の付与。ただ、国連総会の決議は尊重する。

（4）行政権：特別行政区域の自治権（autonomy）の行使と国際機関と国連加盟国との同等の外交行為の確保。

（5）管轄権：自主司法権の確立。国際司法裁判所および国際刑事裁判所の管轄権の保障（上訴審として）。

（6）財政権：各国の分担金の使用ではない直接請求権「demand」の行使。受益者負担原則を適用し、電力の供給を受けている国へとその使用料を請求する制度の確立。

（7）教育制度：原子力施設の運営における最先端の科学者および技術者の確保。ウラン採鉱から核燃料サイクルの供給、また原子炉の稼働、核物質の移動、使用済み核燃料の処理、さらにその廃棄物の処分など一般産業活動では対応できない熟練の技術者の養成。さらに安全管理の専門家の養成など。

（8）核燃料サイクルの確保：原子力供給国グループ（NSG 48 国）と協力協定の締結。

（9）警備隊編成：各加盟国の特殊部隊により構成する。武器など警備上必要

終章　原子力の国際管理 Regime の再構築　− Best Plan と Best Practices −

な最先端装備は各締約国から賄う。

b.「原発設置地域」

原発、原子力研究、教育、技術など開発、再利用、核燃料加工、使用済み核燃料、核廃棄物などの設置場所。

六つの大陸
- Asia Zone：5 特別行政区域；東北アジア、東アジア、東南アジア、南アジア、中央アジア
- Europe Zone：5 特別行政区域；北ヨーロッパ、西ヨーロッパ、中央ヨーロッパ、東ヨーロッパ（ロシアを含む）、南ヨーロッパ
- Africa Zone：5 特別行政区域；北アフリカ、西アフリカ、中部アフリカ、東アフリカ、南アフリカ
- Australia Zone：3 特別行政区域；西オーストラリア、東オーストラリア、南オーストラリア（ニュージーランドを含め）
- North America Zone：4 特別行政区域；東アメリカ、西アメリカ、北アメリカ、南アメリカ
- South America Zone：4 特別行政区域；東アメリカ、西アメリカ、北アメリカ、南アメリカ

＊特別行政区域の構成：当該地域国合意に基づく。

3）Best Practice

a.「運営、管理」

IAEA の保障措置体制と連携、各特別行政区域体と原子力供給国グループ（NSG）との共同体。

＊特別行政区域管理体制：当該地域国から選定。

b.「監視体制」

原子力の専門家による査察、監視体制の確立。最先端の機材を装備し、科学的な制御体制下で 24 時間の管理体制の運用。特に核燃料サイクルの生産、使用、処理時、核物質の搬出および移動時には査察を実施する。

c.「体制の任務」

原子力のリスクおよび危険を事前防止し、また事故防止策を具現する。原

子力の商業利用から軍事使用への転換を防止する。原子力利用における放射能など必然的な被曝、また事故などから災害を最小限に縮小する。さらに核テロを事前防止する。

　d.「方法および手段」

　IAEA の査察官と NSG 派遣調査官、そして各特別行政区域体の査察官からチームを編成し共同で行う。現在の IAEA の保障措置および NPT に基づく保障措置協定、そして IAEA の追加議定書からなる「統合保障措置」を実施する。

　原子力の利用および使用から必然的に生まれるリスクと危険からの危機を脱皮するため、本章では上記のように諸制度の再構築、とくに現原子力国際管理 Regime の不備点である個別国家管轄権を排除し、地域共同体管轄という特徴を設け、原子力利用および使用から付随する不安や恐れや抑圧などを除外する試みを行った。

4）改革志向の提唱（Initiative of reform-minded）

　原子力の商業利用を固執している現在の各国の原子力産業体制下は、原子力の運営、管理制度、つまり国際機関や主権国家による実定法上の標準（de jure standard）より国際社会の実勢によって事実上の標準とみなされるようになった制度、規律（de facto standard）が優先されている。その歪みから生じる脅威である危機を回避する方法と手段を構築するため、事実上の標準型の主導を終わらせ、実定法上の標準型主導の"正常運営"に復帰しなければならない。つまり"正常ではない標準の正常化"が必至であることを力説する。

　現在の国際管理体制の下で、原子力の商業利用を持続するため、またそこからくる必然的に付随する脅威を避けるため、原子力産業の運営に適切な環境整備の構想が必要である。本章の構想がかならず原子力利用および使用からの脅威と危機そして混乱と災害を国内・外で防御措置として所期の目的を達成し得るかどうかは未知である。しかし現在の原子力産業から生じ得るリスクまた危険そして危機を沈黙に付することができず構想の具現に没頭しなければならないほど緊急の課題であることを強調したい。現在の原子力国際

終章　原子力の国際管理 Regime の再構築　－Best Plan と Best Practices－

管理 Rigeme は、原子力活動について安全管理というよりも不安と脅威を与え、不信を醸成する制度として認識されつつある。したがって現原子力国際管理規範は「国際社会の一般利益」に抵触するとも解釈し得る。

このような危機は、現実的なものではなく、想像による一時的な心理的防衛反応と解釈することもできる。しかし、様々な自然環境変化、国際社会での政治、経済、軍事などの変化の要因によって不想定反応から一段と悪化した実質の脅威、つまり深刻な被害を伴う危機へと傾く場合もあり、今この転換期としての危機状態に対する危機介入（crisis intervention）[8]が肝要である。つまり危機状態にある人に対して、迅速で効果的な対応を行うことで危機を回避させ、その後の適応をはかる援助のことである。

2011年3月11日、福島原発事故は人類に危機という重大な課題を提示した。一方、危機の打開と根絶方法として、危機介入の徹底化という警鐘を打ち鳴らしたに違いない。

東芝で35年間にわたって原発の設計や建設、定期検査などに携わり、国会の福島原発の事故調査委員会で協力調査員として報告書の制作にかかわった小倉志郎氏は著書[9]で、原発は致命的欠陥を抱えていると指摘した。「原発は一度、事故が起きたら放射性物資留による取り返しのつかない危険にさらされる。にもかかわらず、構造の複雑さから事故への適切な対応は難しい」、「原発は無数の部品でできている。部品同士が組み合わないなどのトラブルも多かった。当時は維持管理が大変と考えた程度だったが、今にして思えば複雑さは原発の重大な弱点だ」、「複雑な機械ゆえ、想定される事故のパターンも無数に出てくる。すべての事故に対応できるマニュアルを作ることなど不可能だ。事故に完全に対応できないのは致命的といえる」など原発には想定外の自体が本当に起こり得るのだと、深刻な事故が起こり得る不安と危機的事態に対する恐れについて真剣な検討を提唱している。

原子力に関するすべての活動は"危険な活動"（dangerous activity）として認識し、各国の主権下の外におき、EU のような地域体制の管理下におくこと。さらに核物質は当該地域国の所有権（international ownership）下におき、またその運営（management）も地域機関に任せるべきである。

本書第1章、第1節で記述した国際原子力開発機関（IADA）から提示さ

第Ⅳ部　原子力商業利用の国際管理 Regimes の限界

れた案、どの国家の査察も受けることなく、①ウラニウムとトリウムの世界的貯蔵の所有権及び効果的貸与権、②あらゆる原子炉及び分離工場の建設と運営する権限、③無限の研究活動、④直接的運営し支配下にないすべての原子力の活動を査察できる権限、この4つの権限が付与され、また執行することができる効果的な原子力国際管理 Regime の創設が緊急課題であると強調したい。

注

1）Treaty Banning Nuclear Tests in the Atmosphere, in Outer Space and Under Water (Partial Test Ban Treaty) (PTBT), The Nuclear Threat Initiative (NTI). http://www.nti.org/treaties-and-regimes/treaty-banning-nuclear-test-atmosphere-outer-space-and-under-water-partial-test-ban-treaty-ptbt/

2）CTBT の発効には、特定の核技術保有44カ国すべての批准が必要（第14条）。しかし、現在、米、印、パキスタン等、一部の発効要件国の批准の見通しは立っておらず、2014年9月現在、条約は未発効。署名国：183（その中、核保有国のフランス、ロシア、イギリスを含む批准国は163）。
　　＊発効要件国44カ国のうち、署名国41カ国、批准国36カ国。発効要件国のうち、署名済・未批准国：米国、中国、エジプト、イラン、イスラエル。未署名・未批准国：北朝鮮、インド、パキスタン。
　　＊概要
　　1）宇宙空間、大気圏内、水中、地下を含むあらゆる空間における核兵器の実験的爆発及び他の核爆発を禁止する。
　　2）この条約の趣旨及び目的を達成し、この条約の規定の実施を確保する等のため、包括的核実験禁止条約機関（CTBTO）を設立する。
　　3）条約の遵守について検証するために、国際監視制度、現地査察、信頼醸成措置等から成る検証制度を設ける。外務省、日本と国際社会の平和と安定に向けた取組
　　包括的核実験禁止条約（CTBT：Comprehensive Nuclear-Test-Ban Treaty）.
　　http://www.mofa.go.jp/mofaj/gaiko/kaku/ctbt/gaiyo.html
　　The Treaty：CTBTO Preparatory Commission.
　　http://www.ctbto.org/specials/who-we-are/

3）国連安保理決議14/41、University of Minnesota Japanese Page.
　　http://www1.umn.edu/humanrts/japanese/J1441SC02.html

4）本条約は旧ソ連、中・東欧諸国における原子力発電所の安全問題の顕在化を背景として、原子力発電所の安全確保とそのレベル向上を世界的に達成、維持する

終章　原子力の国際管理 Regime の再構築　－Best Plan と Best Practices－

ことを目的として策定された、原子力の安全に関する世界で初めての条約である。同条約は、1994年の IAEA の採択を経て、1996年10月に発効し、2014年9月現在、77カ国（署名国：65）、1国際機関（EURATOM）が同条約を締約している。オブザーバとして経済協力開発機構原子力機関（OECD/NEA）も協力している。

　　Convention on Nuclear Safety, Registration No：1676, IAEA.
　　http://www.iaea.org/Publications/Documents/Conventions/nuclearsafety_status.pdf
5）Sixth Review Meeting. It was held from 24 March to 4 April 2014 at the IAEA Headquarters, in Vienna, Austria.
　　http://www-ns.iaea.org/conventions/nuclear-safety.asp?s=6&l=41
6）佐藤　暁、「核テロの脅威について考える」、『科学』、2013年5月号、p.554。
7）国連安保理決議 14/41、University of Minnesota Japanese Page.
　　http://www1.umn.edu/humanrts/japanese/J1441SC02.html
8）Definition、Crisis intervention、Encyclopedia of Mental Disorders.
　　http://www.minddisorders.com/Br-Del/Crisis-intervention.html
9）大倉志郎、『元原発技術者が伝えたいほんとうの恐ろしさ』、彩流社、2014年7月1日。

第Ⅳ部　原子力商業利用の国際管理 Regimes の限界

参照資料

＊関連条約
下記の各条約および協定の原文の web-site を案内する。各関連条約および協定について参照されたい。

◇ IAEA 憲章
◇ IAEA 憲章（Statute of the IAEA）

Contents by Article the IAEA				
I	Establishment of the Agency	XIII	Reimbursement of members
II	Objective	XIV	Finance
III	Functions	XV	Privileges and immunities
IV	Membership	XVI	Relationship with other organization
V	General Conference	XVII	Settlement of dispute
VI	Board of Governors	XVIII	Amendment and withdrawals
VII	Staff	XIX	Suspension of privileges
VIII	Exchange of information	XX	Definitions
IX	Supplying of materials	XXI	Signature, acceptance, and entry into force
X	Service, equipment, and facilities	XXII	Registration with United Nations
XI	Agency projects	XXIII	Authentic texts and certified copies
XII	Agency safeguards	XXIV	Preparatory Commission

→About IAEA : IAEA Statute. org. International Atomic Energy Agency
http : //www.iaea.org./About/statute text.html

◇ IAEA の国際条約および協定
　● International Conventions & Agreements

　　◇ Safety & Security
　・Convention on Early Notification of a Nuclear Accident
　・Convention on Assistance in the Case of a Nuclear Accident or Radiological Emergency
　・Convention on Nuclear Safety
　・Joint Convention on the Safety of Spent Fuel Management and on the Safety of Radioactive Waste Management

終章　原子力の国際管理 Regime の再構築　—Best Plan と Best Practices—

- Convention on Physical Protection of Nuclear Material
- Vienna Convention on Civil Liability for Nuclear Damage
- Protocol to Amend the 1963 Vienna Convention on Civil Liability for Nuclear Damage ; and Annex
- Convention on Supplementary Compensation for Nuclear Damage
- Optional Protocol Concerning the Compulsory Settlement of Disputes to the Vienna Convention on Civil Liability for Nuclear Damage
- Joint Protocol Relating to the Application of the Vienna Convention and the Paris Convention
- Nordic Mutual Emergency Assistance Agreement in Connection with Radiation Accidents
- Convention on the Prevention of Marine Pollution by Dumping of Wastes and Other Matter

◇ Safeguards & Verification

- The Structure and Content of Agreements Between the Agency and States Required in Connection with the Treaty on the Non Proliferation of Nuclear Weapons（Reproduced in document INFCIRC/153/（Corrected））
- Model Protocol Additional to the Agreement(s) Between State(s) and the Agency for the Application of Safeguards（Reproduced in document INFCIRC/540（Corrected））
- The Agency's Safeguards System（Reproduced in document FCIRC/66/Rev. 2）

→For other Safeguards Agreements, check the INFCIRC papers
→IAEA Legal Conventions. Publications. IAEA, org International Atomic Energy Agency http : //www.iaea.org/Publications/Documents/Conventions/index.html

◇ IAEA 以外の関連国際条約および協定

- Treaty on the Non-Proliferation of the Nuclear Weapons（NPT）
- Treaty for the Prohibition of Nuclear Weapons in Latin America（Tlatelolco Treaty）and Amendments
- African Nuclear-Weapon-Free Zone Treaty（Pelindaba Treaty）, including Annexes and Protocols and Cairo Declaration
- South Pacific Nuclear Free Zone Treaty and Protocols
- Southeast Asia Nuclear Weapon-Free Zone Treaty（Treaty of Bangkok）
- Guidelines for Nuclear Transfers, 1993 Revision of NSG London Guidelines
- Paris Convention on Third Party Liability in the Field of Nuclear Energy
- Brussels Convention Supplementary to the Paris Convention

第Ⅳ部　原子力商業利用の国際管理 Regimes の限界

・Convention for the Suppression of Acts of Nuclear Terrorism
→Treaties, Conventions & Agreements Related to the IAEA's Work
　http://www.iaea.org/Publications/Documents/Treaties/index.html

＊日本の新規制基準
　原子力規制委員会（Nuclear Regulation Authority）
「実用発電用原子炉に係る　新規制基準」
http://www.nsr.go.jp/activity/data/20140214.pdf
新規制基準と適合性審査
新規制基準について
　今回の新規制基準は、東京電力福島第一原子力発電所の事故の反省や国内外からの指摘を踏まえて策定されました。
　以前の基準の主な問題点としては、地震や津波等の大規模自然災害の対策が不十分であり、また重大事故対策が規制の対象となっていなかったため、十分な対策がなされてこなかったこと、新しく基準を策定しても、既設の原子力施設にさかのぼって適用する法律上の仕組みがなく、最新の基準に適合することが要求されなかったことなどが挙げられていましたが、今回の新規制基準は、これらの問題点を解消して策定されました。
　この新規制基準は原子力施設の設置や運転等の可否を判断するためのものです。しかし、これを満たすことによって絶対的な安全性が確保できるわけではありません。原子力の安全には終わりはなく、常により高いレベルのものを目指し続けていく必要があります。

＊福島第一原子力発電所事故から学ばれる重要な教訓について報告（Addressing important lessons learnt from the Fukushima Daiichi nuclear power plant accident）。2014年12月3〜4日、OECD、NEA の原子力施設安全委員会（NEA Committee on the Safety of Nuclear Installations（CSNI））の2回目の会議に日本の報告。
http://www.oecd-nea.org/general/mnb/2014/december.html。

索 引

A

AG ··············52, 211, 248–250, 329
APEC ·····················283, 284

C

CIA ·····················231, 232
CIS ··························230
Crisis ···144, 167, 261, 262, 323, 329, 330
CSC ·················88, 185, 206
CTBT ········140, 237, 238, 310, 322

D

Danger ··············261, 262, 265, 329
Dual Control System ·············255

E

EU ···12, 71, 74, 81, 87–90, 99, 101, 102, 109–111, 116, 120, 125, 136, 217, 221, 232, 254, 287, 288, 317, 321, 323, 328

I

IAEA ···1, 3, 5, 7–12, 41, 43–46, 48, 50, 52, 53, 57, 60, 62–64, 66–71, 73–85, 87, 88, 91, 95–112, 115
INFCIRC ·····78, 79, 100, 115, 142, 168, 240, 241, 314, 325
Inspection············57, 67–69, 79, 327

N

NGO ·················216, 238, 239
NPT ···2, 8, 12, 64, 71, 72, 74, 75, 76, 81, 82, 90–96, 101–103, 107–112, 116, 166, 217, 220, 222, 225, 226, 234, 237–240, 242–246, 251, 253, 255, 256, 258, 259, 309, 314, 320, 325
NRC ·················265, 306, 316
Nuclear materials ·················274

R

Regime ···1–6, 9, 10, 15, 16, 55, 185, 208, 213, 215–217, 223, 237–240, 246, 251, 252, 254, 255, 262, 304, 305, 309, 311–314, 316, 318, 320, 322, 327, 329, 330
Risk ·········261, 262, 264, 305, 329

S

SG·········16, 134, 136, 222, 238, 246, 247, 259, 318–320, 325

START ·················140, 310, 311

W

WMD ········115, 249, 258, 260, 283

あ

アメリカ ······1, 7, 10, 12–15, 19–22, 24–26, 29, 30, 33–35, 38–40, 42, 44, 45, 48, 52, 53, 57, 60, 65, 66, 71–73, 75, 77–79, 98, 101, 102, 107, 111, 112, 115, 134, 139, 140, 141, 145, 146, 150, 152, 153, 156, 162, 166, 167, 173, 202, 203, 205, 206, 215, 216–219, 224, 227–229, 246, 250, 251, 253, 254, 255, 262, 277, 279, 284, 285, 288, 289, 301, 302, 304, 309–312, 314–316, 319, 327, 328

アメリカの提案 ···············30, 327
アラブ社会 ························255
異常気象 ··························265
イラン ······15, 52, 58, 60, 72, 75, 77, 97, 110, 215, 217, 219–222, 228, 231–233, 237, 238, 243, 246, 248, 250, 251, 253–255, 260, 322
ウィーン条約 ···4, 5, 9, 66, 114, 171, 172, 174, 178, 182, 183, 185, 186, 188, 189, 193–195, 197–200, 202, 204, 206, 272, 313
ウラン ···41, 76, 122, 123, 130, 189,

216, 219, 220, 222–225, 229, 232, 236, 246–248, 253, 254, 257, 258, 270, 274–276, 278, 279, 295, 296, 303, 314, 318

英仏独 ····························232
越境汚染 ······4, 171–173, 182, 183, 185, 204, 207, 208, 329
越境原子力事故 ···············145, 328
オバマ政権 ···62, 228, 245, 253, 302

か

改革志向の提唱 ····················320
科学者同盟 ···············19, 226, 266
核拡散···8, 13, 20, 21, 47, 52, 64, 68, 71–74, 76, 84, 88, 90, 96, 102, 107, 110, 113, 124, 134, 139, 141, 215–217, 221, 226, 228–231, 234, 235, 240–242, 250, 252, 254, 255, 261, 262, 304, 305, 311, 314, 317, 329
核拡散の誘発 ···············235, 329
核疑惑 ············223, 232, 234, 245
核軍縮 ···2, 42, 89, 91, 92, 113, 144, 237, 239, 242–244, 310
核テロ防止条約 ···············284, 285
核の闇市場························15
核物質海上輸送 ···············189, 329
核防条約 ···119, 120, 124, 128, 129, 141, 328
カナダ ······12, 21, 22, 24, 25, 27, 38, 53, 72, 74, 79, 123, 197, 246, 280, 302–304
カーン博士········215–217, 219–223,

225, 232, 251
韓国 …… 12, 58, 72, 75, 83, 145, 185, 186, 189, 204, 224, 227, 253, 286, 298, 299
危機介入 ……………………… 321
北朝鮮 … 8, 47, 52, 72, 75, 85, 91, 97, 111-113, 215, 217, 220, 221, 223 -225, 233-235, 237, 238, 241, 243, 244, 250, 251, 253, 255, 257, 275, 305, 322
求償権 …… 175, 179, 183, 193, 195, 199, 206
協定 …… 3, 5, 8, 9, 12, 14, 20, 28, 36, 38, 42, 51, 58, 62, 64-69, 71-76, 78-83, 85, 89, 90, 93-96, 101, 103-112, 114-116, 123, 125, 134, 135, 145, 155, 163, 174, 186, 199, 207, 217, 238, 240, 241, 245, 246, 255, 259, 267, 270, 271, 289, 305, 310, 311, 313, 314, 317, 318, 320, 324, 325
共同議定書 ……… 181, 183, 184, 193, 196, 200-202, 206, 210
軍事施設の適用 ……………… 201
厳格責任主義 ……………… 173, 193
原子力安全保障 ………………… 83
原子力事業者 ……… 6, 175, 176, 178-183, 186, 187, 189, 191, 192, 194, 195, 197-199, 202, 204, 206, 207, 291, 292, 299, 301
原子力事故の定義 ……………… 203
原子力施設 … 10, 13, 16, 62, 64, 65, 68, 82, 83, 93, 95, 104, 105, 129, 136-138, 178, 179-181, 183, 186, 187, 192, 194, 196, 199- 201, 230, 274, 291, 303, 306, 315, 318, 326
原子力商業利用 …… 1, 2, 4, 5, 9, 10, 13-15, 30, 39, 40, 52, 57, 67, 92, 95-97, 113, 114, 117, 120-122, 124, 128, 141, 146, 148, 163, 166, 171-173, 179, 191, 193, 195, 196, 201, 205, 206, 208, 217, 261, 262, 271, 303, 304, 313, 314, 327-329
原子力平和利用 … 20, 24, 40, 41, 73, 82, 85, 86, 92, 93, 124, 125, 146, 174, 199, 212, 224, 233, 235, 245, 252, 253
検討会議 … 2, 62, 91, 110, 217, 225, 226, 237-239, 242-245, 256, 258, 259
原発設置地域 ……………………… 319
国際管理 … 1-5, 8-10, 15-17, 19-21, 24-26, 28-30, 33, 37-40, 42, 43, 45, 46, 55, 63, 73, 96, 97, 101, 102, 108, 112, 113, 115, 117, 120, 185, 205, 213, 215-217, 223, 235, 237-240, 246, 251, 252, 254, 255, 262, 285, 304, 305, 309, 311-314, 316, 318, 320 -322, 327-330, 357
国際社会の一般利益 … 3, 4, 97, 157, 262, 267, 272, 321
国際条約の状況一覧 …………… 188
国際責任 ………… 165, 172, 197, 208
国家責任 … 11, 60, 61, 77, 156, 157, 165, 169, 185, 209, 211, 313

国家補償 …… 191, 193, 197, 198, 207
国連安保理 ……… 232, 237, 243, 250, 260, 282–284, 322, 323
国連総会 …… 11, 40, 46, 48, 57, 61, 127, 145, 146, 239, 240, 259, 284, 285, 315, 317, 318

さ

査察制度 … 11, 57, 64, 66–68, 73, 74, 76, 83, 85, 107, 109, 110, 313, 327
社会的危機 …………………… 263
職別の二つの標章 ……………… 274
条約 … 1–5, 8–16, 19, 28, 30, 38, 39, 42, 61, 62, 64, 66, 71–74, 76, 81, 86–94, 96, 101, 102, 108–114, 119, 120, 124–129, 131, 133–140, 145, 147, 148, 154–160, 163, 164, 166, 171–205, 217, 218, 237, 240–245, 248–250, 253, 256, 259, 265, 267–269, 272, 281, 282, 284–286, 289, 305, 306, 309–312
条約の課題 ……………… 199, 329
請求権の時効 ……………… 204
責任集中 … 175, 179, 186, 194, 195, 199, 206
責任制限額 ……… 175–181, 184, 190, 192, 198, 201–203, 207
責任免除 …… 175, 180, 193, 194, 204
責任免除の制限 …………… 193, 204
ソ連の提案 ……………… 35, 38, 327
ソ連崩壊 ……………… 229, 234

た

台湾 …………… 10, 57, 58, 227, 300
チェルノブイリ … 8, 10, 11, 14, 15, 60, 61, 78, 140, 141, 146–148, 150, 153, 154, 162, 163, 165, 169, 171, 178, 179, 182–184, 202, 203, 210, 266, 267, 300, 306, 312
中国 … 10, 21, 37, 40, 47, 57, 58, 63, 64, 75, 91, 111, 136, 185, 216, 221, 223, 224, 227–229, 239, 242, 255, 285, 299, 322
中東 … 110, 115, 220, 228, 231, 243, 244, 251, 253, 260
中東決議 ……………… 243, 244
超国家組織 ……………… 317, 318
追加議定書 ……… 240, 241, 244, 268, 269, 272, 306, 314, 320
東北アジア各国 ……………… 298

な

難問発生状況 ……………… 263
日本 …… 1, 11–15, 19, 20, 24, 25, 40, 46, 57, 58, 61, 63, 64, 72, 74, 75, 78, 79, 83, 91, 109, 115, 119, 120, 129, 134, 136, 141, 142, 145, 146, 152, 154, 167–169, 185–187, 189, 195, 196, 198, 204, 209, 218, 225–227, 229, 238, 239, 241, 254–256, 258, 259, 261, 263, 265, 266, 268, 283, 286, 289, 292, 293, 297, 298,

302, 307, 316, 322, 326, 330

は

賠償責任の集中 …………………194
パキスタン ………8, 58, 72, 75, 91, 110-113, 215, 217, 219-225, 228-234, 242, 246, 251, 257, 304, 322
パリ条約 …171, 174, 176-180, 182, 183, 185, 186, 188, 189, 193-195, 197-199, 201-203, 205, 206
福島原発事故 …1, 2, 11, 15, 57, 58, 61, 62, 72, 114, 141, 147, 185, 202, 203, 261, 296, 297, 312, 321
ブッシュ政権……228, 231-234, 246, 253
ブラッセル補足条約…177, 182, 193, 197, 198, 202
プルトニウム ……4, 8, 76, 119, 123, 130, 202, 208, 225-227, 229, 232, 234-236, 246, 247, 265, 274, 275, 277, 295, 296
放射能兵器 …2, 248, 250, 276-278, 289
補完補償条約 ……………1, 185-188

保障措置実施体制 ……………241
保障措置制度 ……11-13, 57, 63-68, 70-73, 76, 81, 83, 85, 87, 88, 90, 93-96, 101-103, 107-113, 142, 167, 241, 311, 313, 327, 328
防御システム …………16, 289, 298

ま

南アジア …………………228, 319
民事損害賠償条約……173, 192, 201, 203, 206, 329
無過失責任 …60, 165, 179, 180, 183, 187, 189, 190-193, 206, 211
無差別原則 ……………181, 183, 193
免責事由 …165, 175, 180, 186, 188, 190, 195, 204, 206

ら

劣化ウラン弾 …………270, 278, 279
ロシア ……10, 12, 37, 53, 57, 58, 76, 78, 85, 86, 90, 91, 111, 140, 148, 151, 153, 167, 217, 218, 229, 230, 266, 285, 300, 311, 319, 322

著者略歴

魏　栢良（うぃ　べっく　りゃん）

大阪経済法科大学法学部教授
専攻：国際法
大阪市立大学大学院法学研究科前期博士課程修了
大阪市立大学大学院法学研究科後期博士課程単位修得

原子力商業利用の国際管理
　　原子力発電所を中心に

2015年3月31日初版第一刷発行

著　者　魏　栢良

発行者　田中きく代
発行所　関西学院大学出版会
所在地　〒662-0891
　　　　兵庫県西宮市上ケ原一番町1-155
電　話　0798-53-7002

印　刷　協和印刷株式会社

©2015 WI Back Lang
Printed in Japan by Kwansei Gakuin University Press
ISBN 978-4-86283-198-9
乱丁・落丁本はお取り替えいたします。
本書の全部または一部を無断で複写・複製することを禁じます。